广州时事评弹

GUANGZHOU SHISHI PINGTAN

陈敏　著

暨南大学出版社
JINAN UNIVERSITY PRESS

中国·广州

献给我的父亲母亲

前言

新闻评论干预公共事务的“广州现象”

长期以来，媒体在舆论监督方面往往是“远攻近交”，无论是全国性媒体还是地方性媒体，其新闻评论的对象主要是有全国性影响的、重大的公共事件，以宏观说理为主，有较浓厚的启蒙色彩。当然，这样的评论自有其价值，但对各家媒体来说，则容易导致评论内容的同质化，且在评论作者方面，除了少数媒体的稿源来自于独家约稿，其他多数媒体的评论往往都靠转载和“时评写手”的投稿，造成时评虚假繁荣的场面。

这几年，广州多家媒体以广州本地公共事务为主要评论对象，探索写作关注本地议题的评论，使媒体的评论版面（或节目）更多地成为讨论本地公共事务的平台，激发各方建言公共事务的热情，有很强的干预现实的欲望和能力，这种现象值得关注。

更为重要的是，这些关注本地议题的评论与广州的公民行动往往有着密切的关系。一方面，评论对公民行动表达关注和支持，如关注“拇指妹”区佳阳申请公开光亮工程可行性研究报告，关注广州知名网友“樱桃白”给广州市城管委送挂钟督促垃圾处理等；另一方面，部分公民行动者也开始成为本地议题评论的写作者，如长期关注垃圾处理的市民“樱桃白”、民间环保组织“拜客广州”负责人陈嘉俊等。本地议题的评论与公民行动之间的这种互动，为观察媒体与公民社会之间的关系提供了一个很好的视角。

分析本地议题评论兴起的原因，很重要的一点是媒体间竞争的需要。媒体如果想要加强自己在所在城市的竞争力，就必须开拓本地议题，争取本地受众。对周遭切身事务的关注与参与是公民社会的一个突出特征，这在广州的市民中体现得非常明显，所以公众更希望通过媒体提供的意见交流平台，参与到公共事务的决策和监督中去。

目前，广州多家媒体都开辟了关注本地议题评论的版面或节目，如《南方都市报》的广州早茶版，《羊城晚报》的时评、热议版，

《新快报》的广州热评版，南方电视台的《全民议事听》节目，大洋网的《民意圆桌会》节目等。这些版面和节目对广州公共事务进行评说，营造了一个相对开放的观点争鸣空间。我也有幸在其中部分媒体平台上刊发一些评论，参与到广州公共事务的讨论中去，本书收录的就是我近三年刊发的主要评论作品。

广州的本地议题评论实践已呈现出一些突出的特点，如评论作者的权威性与专业化，将人大代表、政协委员、高校教师、知名媒体人等纳入本地议题评论的写作队伍中来，依靠他们对广州事务的了解，使对本地公共事务的分析评论能够避免流于浅表，这与其他媒体大量采用“时评写手”的评论稿件或是由媒体内部人士充当“万金油”写手包揽评论版的两种做法不同；还有，本地议题评论能够在相当长的时期内保持对一个公共话题的追踪、关注，对相关政府职能部门形成一种常态化的舆论压力，这在一定程度上避免了时评的速朽与烂尾，促使公民对公共事务的参与能够善始善终；再者，本地议题评论并非完全局限于本地视角，而是试图通过剖析这一个城市的样本，来折射全国性问题，番禺垃圾焚烧厂的选址风波就是一个典型的例子。

虽然广州的本地议题评论实践已取得一定的成绩，但同样面临着很多阻碍，比如禁令的管制、本地评论作者相对有限等。而且，即便很多评论指向的新闻事件发生了趋好的变化，但这其中有多少是因为评论的力量，很难说清，评论的作用机制既不透明，也很随机。

从长远来看，本地议题评论若想发挥更大的作用，出路之一是与代表委员问政结合。代表委员问政是当下中国的合法问政渠道，但并未充分发挥其作用。如果多数代表委员都能利用自身的身份介入本地议题评论的写作，并将这种对公共事务的关注热情带入问政环节中去，则可能对公共事务的走向产生重要影响。目前广州市人大代表曾德雄、广州市政协委员韩志鹏等人对本地议题评论写作的深度介入和公共事务的积极参与可谓是这方面的范例。

我以为，地方性媒体新闻评论在本地公共事务中大有可为，如果全国各主要城市的地方性媒体都能如广州媒体这样，发展强化本地议题评论，对本地公共事务进行有力的介入和监督，势必有利于公共决策的透明化以及公民社会的发展。

作　者

2012年11月

目　录

前言　新闻评论干预公共事务的“广州现象” …………………… 1

第一编　下水道：城市的良心

水浸街之治，水务局有难言之痛？ …………………………………… 2
政府对水浸损失的行政赔偿不应置身事外 ……………………………… 3
广州那些“N 年一遇”的暴雨 ………………………………………… 5
咱们都去掘花基找排水沟吧 …………………………………………… 6
广州市容经得起春雨“卸妆”吗 ……………………………………… 7
水浸黑点何时不再是“吸金黑洞” …………………………………… 8
水浸整治再砸两亿元，财政投入何日是止境 …………………………… 10
天河立交水浸 7 年未愈，怎不见问责 ………………………………… 11
老天和历史都要对水浸负责，水务局自己呢 …………………………… 13
高中生都献策水浸街，水务局该加把劲了 ……………………………… 14
气象预警滞后致水浸，水务部门就如此治理？ ………………………… 16
沙井又吞人，市长狠话变耳边风？ …………………………………… 17
是否每个沙井受害者都要上访才能讨回公道 …………………………… 18
有关部门已无法遏止凶险的沙井？ …………………………………… 20
广州还要为沙井盖开多少次大会 ……………………………………… 21

第二编　市政工程留“手尾”，谁之过？

广图新馆工期延误　投资狂增须追责 …………………………………… 24
要追广图新馆开了又关之责 …………………………………………… 25
万亩果园：“征而不转”变“征而不管”？ ……………………………… 27
人工沙滩泳场，是否都该重新评估 ……………………………………… 28
又说“引水”？谁来埋单！ …………………………………………… 29
向“市肺”白云山开刀，应充分征求民意 ……………………………… 30

白云山隧道扑朔迷离，敦请有关部门集中回应 …… 32
看不到可行性研究报告，海珠轻轨如何环评 …… 33
逻辑荒谬，光亮工程升级应叫停 …… 35
光亮工程“缩水”，公众仍有疑虑 …… 36
与“拇指妹”一起等待光亮工程可研报告 …… 38
光亮工程值不值，代表质疑晚了点吧 …… 39
“黑漆路”又掉漆，求真相何其难 …… 41
4 920 万元当“学费”，“黑漆路”岂能无问责 …… 42
城建中那些失败的“第一次”花费几何 …… 43
中华灯为何屡被“翻旧账” …… 45

第三编　盯紧政府的“钱袋子”

狗主交的 2 000 万元管理费哪去了 …… 48
应彻底公开 2 000 万元养犬管理费明细 …… 49
1.8 亿元车牌拍卖款须专项审计 …… 50
老喊公共单车亏损，何不换人试试 …… 51
从建到拆，宏城广场临时性绿化花费几何 …… 53
娃娃都上小学了，幼儿园补贴还不改 …… 54
机关幼儿园巨额补贴花在哪？是时候晒账本了 …… 55
“肯定要退”的赞助费，到底打算怎么退 …… 56
让预算草案上网，为代表减负 …… 58
市政府办公厅：晒“三公”吧！到你啦！ …… 59
小碧心的离去，能唤醒沉睡的重症救助金吗 …… 60
困难群众看不起病，医疗救助金却年年有结余 …… 62
民生项目“吃不饱”，空中连廊接着搞？ …… 63
市政工程审计，还有一串问号 …… 64
“统计口径不同”不该是数据打架的理由 …… 65
60 亿元“房屋养老金”沉睡，敦请房管局晒账 …… 67
吁请广州市代表、委员“不穿裤子开两会” …… 68
广州，你慢些走 …… 69
迎亚运的那些“临时性工程” …… 70
亚运资产处置应公开 …… 71
响应曾代表呼吁，从打通热线开始“创文” …… 73

“创文”花费有多少种“计算口径” …………………… 74
“创文”月检，罚款不如问责 …………………………… 76
“创文”梦圆只是起点，留住“文明”仍有考验 ………… 77
测评城市文明，要盯紧公职人员行为 ………………… 79

第四编 听证会？听涨会？

审计报告揭出水价“问题成本” ………………………… 82
要涨水价，请先挤挤成本里的“水分” ………………… 83
要涨水价：不怕难，按人计量：却嫌难？ ……………… 85
水价听证搞掂，公众疑问不能无解 …………………… 86
请问物价局：一场听证会要花多少钱 ………………… 87
当物价局遇上较真的区伯 ……………………………… 89
水价调整不应草草收场，人大对重大事项决定权应落到实处 …… 90
阶梯电价方案粗疏，指望公众来完善？ ……………… 92
城中村水电费飙涨谁来管 ……………………………… 93
海心沙降价，物价局做得了主么 ……………………… 94
但愿阶梯气价不会再是“一刀切”和“二选一” ………… 96
积分入户错案，政府必须担责 ………………………… 97
积分入户：怎样加分才合理 …………………………… 98
保障外来工子女权益，政府还有很多工作要做 ……… 100

第五编 规划靠得住，母猪会上树？

不敢得罪领导，就难免要得罪百姓 …………………… 104
为何珠江新城规划了大剧院却忘了规划公厕 ………… 105
恩宁路改造如何“打捞沉没的声音” …………………… 106
城市规划是个什么东西 ………………………………… 108
规划靠得住，母猪会上树 ……………………………… 109
珠江新城：生活不能在云端 …………………………… 110
游珠江：不看广告看星星 ……………………………… 111
海心沙，规划为你改了多少次 ………………………… 112
户外广告何时摆脱“整治”命运 ………………………… 114
CBD 要晒光鲜也要接地气 …………………………… 115

顾及市民意愿，规划变更应有全局眼光 …………………………… 116

第六编　政府与民众如何沟通

VIP 客户：企业可以有，政府不能有 …………………………… 120
政府职能是搞质量奖还是质量监管 …………………………… 121
官员可别沦为信息时代的“难民” …………………………… 122
市民送给政府部门的锦旗、鸭梨哪里去了 …………………………… 124
错漏百出的政府英文网站如此淡定 …………………………… 125
接访遇冷不等于没有投诉 …………………………… 127
控烟措辞严厉，执行能否给力 …………………………… 128
控烟“执法难”，当反思执法方式 …………………………… 129
政府部门有率先控烟的示范义务 …………………………… 130
部门交流会，为啥居民不来 …………………………… 132
“僵尸官博”背后究竟是谁 …………………………… 133
谁泄露了“房婶”的信息 …………………………… 134
撑记者就是“给舆论监督撑腰壮胆” …………………………… 135
海珠湖“私家码头”有待继续释疑 …………………………… 137
装 GPS 能减公车经费的论据还不足 …………………………… 138
一万个 GPS 赶不上一个区伯？ …………………………… 140
吁请公开 GPS 监控公车的详细成果 …………………………… 141
公车有偿使用，恐成公务员低价出租车 …………………………… 143
监督公车私用，不能总是区伯“一个人的战斗” …………………………… 144

第七编　求解垃圾围城

补贴垃圾焚烧，还是补贴垃圾分类 …………………………… 148
期待由人大启动的“第三方调查” …………………………… 149
应探索垃圾处理的市场化出路 …………………………… 150
开放李坑垃圾厂，城管委跑题了 …………………………… 151
推进垃圾处理，烦请新市长督促一下 …………………………… 152
应保证民众对垃圾处理模式的选择权 …………………………… 154
政府搞垃圾分类，投入不能是糊涂账 …………………………… 155
“李坑垃圾”又出问题，监管不力如何自罚 …………………………… 157

“垃圾减量拐点说”前后矛盾，城管委如何解释 …………………… 158
未及问计先严禁，“走鬼”管理陡生变数 …………………………… 160
广州城管在下什么棋 ……………………………………………… 161
化了妆的女城管还是城管 ………………………………………… 162
踢翻炒粉车的城管被处理了吗 …………………………………… 163
泥头车白天上路，街坊心惊惊 …………………………………… 165
三问城管委斥资两亿元奖励考评 ………………………………… 166
规范市容就非得统一化吗 ………………………………………… 167
城管答记者，要放松不要提防 …………………………………… 169

第八编　谁的路？谁的桥？

给金沙洲“坑口大桥”立个纪念碑吧 ……………………………… 172
丫髻沙大桥，你这苦命的“丫头” ……………………………… 173
乱象之下的丫髻沙大桥还有几年可“活” ………………………… 175
四问丫髻沙大桥治超乱象 ………………………………………… 177
鹤洞大桥十年八修，治超不力谁之责 …………………………… 179
“问题天桥”要纳税人埋单？ …………………………………… 180
285万元天桥改造费该由谁负责 ………………………………… 181
天桥改造，建委还要再交几次学费 ……………………………… 183
单座天桥造价上千万，建委该给一个说法 ……………………… 184
天桥预算砍一半，建委还得解释一下 …………………………… 186
造价动辄报大数的灰色空间令人担忧 …………………………… 187
天价天桥如何获批，纪委应介入调查 …………………………… 189
挖不挖马路领导说了不算，包工头说了才算？ ………………… 190
“宽容”夜间施工：还要反思什么 ……………………………… 191
天河东围蔽：市民只被知会，还未置喙 ………………………… 192
围蔽若不征询民意就须直面质疑 ………………………………… 194
道路施工统筹几时能落实 ………………………………………… 195
道路依旧各挖各，统筹意义何在 ………………………………… 197
你挖你的，我挖我的，马路就成了“拉链路” ………………… 198
挖路计划疑团多，麻烦开发布会解释一下 ……………………… 200
道路即将密集开挖，说好的民意征询呢 ………………………… 201
道路施工统筹应注重科学性和严肃性 …………………………… 203

"麻坑脸"马路，问题又成了老天的？…………………………… 204
施工能挖成"拉链路"，种树却挖不得一个坑？…………………… 206

第九编　BRT & APM & LPG

仅以快慢评价 BRT 并非科学态度 …………………………………… 210
BRT 终归要造样板路 …………………………………………………… 211
广州建第二条 BRT 已是板上钉钉？ ……………………………… 212
还记得给 BRT 天桥建雨棚的承诺吗 ……………………………… 214
扮靓有"时花"，BRT 无绿化……………………………………… 215
怎样的 BRT 规模才匹配 6 层的调度中心 ……………………… 216
BRT 天桥加装雨棚别再是一场"忽悠" ………………………… 218
"花景"工程锦上添花，BRT 依旧无绿化………………………… 219
BRT 三年建不起雨棚，建委失信于民到何时 …………………… 221
BRT 天桥玻璃雨棚会不会成"黑漆路第二" …………………… 222
BRT 雨棚纷争虽歇仍需反思 ……………………………………… 223
18 亿 APM 与同德围：脸面与民生的较量………………………… 225
什么工程都要等到暴雨来验收？ ………………………………… 226
APM 漏水能给个靠谱的解释吗 …………………………………… 227
只要"高端客人"有需求，就大笔再挥一条 APM？ …………… 229
交委不宜为 LPG 公交安全背书 …………………………………… 230
公交推广新能源当以 LPG 为鉴 …………………………………… 232
广州 LPG 成败未论，LNG 不宜强推 ……………………………… 233

第十编　关注地铁安全与服务

电梯故障处置不力，地铁应急预案须检讨 ………………………… 236
地铁故障频频，应急却屡屡不到位 ………………………………… 237
地铁故障频发，应急处置改进在哪里 ……………………………… 238
除了道歉，广州地铁应急处置还要改进什么 ……………………… 240
多少冒牌羊城通学生卡在吃财政补贴 ……………………………… 241
学生卡被叫卖，羊城通公司当真没责任？ ………………………… 243
打的难刷羊城通，该打板子的不是司机 …………………………… 245
有请审计局公开羊城通押金审计报告 ……………………………… 246

羊城通押金，揭谜底要待何时 …………………………………… 248
所有羊城通成本都靠押金卡承担？ ………………………………… 249
羊城通纪念卡 1.75 亿“不明费用”落入谁袋 ……………………… 250
地铁飞站：应急措施不能漠视乘客权益 …………………………… 252
肯德基成中国最好公厕让谁难堪 …………………………………… 253
赤岗塔改得，西朗改不得？ ………………………………………… 255

第十一编　广州市井生活

请建筑工看歌剧，凸显广州人情味 ………………………………… 258
五星级厕所羞煞广州富翁 …………………………………………… 259
当店铺招牌遭遇“格式化”…… ……………………………………… 260
与其命名服务站，不如回归报刊亭 ………………………………… 261
幸福广州的“范例”与“特例” ……………………………………… 262
看这里的商铺招牌空荡荡 …………………………………………… 264
广州市花，还是木棉么 ……………………………………………… 265
不能以私家车主的错惩罚无辜的公交乘客 ………………………… 267
农民工博物馆：苦乐都经不起陈列 ………………………………… 268
供内地的“供港”蔬菜，呵呵…… ………………………………… 269
增设救生设施是对英雄最好的祭奠 ………………………………… 270
添救生设施何止珠江两岸 …………………………………………… 272
“不献血就不手术”，血荒将加剧！ ………………………………… 273
“同在蓝天下”只是环保局的幻觉…………………………………… 274
空气这么好，环保局可以歇业了 …………………………………… 276
“火树银花”也应有可研报告………………………………………… 277
打造“购物天堂”可否从容些 ……………………………………… 278
“西关小屋”何时物尽其用…………………………………………… 280
绘制光污染地图，猜猜谁会上榜 …………………………………… 281
有些“幸福路”和私家单车无缘 …………………………………… 282
“爱心树”被连根拔起，谁欠市民一个道歉………………………… 283
太古汇漠视安全隐患，监管部门却在“踢皮球” ………………… 284
玻璃幕墙落地，建委两年前那份“报告”呢 ……………………… 286
谁是玻璃幕墙的下一个受害者 ……………………………………… 287
动物园搞“园中园”收费有违公益定位 …………………………… 289

广州应借马拉松赛向灰霾宣战 …………………………………… 290
岑村教练场“收费陷阱”亟待整改 ……………………………… 291
PM2.5 均匀分布，监测点为何不均匀分布 …………………… 293
停车场整治远未触及“要害” …………………………………… 294
“房中房”整治不能一阵风……………………………………… 295
书坊街“拆建”折腾谁埋单 ……………………………………… 296
火车站旅客接送成收费项目，权力需回应自肥嫌疑 ………… 297
高峰的士运营半年多，交委应公布评估报告………………… 299

后　记 ……………………………………………………………… 301

第一编

下水道：城市的良心

“落雨大，水浸街”，这首伴着广州人成长的童谣唱到如今，却开始有了不一样的苦涩味道。城市排水设施的落后，让街坊们苦不堪言：出行受阻、车子被泡，甚至发生沙井吞人的惨剧。

都说“下水道是城市的良心”，广州显然意识到了这一问题，并投入巨额资金进行治理，那么，这些资金的安排是否合理，整治的效果究竟如何，都需要被监督和问责。

水浸街之治，水务局有难言之痛？

2010年5月7日凌晨，暴雨所导致的全城水浸引发公众对广州治水效果的质疑。广州市水务局表示，“我们之前整治过的黑点这次比其他地方还要好，就不能说我们花了钱没有效果”，“水浸点是个动态变化的过程”。

“水浸点是个动态变化的过程”，这个说法颇值得玩味。据媒体报道，2009—2010年，广州安排9亿元整治中心城区228个较严重的水浸街点，其中176个工程项目已完工。然而一场暴雨过后，广州水浸点一下子新增了89个，若按水务局的说法，水浸点的“动态变化”将导致这边厢整治完工一部分，那边厢新的水浸点就出现了，如此循环往复，水浸点整治岂不成了“按下葫芦起来瓢”的游戏，永远整治不好了？如果治好一处水浸黑点的代价是新增周边一堆水浸黑点，那么，我们是该孤立评价这一处的整治效果呢，还是该通盘反思整个整治过程中的问题？

广州市水务局领导一个多月前才刚刚表态：目前，广州用防大江大河洪灾的决心在防水浸街问题，相关工作“今年绝对比往年要好”——说这话的时候，水务局肯定没想到整治后的广州会新增那么多的水浸黑点吧，整整抵消了一半的整治项目啊！当然，我相信，水务局领导说这话的时候，是有足够的底气的，毕竟再怎么说，那可是投入9亿元之巨的治理工程啊！那么，究竟是什么导致了水浸治理越治越严重呢？

我觉得，将水浸街整治不力的责任完全推给水务局是有失公允的。据报道，水务局最近的一次检查发现，破坏排水设施的工地多达46处，有的工地私自迁移、改动、占用甚至毁坏排水设施，有的工地往排水设施里偷排泥沙、废料。遗憾的是，尽管市水务局领导早就注意到了工地违规施工可能就是水浸街的元凶，并称“工地偷排犹如给排水系统‘打毒针’，一个地方‘中毒’就影响一大片”，但还是没来得及在暴雨来临之前将这些“毒针”拔掉。

不过，话说回来，那些违规的施工单位可不是容易捏的“软柿子”，岂是水务局说拔掉就拔掉的？要不怎么迄今都不见水务局雷厉风行的“拔毒针”行动？BRT施工的时候，那施工单位的泥头车司机可是连交警都敢打的，区区水务局，会被放在眼里吗？

如此说来，在整治水浸街的行动中，水务局可能当了冤大头了。不过，它又不大甘心，所以才会向媒体诉苦，说水浸街的元凶是工地违规施工——这话多半应该是说给领导听的。相信这背后的故事，是比地下排水管道更为复杂更说不清的迷宫吧。

（2010/05/11《新快报》）

政府对水浸损失的行政赔偿不应置身事外

广州“5·7”特大暴雨造成全市经济损失高达5.438亿元之巨，随之而来的赔偿争议近期持续发酵，成为媒体重点关注的一个话题。

其中媒体关注较多的赔偿纠纷集中在水浸车主、物业和保险公司之间。据《羊城晚报》报道，车主向保险公司和物业索赔都很难。目前省内保险公司共接到车险报案超过1.8万件，初步估损金额超过1.7亿元，这样的车险理赔高峰可算广州史上最大。若车主损失全部由保险公司扛下，保险公司觉得有点冤。而小区物管购买的公众责任险将“暴雨”列为除外责任，无法弥补车主损失。

不能不指出的是，在车主、物业、保险公司之间展开的这场纠纷扯皮中，有一方责任人被漏掉了，那就是政府部门。而要搞清政府是否需为暴雨造成的损失作出行政赔偿这个问题，首先自然要厘清政府是否对暴雨造成的损失负有责任。无论如何，商业索赔是一码事，行政索赔是另一码事，媒体不能忽略索赔纠纷中任何一方可能的责任人。

有知情人士称，地下停车场有详细成熟的防水技术规范却遭遇水漫没顶，原因九成以上是水浸街漫过来的，是市政工程排水不畅引发的“并发症”。而市水务局也曾表示，城市大规模施工损坏排水系统是造成水浸的原因之一，部分工地私自迁移、改动、占用甚至损坏排水设施。

水务局的说法可谓在一定程度上减轻了停车场、物业的责任，不幸的是，在将水浸矛头指向工地的同时，也将部分赔偿责任揽到了政府部门身上。毕竟，政府部门对工地是负有监管责任的。

但是，谈及行政索赔，首先面临的就是取证难的问题。和政府打官司？这个念头光是在脑子里想想，就够让人心力交瘁、望而却步的了。或许，这也正是车主宁愿和物业、保险公司扯皮的原因吧。早有律师指出，因暴雨造成损失的行政索赔将面临取证难的问题。

市民尽可以怀疑市政施工损坏了排水设施导致车库被淹、爱车被浸，但若想起诉政府部门进而获得行政赔偿，就必须拿出证据。试想一下，单凭市民一己之力，如何能够深入工地抓住其破坏排水设施的证据？又如何论证就是工地堵住的那根排水管导致了自己小区车库被淹？因此，在行政索赔中，有必要实行举证倒置，即由政府部门举证自己监管的工地没有因施工导致排水不畅，进而造成市民经济受损。否则，政府部门一方面承认向排水系统“打毒针”的工地导致了水浸，一方面又想否认水浸没顶车库导致了市民损失，这在逻辑上是说不通的。

一场暴雨让广州35个地下停车场遭受了不同程度的水淹，这其中，有多少是因为工地违规施工导致的？有多少是因为排水管改造不合理导致的？又有多少是因为停车场自身存在问题的……这些问题普通市民无从解答，只能依靠政府部门“自证清白”，给个说法，否则，市民有权要求行政赔偿。

广州因暴雨导致经济损失的绝不仅仅是1 409台受淹车辆的车主，还有被淹倒闭的牛奶铺，电脑被泡坏的学校，尤其是新增水浸点附近的住户，他们都需要政府给个说法，来澄清政府是否需要为他们的经济损失承担行政赔偿的责任。

但愿在行政理赔中，政府部门能落实举证倒置的责任，按照省市领导“该赔的必须赔，可赔可不赔的也要赔”的原则坚决执行。

（2010/05/14《新快报》）

广州那些“N年一遇”的暴雨

在广东省气象局日前召开的新闻发布会上，省气象台首席预报员林良勋介绍说，“三场暴雨集中在一周发生，累计降雨量统计达440毫米，相当于广州市年降水量的四分之一”，“一举冲破广州市百年纪录，是自1908年广州有气象记录以来从未出现过的”。专家认为，暴雨出现的频率和强度，均属历史罕见。

在“5·7”大暴雨之后，我们也见到了气象专家用“历史罕见”来形容那场大雨。细心的市民认真回想一下就会发现，好像每次暴雨袭击广州之后，和恼人的水浸街一同出现的，总有有关部门乐此不疲的暴雨“N年一遇”的说法。这一次，趁着“百年一遇”的良机，不妨查一查，看看广州有多少“N年一遇”：

《南方日报》2008年5月30日报道：根据气象部门监测，5月28日早晨8时至29日早晨6时，广州各区（县级市）普降骤雨并有雷暴……其中从化北部黄龙带水库录得全市最大降雨量236毫米，其中最大1小时降雨量达81毫米，雨情超过20年一遇，广州市区多处出现水浸街。

《广州日报》2009年3月29日报道：据三防办介绍，这场强降雨主要发生在17时30分至20时，其中黄埔区、天河区、海珠区等局部出现了短历时强降雨，有8个站点3小时降雨超过100毫米，特别是乌涌流域30分钟降雨量为67毫米，短历时强度接近50年一遇，市区共出现54个水浸点。各地较严重的水浸点水深达到1米多。

《广州日报》2010年5月8日报道：据水文统计，5月6日8时至7日7时遭遇特大暴雨的水文站点有：广州市花都区雅瑶镇镇政府216.5毫米，超50年一遇量级；雨量较大的站点有广州市增城小楼镇政府155毫米，50年一遇；广州市增城市荔城镇下莲塘村139.5毫米，为50年一遇。

原来从2008年到2010年，不过短短两三年时间里，广州市民就经历了从“20年一遇”到“接近50年一遇”再到“超50年一遇”、“100 年一遇”的几场暴雨的洗礼！广州市民何其“幸运”，能在两年的时间里遇到这么多几十年、上百年不遇的事！真的要建议来广州参赛的亚运健儿也学学广州暴雨“两年三连跳”的速度，勇破亚运纪录。

其实，看过电影《2012》的我们已经不在乎下一次的暴雨是多少年一遇了，极端天气注定越来越多，我们堵不住漏了的老天，唯有责成有关部门为我们疏通地下的水管。“N 年一遇”的暴雨年年遇或许有其科学道理，但是年年暴雨都水浸，是没有道理可讲的。

（2010/05/18《新快报》）

咱们都去掘花基找排水沟吧

广州建设六马路一段长约 20 米的花基部分开拆“露底”后令人大吃一惊——原来花基底下竟掩埋着一条排水沟！市政协委员韩志鹏直言：“这样的问题绝不是偶然的、个别的，它暴露出市政建设管理中的混乱！”市水务局随即回应：将展开大排查，并欢迎媒体及市民群众监督。

又见“欢迎群众举报”！有关部门作出这样虚怀若谷的谦卑表态常见于问题被曝光之后，它一方面可以表现出有关部门严肃查处问题的决心，另一方面也间接为自己申辩：因为我们自己没发现这个问题，所以才没查处。

在发现问题方面坚持“走群众路线”的不止水务部门一家。2010 年 4 月，“河涌淤泥偷排珠江”被媒体曝光后，海珠区某副区长在回答媒体提问“黄埔涌清淤工程是否存在转包和分包的情况”时回答，“没人举报，没法查。举报要实名，如果查实，我们就会处理”。将发现问题的责任一股脑儿推给群众，且一定要求群众实名举报，这“群众路线”走得不可谓不彻底，我等百姓真不知该受宠若惊还是彻底无语。

如今看来，某些行政部门大有把群众举报当作发现问题的唯一手段的倾向，群众不举报，自己就可以放心睡大觉。

回到举报排水设施被破坏一事上来具体分析。建设六马路被占压排水沟的发现可以说极富戏剧性，且其发现办法不可复制——总不能让市民都去掘花基找被占压的排水沟吧！

要知道，排水沟遭破坏并不像拉链马路那样，是秃子头上的虱子——明摆着的，普通市民如何有能力发现并举报？越华路半年开挖6次引发全城举报拉链路的热潮，但这次在网友提议全城搜寻被占压的排水沟后却应者寥寥。并不是市民缺少举报热情，而是市民实在没能力探知这片石屎森林中哪一块水泥下掩盖了排水沟。

更为关键的问题是，对市民举报的疑似被占压的排水沟，水务局准备怎么核实？恐怕水务局自己都没有一本明细账，不清楚全市各处排水设施的位置和保养情况，那么如此一来，水务局是准备掘地三尺以核实有无排水沟被占压吗？

另外一个不能忽视的问题是，能够实施“堵塞排水管道，妨碍他人排水，擅自占压、拆卸、填埋或者穿凿排水设施等违法行为”的主体绝大部分都是工地，而普通市民怎么可能随便出入被围蔽的工地进行检查？这应该是水务部门的分内工作吧！

况且，广州暴雨导致内涝，已有市民怀疑是工地施工所致，但至今不见水务部门一一排查并告知市民工地与水浸之间到底有无关系，这让市民如何相信这次举报就能有回应？再者，市民只能怀疑工地破坏了排水设施，具体坐实应该是水务部门的事，而这本不必坐等市民举报，水务部门日常就该做好这方面的监管。

（2010/06/07《新快报》）

广州市容经得起春雨“卸妆”吗

2011年2月13日，广州迎来了兔年第一场春雨，但翻看本埠媒体的相关报道，这春雨带来的竟多是烦心事：一是科韵路往中山大道西辅道下水道“爆渠”，污水最高漫到了1米深，造成6辆车水浸熄火，发动机报废，交通堵塞3个多小时；二是东濠涌水位高涨，疏散游客后采取开闸泄洪措施，亲水平台被污水淹没，周围的绿化带一片狼藉。

不过，广州市排水管理中心显然对这场春雨带来的影响有相对乐观的评价："记者从市排水管理中心获悉，这次降雨将有利于农村春耕用水，市区出现了5处局部积水，水深均在20厘米左右，排水部门及时排除，未对交通造成影响。"

呵呵，政府相关部门的总结材料如此轻描淡写，显然工作人员既没有认真"跑街"，也存在监控盲点，否则多家报社记者都能发现的"爆渠"水浸和交通堵塞，材料里为何只字不提？

2011年的第一场春雨，不知是否比往年来得更早一些，但鉴于2010年广州因暴雨水浸造成的损失实在惨烈，这"2月就有水浸街"的无情现实实在让人不寒而栗。

不知广州各主政官员对即将到来的雨季作何感想，又有何准备，但我知道，相当多的广州街坊是心惊胆战的。每逢大雨，那些临街店铺就要堆起备好的沙袋，那些私家车主就要把车开出地下车库……广州的雨季注定是这样难熬的，我只期望政府相关部门未雨绸缪，早做准备——不是准备说辞和借口，而是准备彻底根除水浸的措施。

按说，广州城这样的"美女"，晴天里无论白天夜晚，都是分外妖娆的，衣着光鲜，面容洁净，只是，一遇上大雨这样的"卸妆液"，就惨不忍睹了——228个水浸黑点如美女脸上的雀斑，一卸妆就原形毕露；平日里清水涓涓的东濠涌、猎德涌则污水横流，垃圾遍布……苦心经营的"脸面"就这样毁于一旦，这样的"美女"，让人如何喜欢得起来呢？

真的希望广州是一个能经得起卸妆的"美女"。

（2011/02/15《南方都市报》）

水浸黑点何时不再是"吸金黑洞"

据本埠媒体报道，2011年4月8日一场突如其来的暴雨，造成广州中心城区天河立交、流花车站、华侨新村等10处出现局部积水和涝情。有关部门对全市132个点进行布防，共出动抢险人员1 132人、各类抢险车辆163台、抽水泵476台。

每逢暴雨必有水浸街，这在广州已经算不得新鲜事了，所不同的只是每次暴雨中水浸黑点发生了怎样的“移形换位”而已。譬如这次暴雨中，广州暨南大学没有被淹，网友戏称“‘威尼斯分校’迁址了”，岗顶一带水浸街情况也有明显改善；而治水“名片”东濠涌、荔枝湾涌则面目全非，广州火车站广场也是汪洋一片，乘客忧心如果在客流高峰时段遇到这种大雨，后果不堪设想。

借由这些年水浸黑点在暴雨中一次次的“移形换位”，街坊们直观感受到了广州治水“按下葫芦起来瓢”的现实窘况。最可怜那些一下大雨就心惊胆战的街坊，若赶上暴雨，有的半夜就要起来忙着堆沙袋，有的则赶紧把车开出地下车库，有的街坊更是要连续几天趟着内涝不退的脏水……真真狼狈不堪。还有那些一下暴雨就要出动的排水部门工作人员，以抽水强排的方式解决水浸街问题，每次花费不菲还很折腾，且必然是治标不治本。

这一切不免让人悲观沮丧：广州的水浸街整治，什么时候才是尽头呢？水浸街会有彻底“治愈”的那一天吗？

不必历数广州为整治水浸街而投入的一笔笔巨额资金了，若分析其投入产出比，实在让人难有好言语。在水浸街整治资金的使用上，公众很难了解详情，只是粗略知道又有几千万元、上亿元的资金砸下去了，但钱具体是怎么花的，具体每个水浸黑点的整治方案是怎样的，如果没有整治好，该怎样问责……在这些关键性的细节问题上，公众往往不甚了了。

之前曾有舆论提出，希望政府部门为水浸街治理立“军令状”，厘清职责，并承诺若治理失败将承担责任，可惜政府部门并没有接招，水浸黑点依然是“吸金黑洞”，钱砸进去了，水却排不出去。

广州的水浸街治理是时候来一次全盘的反思检讨了。水浸街整治思路亟须从当前对单个水浸黑点的孤立整治，转变为对全市排水系统的摸查改进，制订整体思路和长期规划，更重要的是，建立问责机制，否则，纳税人的巨额资金无止境地砸下去若只换来水浸黑点的“移形换位”，无法根治，这“按下葫芦起来瓢”的水浸街整治，又如何向市民交代！

（2011/04/16《羊城晚报》）

水浸整治再砸两亿元，财政投入何日是止境

广州市水务局在2011年的部门预算表里首次列出了城市内涝治理费用，总额高达2亿元，即治理内涝平均每天开销约55万元，以用于29个内涝黑点的排水改造。

2011年用2亿元整治29个水浸黑点，听上去比前两年用9亿元整治228个水浸黑点要奢侈得多，但单纯比较数字意义终究有限，或许这29个水浸黑点是更难啃的硬骨头因此需加大投入？预算里没详细说，我们也只能连蒙带猜，谁让在我们这里看懂政府部门的粗线条预算往往是专家也难胜任的专业活儿呢！

关于水浸街治理的诸多疑问在媒体上屡被提及，说是连篇累牍也不为过吧，民众无非是想知道：之前的9亿元具体是怎么花的？水浸黑点为何层出不穷，给人“按下葫芦起来瓢”的感觉？水浸街整治到底要持续到何时？财政对此的投入何时是个头……

遗憾的是，民众至今不见相关部门给出有诚意的回应，只见水浸黑点的层出不穷和财政投入年复一年的追加。这仿佛印证了水务局于2010年5月的表态：“水浸点是个动态变化的过程。”

水浸黑点的动态变化，财政投入自然要追加，广州市民看来要和水浸街打持久战了。一座光鲜到妄图用“光亮工程”将黑夜都点亮的城市竟然治不好苦民久矣的内涝，这是谁的耻辱？

其实，民众对水浸街治理的质疑并不完全是挑刺，对水务局而言，公开水浸黑点的治理细节、资金流向和遇到的问题，完全有助于分担自身的舆论压力。

像2010年5月水务局向媒体诉苦，称检查发现有多达46处的工地在破坏排水设施，有的工地私自迁移、改动、占用甚至毁坏排水设施，有的工地往排水设施里偷排泥沙、废料，“工地偷排犹如给排水系统‘打毒针’，一个地方‘中毒’影响一大片”，就唤起了公众的同情，让公众了解到工地野蛮施工对水浸街可能产生的影响，也就分散了自身背负的治水浸不力的舆论压力。

正如之前已有评论指出的，“水浸治理亟待一次治理思路上的突

破”，孤立地画出几个水浸黑点，仅仅通过改造排水管道、提升排水标准等措施，难以彻底解决水浸街问题——再先进的排水设施，一旦被工地破坏或堵塞，又或是遇到其他什么水务部门管辖范围之外的问题，不是一样白搭吗？

如此看来，治理水浸街若不从治理思路上破局，只能是疲于奔命地发现新的水浸黑点，再向财政伸手要钱，再重金砸钱改造排水设施，再发现新的水浸黑点……如此循环往复，只能将水浸街治理拖向吸金的无底洞这一条不归路。

水务部门若这样治理水浸街，自然得不到公众的理解和同情，反倒会让公众对水务部门形成工作不力的印象，而向财政伸手要钱的举动也会被公众认为有部门自肥的嫌疑。

在此向市水务局呼吁，就算是为部门自身形象考虑，摆脱治理水浸不力的指责，也该向社会公布用于水浸街治理的9亿元和2亿元的具体流向，同时不妨向公众诉诉苦，看看到底是什么原因导致水浸黑点“按下葫芦起来瓢”。

（2011/04/28《新快报》）

天河立交水浸7年未愈，怎不见问责

2012年立夏那一日羊城水浸街，我在外地，没能赶上，但，总会赶上的，不是吗？夏季才刚刚开始，感谢水浸街，去广州“看海”不是什么千载难逢的事，哦耶！

翻看同城媒体关于水浸街的报道，例牌的几个角度：新水浸黑点纷纷涌现，老水浸黑点“昨日重现”；临街商铺损失惨重，车辆熄火几近报废；交通瘫痪，铁路停车，围堰发生漫顶崩缺。当然，报道中少不了的“亮点”是广州市水务部门的工作汇报——“出动防汛抢险人员1 132人分别奔赴城区132个重点路段和低洼易涝点提前布防”……

每年此时，有关水浸街的新闻总是多得让人沮丧。广州水浸街到底还有没有彻底治愈的那一天，越来越像一个无人能够回答的天问。

以水浸黑点天河立交为例，虽然旁边建了泵站专门排水，但此次依然难逃水浸命运。细心网友“五月的下午茶”将近年媒体上关于天河立交水浸整治的新闻整理了一下：2006 年《今年解决天河立交“水浸街”》；2007 年《天河立交底层水深 80 厘米》；2008 年《一场暴雨多处“水浸街” 天河成泽国》；2009 年《天河立交罕见水浸街长时间不退 行人无路走》；2011 年《科韵路积水近一米 天河立交成泽国》；2012 年 5 月 4 日《暴雨！天河立交水浸近 1 米》。

通篇不着一字，水浸整治的无能却已跃然于纸上。更讽刺的是，就在水浸当天（5 日）上午出街的报纸上，还赫然出现了《天河立交逢雨必浸料月底拜拜》的新闻——话说水务部门你治理天河立交历时 7 年仍然水浸，你真的有底气和水浸说“拜拜”吗？

用过去的新闻抽现实的嘴巴子，已成为网友屡试不爽的拿手好戏。我相信，不独天河立交这一个水浸黑点如此，只要有心寻找，将其他水浸黑点的历年新闻排列起来，也会是一样地反讽，让人哭笑不得。

但是，这些新闻难道仅仅起到增加笑料和讽刺效果的作用吗？它们难道不是在说明公众的无奈和愤怒，难道不是在控诉官员的失职吗？仅仅一个天河立交水浸黑点，整治了 7 年，还是这个样子，难道不需要有人站出来道歉和负责？这 7 年，投入了多少钱，耗费了多少人力物力，就这样打水漂了，并打算继续这样打水漂下去？水浸整治只见投入不见问责的荒唐状态持续久矣，公众亦苦其久矣！

从愤怒如何转向问责，公众自然是陌生和无助的，但是，人大代表们呢？也不知该如何问责官员吗？年年大手笔砸钱，年年大面积水浸，这样荒唐的事情竟然无需任何人道歉和负责？

年复一年的水浸街，来得猛，去得快，水浸时街坊们骂娘，水退后街坊们往往就顾不上骂娘，要去清点损失，继续劳作糊口了。不知这是不是让水务部门的官员们一次次侥幸逃脱问责的原因之一，毕竟雨停水退了，治水无能的“罪证”就消失了。只是，对水浸街的恐惧一次次把街坊们折腾得心惊肉跳，街坊们却不能因此让负有治水责任的官员如坐针毡，这之间的断裂，实在是让人遗憾。

（2012/05/07《新快报》）

老天和历史都要对水浸负责，水务局自己呢

针对广州近年水浸街加重这一问题，广州市水务局局长称原因主要有三个方面：一是城市“雨岛效应”加剧，广州暴雨强度大、频率快；二是城市硬底化导致水全部涌入了市政排水系统，不堪重负；三是排水设施比较陈旧，甚至还有民国时期的古物，不同时期的管网都可以开博物馆了，排水系统设计标准也落后了。

广州的排水设施已陈旧到可以进博物馆了！水务局局长透露的这个消息颇让人吃惊，原来广州排水设施的落后程度不是以十年、二十年计的，而是远远超出人们的想象。但问题是，如此陈旧的排水设施为何还在“带病工作”？为什么没进博物馆？难道广州水浸街整治的巨额投入里，竟没有划拨一部分用于更新排水设施吗？

对此问题的追问，其实就引出了水浸整治巨额投入到底是如何使用的，水浸整治的方案到底是如何制订的这两个核心问题。遗憾的是，水浸整治的账本和方案一直没有对公众揭开神秘的面纱，公众只能从水浸黑点“按下葫芦起来瓢”的现实推测：广州的水浸街整治很可能并没有一个通盘考虑的周密计划，而只是将水浸黑点割裂为一项项工程进行分包治理；治理方法上也可能过于注重表面工程，而忽略了最根本的对排水设施的更新换代。君不见，每次暴雨来袭，水务部门的通稿里总是出现“出动抢险人员多少人、各类抢险车辆多少台、抽水泵多少台”的政绩汇报，在地面建泵站强排似乎成了广州治水的主要思路。

可是，即便水浸整治效果如此不堪，广州水务局在检讨原因时，也只是大而化之地将责任一推给老天，二推给规划，三推给历史，水务局自己倒落得个清白。

一个花了几年时间、耗资数亿元，却仍不能为终结广州水浸街给出时间表的政府部门，不但对既往水浸整治责任追究绝口不提，甚至为未来可能的责任追究埋下伏笔，称“即使是天河立交，我也不敢保证它以后不再水浸”——整治了却不保证效果，试问，整治的意义何在？纳税人有必要将数亿元的资金交给水务局打水漂玩吗？

不得不说，水务局此时绝口不提水浸整治的问责问题，转而大谈排水设施的陈旧落后，除了哭穷和要钱，听不出一丁点儿检讨自身工作不力的诚意。可是，一个只懂花钱不懂公开、只谈要钱不谈问责的部门，一个把水浸黑点治理得“此起彼伏”的部门，公众凭什么继续砸钱让他们去搞排水系统的升级？反正我是不放心的。

况且，水务局既已认识到城市硬底化是水浸街加重的元凶之一，那为何在近年的河涌整治中仍然采取硬底化措施？譬如荔枝湾涌，以及我亲眼所见的白云区万达广场附近的河涌。这涉及的就不只是治水中的问责问题，更是能力问题了。

归根结底，水务局若不能将之前水浸街整治的账本和方案都拿出来晒一晒，不能向公众坦诚剖析自身在水浸整治方面的责任问题，就别指望再申请经费去搞全市排水设施改进这样的大工程了。

（2012/05/31《新快报》）

高中生都献策水浸街，水务局该加把劲了

广州执信中学一群高一学生组成“城市内涝项目小组”，从2011年10月开始，在水浸严重的暨南大学、华南师范大学等地进行实地走访调查，并与广州市水务局工作人员座谈，进而向政府部门提交一些关于水浸整治的对策。

高中生也来关注羊城水浸街，这消息既让人振奋也让人沮丧。振奋的是，广州的年轻人果然后生可畏，前有“举牌哥”、“拇指妹”，现有关注水浸的高中生，看来，对广州本土公共事务的关注已融入这些年轻人的血脉当中，殊为可贵；沮丧的是，水浸街整治了这么多年收效甚微，都快成广州的“世纪难题”了，到底还有法子整治不？如今高中生也加入水浸整治队伍，积极献策，水务局的叔叔阿姨们觉得脸红么？

报道称这些高中生给出的水浸整治建议主要包括：加强排水执法检查，查处违法排水和破坏排水设施的工厂、企业；每逢汛期前对排水设施进行修复检查，减少对居民生活的影响；完善汛期报警

系统，进一步做到第一时间赶到现场；加强各部门、各街道之间的联系，形成一个完善的监管系统等。

如果单从内容上看，这些建议其实并无太多新意，但是，对高中生不可过于求全责备，学生们关注公共事务的意识和情怀才是最可贵的。况且，现在水浸整治最缺什么？是对策吗？当然不是。长期以来，从市民到专家，大家都没少通过各种媒体平台为水浸整治出谋划策吧，结果呢？水浸整治越来越像一个“按下葫芦起来瓢”的游戏，总也治理不好。无奈之下，媒体开始呼吁水务局向公众公开解释水浸整治巨额投入到底是如何使用的，水浸整治的方案到底是如何制订的这两个核心问题，惜乎没有得到水务局的回应。所以，水浸整治缺的不是对策，而是公开和审计，是对水务局治水工作的盘点和清算。

我倒是觉得，和水浸整治建议相比，学生们得出的“只有4%的受访者表示对政府治理水浸街的做法满意”这个调查数据更有价值。呵呵，“4%满意”，这样残酷的调查数据大概只有涉世未深的学生们才敢大胆说出来，水务局自己怕是从不敢做这样的调查，媒体若是自行发布这样的调查数据，也得担心水务局找上门来。是的，只有涉世未深的高中生，才敢这样不经意地撕掉这层“画皮”，让相关各方清醒地看到，水浸整治不力是怎样严重损害了行政部门的公信力。

报道称这些参与“城市内涝项目小组”的高中生表示，做这些事情并不是为了参赛获奖，而是出于对广州的认同感，且经过项目的锻炼，自身的社会责任感与公民意识普遍提高。这真是让人欣慰的事情，希望学生们能继续关注广州水浸整治，也但愿水务局的叔叔阿姨们不要让学生们失望，加把劲，尽快搞掂水浸街，行不行？

（2012/06/26《新快报》）

气象预警滞后致水浸，水务部门就如此治理？

广州媒体近期将监督的“火力”对准了政府部门的官方微博，政务微博应遵循怎样的发布规范引发各方讨论，其中广州市水务局的官方微博“@广州水务”因对水浸预警不及时而上了媒体的“黑名单”。

据报道，13日一早的上班上学高峰期，一场暴雨突袭越秀区，“@广州天气”、“@广州公安”、“@广州交警”等官方微博对此都做了及时的天气预警或出行提示，唯独负责三防发布、主管“水浸街”问题的“@广州水务”整日一言不发，登上了媒体统计的当日零发博“黑名单”。

政务微博发展的良莠不齐在此次水浸事件中表现得淋漓尽致。对水浸负有不可推卸责任的“@广州水务”被其他几个部门的官方微博抢了风头，也难怪媒体和网友要批评水务局不给力了：管不好道路水浸，发个预警消息也那么难吗？水浸整治不力，水浸预警也不及时，街坊们的批评让挣扎在水浸问题中的水务局又陷入了“口水浸”，水务局形象可谓雪上加霜。

更让公众难以接受的，是水务局对水浸原因的解释。针对强雷雨造成东风东路（梅花路至空军医院段）及区庄立交一带路段水浸堵车情况，市水务局称是由于预警滞后，导致布防滞后，进而造成水浸现象。

水浸街竟怨天气预警滞后？真是匪夷所思。天气预警固然对防水浸非常重要，但是防水浸不是更应该依赖排水设施吗？靠天气预警来安排人工抢险强排的作用毕竟是有限的，遗憾的是，在广州，这却成了防水浸的重要“战术”。

君不见，几乎每次暴雨过后水务局的新闻通稿里，都会出现类似“市、区水务部门出动了抢险人员多少人，奔赴哪里哪里抢险”的字样，譬如13日越秀区水浸街，“市、区水务部门共出动了抢险人员504人，抢险车辆126台，水泵273台进行抢险”。仅越秀一地暴雨就如此大阵仗布防，不能不让人忧虑，如果是全市普降暴雨，水务局的人工布防忙得过来吗？

即便水浸街整治了几年还是这样不堪的局面，水务局对下水道设施的评价却是“比较完善”，但表示下水道的详细数据如图纸属于保密内容，无法提供。或许排水设施的详细数据确有保密的需要，不能对公众公开，那么公众该如何考核评价水务局对排水设施的改造情况呢？那么多财政资金砸进去，总得有个考核吧？不能以保密为由完全不公开啊。人大代表是否可以去考察一下？

最后说回水务局的微博发布，不如就弄个“水浸街”专题，每天发几条向公众汇报一下水浸整治的情况，该肯定的自我肯定，该道歉的勇于道歉。无论如何，在水浸街这类自己管辖的一亩三分地上被其他政府部门的微博抢了风头，水务局的脸面上不会好看吧！

(2012/09/17《新快报》)

沙井又吞人，市长狠话变耳边风？

就在广州市水务局局长张虎表态将对全市所有沙井盖实行编号仅仅半个月之后，海珠区革新路新民大街街头又上演了一场沙井吞人的险情。所幸，这一次，掉入4米深沙井的13岁少年阿朗有惊无险，只是两只手臂擦伤流血。

报道中的一个细节引起了我的注意：据阿朗的父亲说，阿朗之所以在井下那么害怕，是因为不久前他的一个同学在马路上被泥头车撞死，“阿朗已知道了死亡是什么”。

原来不经意间，泥头车、沙井所酿成的种种惨剧，竟已成了广州孩子成长过程中挥之不去的梦魇！嚣张的泥头车是会经常撞死人的，无盖的沙井也是会吃人的——这就是广州少年成长中被烙下的死亡记忆。不知广州这座城市的主政者们，看到这则新闻时作何感想。

万庆良市长对泥头车整治和沙井盖管理撂下的狠话言犹在耳，在这里不妨重温一下——或许频发的泥头车撞死人、沙井吃人的事故已经触动不了某些官员麻木的心灵，唯盼新市长的指示能够促使他们采取行动快一些、再快一些。

我甚至希望广州市城管委和市水务局能将万市长的狠话做成牌匾，当作语录高悬在办公场所门口，每日背诵几遍："我不相信，连个泥头车都管不住。如果管不住，还要广州市政府的牌子挂在这里干什么？还要各区人民政府的牌子干什么？""我在这里宣布，今后谁弄的沙井盖，谁没有管好，造成人员死亡的，就要追究这个单位领导的责任！现在我讲得很清楚了，人命关天的事，绝不会客气！"

那么我想知道，海珠区的这单未造成人员死亡的沙井事故，会不会追究相关人员的责任？若追究，有何具体规章可循？若不追究，又有何借口可逃避？让人担忧的是，报道中提到，发生事故的路面正在施工，几个沙井没有上盖，只是用废弃的铁栅栏丢在上面。由此推断，追究出事沙井的井盖归属，恐怕将会成为耗时颇久的拉锯战，且未必能追踪出其确切的归属。

这就不得不让人发问：水务局长表态拟对全市所有沙井盖实行编号已经半个月了，在这过去的半个月，水务局有没有立即行动起来？虽然城市管理很难收到立竿见影的效果，但是，在人命关天的事情上怠慢不得的心情让我们不能不催促有关部门行动快一些。至少，水务局可以先从市民举报的无盖沙井开始编号，分清轻重缓急，优先排除一些可能的隐患，以最大限度地减少沙井吞人事故的发生。

也许有人会说，解决问题、完善体制远比追究个别官员的责任更重要，媒体和民众应该关心怎样完善沙井盖的管理，而非一出问题就想着处理官员。这话固然有其道理，可是，当沙井吞人的事故一再发生，当整治行动迟迟不见效果时，如果不动一些官员的乌纱帽，问题能得到真正的重视吗？

（2010/06/23《新快报》）

是否每个沙井受害者都要上访才能讨回公道

被沙井"坑"了，维权到底有多难？广州街坊小刘4个月无果的奔波提供了最新的案例。《羊城晚报》昨日报道，街坊小刘2010

年9月跌入一个井盖松动的沙井内，但因无法确定沙井盖的归属，他奔波4个月仍难获赔偿，其间不断被“踢皮球”。

都以为2010年9月起实施的《广州市井盖设施管理办法（试行)》(以下简称《办法》）是被沙井“坑”了后用以维权的尚方宝剑，谁知街坊小刘“以身试法”后却发现，这“试行”的管理办法“试了，不行”。

“试行”成了“试了，不行”，市民街坊再次成了各个部门踢来踢去的皮球，这真是给了《办法》的制定者们一记狠狠的耳光：您拿这没用的规章办法糊弄谁呢?《办法》出台之初少不了被民众寄予厚望，现在却连个井盖权属问题都做不到有章可循，真叫人情何以堪!

被沙井“坑”了索赔难的问题，媒体之前就有报道过。2010年8月间，街坊老何为给跌落沙井受伤的妻子索赔，像皮球一样被踢了一圈后仍找不到肇事沙井的权属人，老何无奈上访，最终幸得市信访局一个副处长的大力帮助，召开了“市城管委、市民政局、白云区水务局、多宝街道办、市政工程维修处等多方代表参加的协调会”，“正式确认了事故责任方为白云区水务局”。

为确定一个沙井盖的权属专门开了一个会，还是多个政府部门参与的会，您觉得这是黑色幽默？可这就是广州的现实！连街坊老何事后都感慨“真是浪费了太多公共资源了”，不知与会的各政府部门代表如何想的。大概对他们而言，这不过是又一场踢皮球游戏而已，且庆幸自己把它踢出去了——除了倒霉的白云区水务局的代表。

而街坊老何为妻维权事件发出的另一个不能不注意的信号是：他走上了上访之路。只是为了搞清一个沙井盖的归属问题，就要使用上访这样的“狠招”才能换来应有的赔偿。对于正被当皮球踢的街坊小刘来说，上访算是个可供推广的“先进经验”吗？两相对照，事实无非是在告诉那些沙井受害者：只有上访才能确定一个沙井盖的归属，才能换来应有的赔偿和公道!

为了管好广州这些个“吃人”的沙井，社会各界可以说是绞尽脑汁地帮政府想办法，设举报电话、出台规章办法、派人加强巡查……结果却发现，事情要是真落到自己头上，没个“偏执”的性格，没个上访的胆量，没个打持久战的身板，这沙井盖的权属人到底是谁还真搞不清楚。

既然坑了街坊老何妻子的那块沙井盖经由多个政府部门开会最

终确定了权属，说明有些会开得还是有效果的，能解决问题的。因此我提议，请为广州每一个沙井盖都专门开个协调会吧！在沙井盖肇事之前先确定权属，真出事了，市民街坊就免于被踢皮球的厄运了，直接“谁家的孩子谁领去”，权责明晰，道歉赔偿起诉啥的都好解决了。

据不完全统计，广州现有各类井盖设施100万个，那么就把这些沙井盖分片区讨论，一次性解决井盖编码和权属问题，真正做到数目字管理。与那些利益纠葛较为复杂的事项比较起来，数数沙井盖估计也算不上什么难事，就请各相关部门马上行动吧！反正不会比你们现在踢皮球、搞文山会海更浪费时间的。

(2011/01/14《新快报》)

有关部门已无法遏止凶险的沙井？

12月11日中午，一名7岁男童玩耍时失足坠入广州市白云区同康路一口约3米深的沙井中，随后，消防、公安、120及道路施工方数十人持续救援4个多小时，动用了吸污车、挖掘机、大型水泵、沙包等工具，最终将男童救出，所幸其并无生命危险。

沙井吞人严格来讲在广州已经不是大新闻了，从2010年5月一名女大学生暴雨夜落入沙井溺亡以来，沙井伤人、致人死亡事故屡见报端。2010年9月，广州市政府专门颁发了《广州市井盖设施管理办法（试行）》（以下简称《办法》）；市城管委也承诺将于2012年底前建立沙井盖数字管理系统，给每个沙井盖一个“电子身份”，便于沙井盖丢失后能在最短时间内得到维修。

遗憾的是，规章、办法、决心、承诺都有了，沙井吞人的现实却无明显改善。具体到同康路这个吞人的沙井，施工方广州市市政集团有限公司在此围蔽施工两个多月，竟只用一块薄木板覆盖沙井，周围未设任何警示标志。这两个多月里，相关管理部门在哪里？罚单在哪里？

除去施工方和管理方的责任，沙井盖权属单位同样负有不可推卸的责任。按《办法》规定，“井盖设施权属单位应当建立井盖设施巡查制度，巡查人员应当每日不少于一次对所属的井盖设施进行巡查”。可是，两个多月里，这个被薄木板覆盖的沙井一直“埋伏”在那里，周围来往通行的包括附近两所幼儿园、三所小学和一所中学的孩子，沙井时刻张着血盆大口，惜乎无人过问。

事实已然证明，《广州市井盖设施管理办法（试行）》实施一年多来，试了，看来效果还不好。它既无法有效约束井盖权属单位对沙井盖实施管理，也无法切实惩处违反规定的施工单位，对沙井伤人、致人死亡的受害者也没有具体的维权索赔指引，如此管理办法，能起多大作用？难道仅仅是为了展示一下有关部门严肃管理的决心？

沙井啊沙井，怎样才能真正“杀鸡儆猴”，使得沙井盖的管理真正严肃、规范起来呢？依我之见，不妨就从同康路这个沙井盖管起吧！沙井盖的权属单位、同康路的施工单位、相关管理单位，一个都不要放过，该罚款则罚款，该问责则问责，只有真正发挥出管理办法的执行力，才可能对其他相关单位起到震慑作用。

（2011/12/13《羊城晚报》）

广州还要为沙井盖开多少次大会

广州市城管委日前召开 2011 年度全市井盖设施管理工作会议，城管委表示力争在 2012 年底前建成全市井盖设施数字信息管理系统，通过 GIS（地理信息系统）、GPS（全球定位系统）和 RS（遥感技术）等手段，将井盖设施纳入城市部件进行管理。

一个非常有趣的细节是，据城管委统计，“2011 年 1 月 1 日至 12 月 10 日，全市没有发生因井盖设施缺损而造成重大人员伤亡或车辆损坏的事故”。我好奇的是：既然是 2011 年度会议，既然会议是 12 月 27 日召开，为何统计时间却截止到 12 月 10 日？

我查看了一下不久前发生在白云区同康路 7 岁男童坠入沙井的新闻，发现事故发生于 12 月 11 日。哦！那么一切都说得通了。城管委真是高啊！年度总结统计到事故的前一天，于是天下太平，之前的一切就成为可以宣传和表彰的政绩了。

说回给沙井盖开会这事。不知是否有有心人统计过，广州已经为沙井盖开了多少次会了？估计很难得出确切的数字。要知道，沙井盖出事了，得开协调会，踢圈皮球揪出到底该谁负责；沙井盖出事出得太频繁了，要开规章制定会，定规范、列管理条例；年底了，则要开沙井盖总结表彰会……

如果仅从开会和制定规章的角度来衡量广州对沙井盖管理是否用心的话，那必须承认，这些会开得很多很成功，规章也制定得很迅速很完备，显示了领导的重视。比如说吧，2010 年 9 月，广州市政府专门颁发了《广州市井盖设施管理办法（试行）》；市城管委也承诺将于 2012 年底前建立沙井盖数字管理系统，给每个沙井盖一个“电子身份”（日前的会议不过是一次重申而已）；此外，还要力争 2012 年 6 月份左右出台《井盖设施建设技术规范》，为今后井盖设施设计和建设提供指导依据。

可是，即便有关沙井盖的管理办法、数字系统、技术规范都完备了，沙井伤人的事故就能因此减少吗？我曾就监督公车私用一事写过一篇《一万个 GPS 赶不上一个区伯?》，批评 GPS 没抓住一单公车私用，发现公车私用就遥控车辆熄火的高科技公众更是无缘看到。联系到沙井盖管理一事，我也严重怀疑 GIS，GPS，RS 这些玄乎的东西，其效果未必赶得上一次有力的惩治。

以 12 月 11 日同康路那次沙井事故为例，除了施工方负有责任，沙井盖的权属单位呢？是谁？查明了吗？负责监管的单位呢？是谁？问责了吗？要不要专门就此开个会，明确一下？我悲观地认为，无论广州为沙井盖开多少次大会，真遇到沙井伤人甚至致人死亡的事故，恐怕还是需要专门再开个会明确一下各方责任。

此外，沙井盖建电子身份这事儿，广州市城管委从 2011 年上半年就作出了承诺，如今大半年过去，却只是重申目标，绝口不提工作进展，莫非工作尚未开展？这就难怪每次出事的沙井盖都恰好是还没建立电子身份的那一个了。

（2011/12/29《新快报》）

第二编

市政工程留“手尾”，谁之过？

广图新馆、白云山隧道、光亮工程、黑漆路……没有哪一个大手笔的市政工程没留下些“手尾”，要么迟迟完不了工，要么强行上马，要么不公开可行性报告，要么交了笔巨额“学费”就不了了之。这些拿纳税人的钱搞的大工程，为何不拿纳税人的钱当一回事？这其中，为什么从来没有人被追究责任？

广图新馆工期延误　投资狂增须追责

2006年奠基、预计2008年建成使用的广图新馆，曾在亚运开幕前、广图30周年馆庆之时几次传出开馆的消息，结果都不了了之，直至2012年3月初，广州市市长陈建华公开催促："无论如何，今年必须开馆!"广图新馆才终于敲定开馆时间：2012年"五一"，将以新馆首层大堂的两个展览为内容，向市民作"展示性开放"。

呵呵，"展示性开放"，这真是继"保护性拆除"、"休假式治疗"之后又一个体现我中华文字博大精深的好词。在"展示性开放"的图书馆里，公众看不到图书，只能看展览，如此看来"五一"期间的广图新馆还是叫展览馆更确切些。

据称展览的内容之一是广图新馆建设图片展，主要介绍新馆建设过程、建筑特色、技术亮点、服务创新等内容。说起来，广图新馆的建设过程倒真是值得好好展览一下，尤其需要向公众详细说明新馆为何从预计的2008年开馆拖延至今险些"烂尾"？工程投资又为何从最初的8.4亿元增至目前的13.14亿元？围绕新馆建设的前前后后，到底发生了怎样的故事，有着怎样的纠葛……

如果新馆建设图片展围绕上述内容展开，那这个"五一"的"展示性开放"倒真是蛮值得期待的。要是用图片仍不足以把上述问题说清楚的话，广图新馆还可以考虑多媒体展示，权当向纳税人做汇报"演出"了，毕竟，建新馆的钱也是从纳税人的口袋里掏出来的，向纳税人汇报，名正言顺。

作为一名广州市民，我在这里想先提几个问题，期待广图新馆的业主单位——广州市文化广电新闻出版局能予以回应，并将答案体现在"五一"期间的图片展里，一并向公众解释清楚。

一问新馆资金投入。据报道，因为缺少经费，广州曾决定不建广图新馆，但"发改委每年约有2.5亿元补助地铁建设，补助半公里不管用，干脆连续4年用来建设广州图书馆"。将地铁建设资金挪作广图新馆建设资金，这一决定有无经过人大同意？是否合乎程序？广州地铁建设进度是否因此受到影响？广州加大文化建设投入的决心固然令人感佩，但财政资金使用的程序问题仍是最根本的原则问题。

此外，若连续4年挪用地铁补助资金，那加起来也有10亿元左右了，即使在2010年新馆投资追加至9.24亿元时，仍应该够用，为何新馆建设在2010年（已比预计完工推迟两年）仍未能完工？具体拖延原因是什么？

二问新馆建筑规模。2004年广图新馆建筑面积初定为8万平方米，2005年调整为9.5万平方米，至2006年，又调整为9.8万平方米，建筑规模不断扩大，出于何种考虑？有何必要性？规划随意变动，有无贪大求全的政绩考虑？

三问责任追究。据透露，广图新馆“由市重点办代建，自然存在管理协调方面的问题”。管理协调问题是不是责任问题？应不应该有人担责？新馆比预计完工时间推迟了4年，导致投资狂增56.4%，这其中的拖延如果说没有任何人被追究责任，只让财政追加投入“擦屁股”，那我等纳税人也未免太好欺负了。

（2012/03/14《新快报》）

要追广图新馆开了又关之责

开放不到一个月的广州图书馆新馆首层大厅已暂停展示性开放，再次进入施工状态。目前广图新馆的土建和装修工程建设已经完工，并进行了规划验收公示；但广图新馆的整体性验收还没有全部完成，接下来还要进行专项设备的施工工作。

广图新馆开了又关，关了却不知何时再开，这真是件好玩的事，不过倒也在意料之中。

先说“开了又关”。这实在是因为陈建华市长3月初的公开催促“无论如何，今年必须开馆”，广图新馆才勉为其难在“五一”期间做了“展示性开放”——展示一些图片而已，看不到书，可是图书馆看不了书那还是图书馆吗？没办法，只好又关了。这与其说是阶段性开放，还不如说是应付式开放。不过，即使是“应付”，至少也该保障安全吧？没验收完就敢展示性开放？万一出了问题谁负责？

再说“关了却不知何时再开”。是的，似乎没有人能给出答案，这座曾在亚运开幕前、广图30周年馆庆之时几次传出开馆消息却都不了了之的广图新馆何时能再开。一座比预期开馆时间（2008年）拖延了4年、至今仍不能给出开馆时间的图书馆，也算是广州建筑史上的一朵奇葩了吧！

现在，广图新馆开了又关，不知道曾催促开馆的市长知道不？心里又作何感想？要我说，与其催促开馆，倒不如一竿子插到底，认真追问一下广图新馆迟迟开不了馆的原因是什么。其实早前已有媒体追问广图新馆工期延误、投资狂增的原因，呼吁追究相关责任人的责任，可惜没听说相关部门有所行动，倘若这次市长能一起加入追问的队伍，相信必能问出个结果。

是的，即便从目前非常有限的关于广图新馆建设的相关资料来看，其间暴露出的问题已经非常触目惊心了。首当其冲的就是工程投入问题：从最初的8.4亿元增至目前的13.14亿元，投资狂增56.4%，却一直靠财政追加投入“擦屁股”，不见任何人被问责，堪称“传奇”。

而且，广图新馆建设资金的最初来源，据称来自发改委每年2.5亿元、连续4年的地铁建设补助资金——将地铁建设资金挪作广图新馆建设资金，这种“乾坤大挪移”运作不知是否符合财政资金使用规范？此外，若连续4年挪用地铁补助资金，那加起来也有10亿元左右了，即使在2010年新馆投资追加至9.24亿元时，仍应该够用，为何新馆建设在2010年（已比预计完工推迟两年）仍未能完工？具体拖延原因是什么？

广图新馆开馆时间屡次推迟仍遥遥无期，这颇耐人寻味的现象竟从未能激起相关部门的追问和究责。有心的记者不妨去深入挖掘一下广图新馆开馆难的原因，看看它背后到底隐藏着些什么。

（2012/06/06《新快报》）

万亩果园："征而不转"变"征而不管"？

广州"南肺"万亩果园丢荒告急！据《羊城晚报》报道，万亩果园被征地后疏于管理，部分果树村民不管，政府又尚未接手，已严重丢荒。记者现场看到很多龙眼树竟没有一棵挂果，更为严重的是外来物种入侵将很快缠死果树。

2012年4月份刚大张旗鼓完成征地签约工作的万亩果园，7月就遭遇了丢荒，这真让人心疼又纳闷：难道政府争分夺秒比原计划提前4个月完成征地，就是为了征完后围起来丢荒的吗？有关部门到底有没有尽到看护、管理的责任？

犹记得征地时，海珠区政府承诺将成立专门的"万亩果园保护管理中心"，并于6月中旬左右拿出万亩果园保护规划方案——眼下已近7月中旬，不知万亩果园保护管理中心成立了没？保护规划方案又出笼了没？对眼下严重的丢荒，海珠区政府知否？又准备作何解释？

被征地的村民称，政府原本答应今年果树收完最后一造之后再收地，但实际上很少有人能进入围起来的果园，"现在地已不属村民，却又没见让谁管理"。由此看来，万亩果园丢荒的症结，就在于过渡期间出现了管理"真空"。这不禁让人想问：政府一下子征了1万多亩果园，其配套的管理能力究竟如何？有关部门究竟能否承担得起如此大范围的果园管理工作？

"征而不转"是当初万亩果园征地的一个亮点，也就是政府征收果园后，不搞开发不盖大楼，谁知，"征而不转"变成了如今的"征而不管"，争分夺秒地征完地，又心不在焉地丢开了荒。须知果园围蔽丢荒不同于工地"围而不建"，若像这样丢荒下去，很多果树将不会存活，到时除草、补种、修剪等反复折腾，又是一大笔开销，劳民伤财。

必须承认，政府对万亩果园采取统一征收和统一管理的模式，欲为子孙后代保住城市中心这块生态资源，是出于好意，值得肯定，但眼下有关部门对万亩果园的管理能力与当初承诺之间的巨大差距，让公众不能不担心万亩果园这片城市绿肺是否能健康地存活下去。

海珠区政府曾表态，万亩果园改成湿地公园后，将优先聘用征地范围内具有果树种养技能的村民管理果园。政府既有此意，何不尽早落实，早点聘用村民管理果园？吁请海珠区政府以当初征地般争分夺秒的速度，迅速制订万亩果园过渡期的管理方案，真正保护好万亩果园。

（2012/07/09《羊城晚报》）

人工沙滩泳场，是否都该重新评估

原计划于2012年开建、位于员村五横路的天河人工沙滩泳场项目于近日被叫停，原因或为项目耗资过大，这是2011年底广州准备建设的6大沙滩泳场中首个“夭折”的项目。不过有消息称，流溪湾、沙贝滩、南沙滨海沙滩、流溪河胜利坝和琶洲湾等其余5个人工沙滩泳场项目仍在继续推进中。

6大人工沙滩泳场项目作为广州“水城”的“亮点”工程、市政府重点工程，如今“夭折”一个，不知是该批之前政府规划失误，还是该赞扬政府现在决策英明。无论如何，天河人工沙滩泳场已被叫停，广州亚运前花费上千万改造的临江绿化带因而避免了被铲除的命运，这是值得庆幸的。

据称天河人工沙滩泳场被叫停的一大原因是无法解决新鲜水源问题，“珠江水不能用在沙滩泳场”。有专家称，污染较严重的水质冲向沙滩，水退之后，垃圾被砂滤器过滤而截留，如此往复，人工沙滩会非常脏，在这种情况下强行上马，今后要花费巨大的成本维护。

那么，其他5个沙滩泳场用的是不是珠江水？至少从地名判断，沙贝滩和琶洲湾沙滩泳场应该和被叫停的天河沙滩泳场一样，用的是流经市区的珠江水吧。这两个项目要不要也暂停上马，再次详细论证一下可行性？

可惜，查询相关报道发现，位于海珠区的琶洲湾人工沙滩泳场已于2012年6月开始招标了。该泳场预计投资额达1.2亿元，占地面积约7.5万平方米，竣工日期为2013年8月。

同样建在珠江畔，天河人工沙滩泳场因珠江水不可用，项目被叫停，怎么琶洲湾人工沙滩泳场仍要上马？它是如何破解“珠江水不能用在沙滩泳场”这一难题的？对于后续维持人工沙滩泳场所需的巨额花费，琶洲湾准备如何应对？

此外，按照规划，琶洲湾人工沙滩泳场地面建筑面积约5 600平方米，沙滩面积6 000～8 000平方米，游泳池、戏水池面积约1万平方米——这不免让人担心，这些建筑会不会蚕食珠江？会不会影响珠江的泄洪能力？相关部门是否充分评估了人工沙滩泳场对生态环境可能造成的负面影响？如此看来，实有必要借天河沙滩泳场被叫停的机会，重新评估琶洲湾等其他5个沙滩泳场的可行性，以避免项目强行上马造成将来不可收拾的局面。

其实话说回来，亲水是广州人的天性，没有人工沙滩泳场，广州人千百年来也没断了和珠江的“亲密接触”。问题的关键在于现在珠江水质受到污染，不适宜游泳了。所以说，把水污染治理好了，广州处处都是沙滩泳场！

（2012/07/27《羊城晚报》）

又说“引水”？谁来埋单！

广州市水务局副总工程师王少林上周透露，万绿湖水入穗项目正在研讨中，如若通过，水价一定得涨。但王少林同时强调，当前广州喝的西江水可达到安全水质的要求，水量也很丰沛，目前也不必立即从万绿湖引水来穗。

这信息看上去模棱两可，既然目前没有从万绿湖引水的迫切需要，那么对此项目的研讨又从何说起呢？无论如何，对于刚经历了水价调整“听涨会”的广州市民来说，这都是个让人心惊肉跳的消息——刚为西江引水埋完单，难道又要准备为万绿湖引水解囊？

市政协委员韩志鹏之前在批评有关部门向市民转嫁西江引水债

务时曾说："融资借贷时没有征求市民意见，还钱的时候就知道找市民埋单了。"虽然官方回应，西江引水已通过了人大等程序，但具体每吨水可能涨多少钱，事前有多少普通百姓知道？而从眼下万绿湖引水正在研讨、且通过这样"非正规渠道"放出风声的事实来看，不免让人担心有关部门仍习惯性地"为民做主"。

事实上，从万绿湖引水是一个热议多年的老话题。2009 年 3 月，广州与河源签订《万绿湖直饮水项目合作框架协议》，当时报道称若进展顺利，该项目有望 3 年内建成。2009 年 7 月，万绿湖直饮水项目在广州通过专家评审。

而到了 2009 年 11 月，在省政协举行的项目可行性问题座谈会上，有专家表示万绿湖水质安全性以及水量保障还需进行论证，并且直饮水的可操作性也存在难度。此后，万绿湖引水项目被搁置下来。

那么，时隔两年多后，万绿湖引水再度被提上日程，这背后到底有着怎样的情势进展？当初专家提出的质疑是否找到了应对方法？比如说，万绿湖水经长距离输送，水质会否下降，遭遇二次污染？广州的交通状况、地下空间能否容纳直饮水管道的建设？更为关键的是，据 2009 年的估算，万绿湖引水管道铺设资金需求已达 100 亿元，那么物价上涨至今，这个投资又将上涨多少？……

要不要从万绿湖引水，公众高度关注，政府部门此时最应做的就是开门讨论。毕竟时过境迁近 3 年，引水的必要性、市民对直饮水的需求、对水价上涨的承受力等都须重新考察。在为西江引水埋单之后，广州市民有理由要求政府对今后的引水工程作出更为透明、更为详尽的评估报告。

（2012/03/27《羊城晚报》）

向"市肺"白云山开刀，应充分征求民意

近来有关广州未来城市发展规划的重磅消息可谓层出不穷，如：打造"广州教育城"、在东山口打造"医疗硅谷"、建设穿过白云山

的双向 8 车道隧道等，这些大手笔规划，无一不是一曝光就引发争议一片。

据相关负责人日前在一会议上透露，广州正在研究论证建设一条穿过白云山的双向 8 车道隧道，连通白云山东西两麓地区，如果建成，从白云新城驾车穿过隧道，5 分钟可直抵天河区。预计隧道工程将于 2012 年底、最晚 2013 年初动工。

恕我愚钝，一方面说白云山隧道“正在研究论证”，一方面又说“2012 年底、最晚 2013 年初动工”，这究竟是什么意思？相关部门是否已经有了建穿山隧道的充分理由？但如果研究论证的结果是不适宜兴建白云山隧道，那是否还要动工？如果已经确定动工，那研究论证的过程未免会让人怀疑只是走程序。

当然，这也可能只是表述的问题。无论如何，正常的市政建设工程理应在确定动工前完成相应的研究论证，并征询市民的意见，而非一下子抛出如此重磅消息，让市民措手不及。况且，若按 2012 年底动工推算，白云山隧道工程的全部论证、环评时间仅剩不足一个半月，在如此短的时间内，即便是一路绿灯地走完所有规定的环评、公示等程序，也来不及吧？更何况，现在还有诸多市民持反对意见，相关部门该如何对待？

从目前已披露的极为有限的信息来看，有关负责人主要从缓解交通压力、拉动地区经济等角度考虑修建隧道，认为修建后“从白云新城驾车穿过隧道，5 分钟可直抵天河区”，“隧道一动工，白云区这一片马上就升值”等，应该说，这得到了相当一部分市民的赞同，但同样，也有相当多的市民持不同看法。有网友直言，“反对，难得广州人仲有个清静干净的市肺，硬系要拿两把刀插穿佢，仲讲唔会影响你身体健康，真系顶你个肺咯”；有网友则担心挖隧道会破坏白云山的生态，恳求“放过白云山吧”；还有网友质疑隧道连通后，将加剧天河区的拥堵；更有网友从风水学的角度反对向白云山“开刀”等。

很难说这些反对声音全无道理，有关部门至少应该明白，向“市肺”白云山开刀，应考虑市民的感受，做好与持不同意见的市民对话的准备，更应该有在不能说服多数市民同意修建隧道的情况下放弃工程的准备。

无论是否已经确定要建，白云山隧道工程都应该极其慎重。现在要做的，是不预设任何前提的研究论证，隧道建或不建，都应该拿出足以说服人的充分理由，盖因广州的城市建设已经吃过类似的亏，伤不起了。想想那些未经严密论证、未征询市民意见就动工的工程吧！

（2012/10/15《新快报》）

白云山隧道扑朔迷离，敦请有关部门集中回应

过去的这一个多月，围绕白云山隧道建或不建的种种消息可谓扑朔迷离。先是有媒体报道称，广州正在研究论证建设一条穿过白云山的双向8车道隧道，早则2012年底、迟则2013年初就会动工，引发舆论关注；随后有媒体就此向政府多个部门求证，各部门均表示不知情，媒体于是报道称白云山隧道“八字没一撇”，舆论就此平息。

而就在前两天，同城媒体突然又曝出白云山隧道已经形成工程初步方案并向包括广外、白云山风景区在内的多个沿线利害相关单位征询意见。方案显示，白云山隧道西起黄石路和白云大道交接口，拦腰横穿白云山后东接京溪路，全长6.4公里，其中横穿白云山的路段长1.9公里。

这实在让人惊诧：一是没想到白云山隧道工程方案首次对外公开，竟是以这种半遮半掩的形式被动公开，且方案只征求沿线利害单位意见，却不面向全体市民——难道白云山只是一部分人的白云山？其他市民不需要发表意见？二是怎么一个月前还“八字没一撇”的白云山隧道，再次出现在公众视野中时，就已是讨论具体工程方案了呢？工程的必要性论证过了吗？

更让人困惑的是，另有同城媒体援引相关人士说法，称“此次意见征询，依程序办事，而且初步方案只是草拟，还没有具体涉及沿线的拆迁以及各种施工细节。按照一般的建设项目前期准备惯例，项目方案必须征询各利害单位意见，并得到各单位的同意后方能稳定下来，然后才进入实际操作阶段，继而立项报批”。

若按此说法，似乎白云山隧道目前只是处于前期准备阶段，只

是在进行一般的意见征询，不必大惊小怪，因为隧道项目很可能因为一些单位的反对而放弃。但事实果真如此吗？按广外校方的说法，该校11月5日收到广州市建委《关于征求白云山隧道工程方案意见的函》，征求函上有“白云山隧道工程是要加快推进的重点市政项目”，“由于时间紧急，请于11月9日前将书面意见反馈我委”等督促语气的表述。

若只是一般的意见征询，为何“时间紧急”？若隧道已成“重点市政项目”，那隧道是否还有不建的可能？这次悄悄进行的意见征询若不是因广外强烈反对修建隧道而公开，接下来隧道是不是就会顺理成章地立项报批了？

查阅这一个多月来本埠媒体关于白云山隧道的相关报道，会发现媒体实际上是在盲人摸象般地搜罗相关信息进行报道，这些报道支离破碎甚至前后矛盾，而导致这些现象的原因就是相关部门对隧道项目的信息公开不够充分。

所以当务之急，是敦请有关部门就白云山隧道工程召开新闻发布会，详尽解答该工程的程序到底应该怎样走，现在又进展到了哪一步，给公众一个明确的预期；并就工程如何广泛征询民意作出规定，让市民在充分知晓工程相关信息的前提下进行讨论，同时对之前媒体和市民就修建白云山隧道所提出的诸多反对意见作出回应。毕竟，是否修建白云山隧道关涉到广州“市肺”白云山的生态环境、市政工程资金使用的合理性等多个方面，有关部门有责任向市民交代清楚。

（2012/11/23《新快报》）

看不到可行性研究报告，海珠轻轨如何环评

广州市海珠环岛新型有轨电车试验段工程日前开始第一次环评公示，工程始于万胜围，止于广州塔，线路大致沿新港东路和阅江路布设，全长约7.7公里，有望年底前开工。对此工程，有市民表示欢迎，有市民认为没必要，还有市民担心噪音扰民问题，意见

不一。

“海珠区要建地面环岛轻轨”的说法自2012年春节后提出一直备受关注，现在工程已进入环评公示阶段，且给出年底前就可能开工的预期，可谓进展迅速。但最让人困惑的问题是：环岛轻轨的可行性研究报告尚未完成也没公示，环保部门所谓的环评公示中也没有向公众提交环评报告，如此，环评公示从何谈起？公众参与从何谈起？

要知道，噪音问题是关涉到环岛轻轨工程能否开工的一个重要因素，盖因该工程涉及的环境敏感点达80个，其中九成以上是住宅，还有中山大学、大元帅府这样的环境敏感点。那么，环岛轻轨工程在进行环评公示的时候，理应由环评单位出具环评报告，向公众详细说明工程会对这些环境敏感点造成怎样的影响，进而再由公众对环评报告提出意见，然后环评单位进一步修改环评报告，施工单位相应调整工程建设计划等。

但目前的情况是，环岛轻轨的具体建设方案、线路、车辆位置等基本情况尚未确定，环评单位广州市环境保护科学研究院称“环岛轻轨的可行性研究报告还在做，具体施工方案未到环评部门手上”——这就意味着，所谓的环评公众参与，很可能是一次无效参与，环保部门和公众如何能够在没看到工程的可行性研究报告、不了解工程具体建设方案的情况下，对工程可能造成的环境影响作出准确评估？

诚然，环岛轻轨工程未必只进行这一次环评公示，它很可能会根据施工方案的调整进行第二次、第三次乃至更多次的环评公示，以完善工程的可行性，但这样做的前提必须是在不预设开工日期、尽早公示可行性研究报告的情况下，以便给公众留出充裕的讨论时间，让环评单位和公众的意见有的放矢，而非像现在这样，搞成一场没有可行性研究报告的环评，一场没有环评报告的环评公示，操之过急。

另据报道，海珠区环保局曾从环岛轻轨未来或要经过的区域中，筛选出55个具有代表性的环境敏感点，进行声环境质量现状监测，监测数据将为环岛轻轨未来的声环境预测与评价提供对比数据。那么，海珠区环保局是否应该将监测数据向社会公开，方便未来市民进行环岛轻轨工程建成前后声环境的数据对比？这样既方便市民对工程的环评进行有效监督，也推动了市政工程决策的公开化、透明化，有利于取信于民。

总而言之，环岛轻轨工程应严格按程序一步步来，公示工程的可行性研究报告和环评报告，在工程论证可行及通过环评之后，再定开工日期，以避免像白云山隧道工程那样，喧嚣一场却被证明是个乌龙。

（2012/10/26《新快报》）

逻辑荒谬，光亮工程升级应叫停

珠江两岸光亮工程将再花 1.5 亿元进行升级改造的消息一经报道，就受到舆论高度关注。无他，政府花钱动辄上千万上亿元的，普通小民听得心惊；再者，市民总觉得这大笔的钱没花在刀刃上，而自己又阻止不了，引发焦虑。

尽管广州市建委已就部分问题对媒体作了说明，但我尚有几点疑问，愿借《新快报》一角与广州市建委商榷。

其一，市建委称白鹅潭地区洲头咀附近相对海心沙来说太过暗淡，政府设想在那里建一块巨大的 LED 屏幕，15 米宽、350 ~ 400 米长（注：标准足球场长度为 105 米），由城投集团来建设，可以播放公益性内容，也可以适当播放商业广告。

这 LED 屏幕既是政府想建，却又交由城投集团来做，将来播放节目的定位又游离于公益和商业之间，怎么看怎么觉得这 LED 屏幕活脱脱是另一个海心沙的翻版。将来这 LED 屏幕播放商业广告的收入是归财政还是归城投？

其二，这巨大的 LED 屏幕建造的合理性在哪？犹记得 2010 年亚运前广州大举清理整顿户外广告和招牌，制定《广州市户外广告和招牌设置规范》。政府之前严格限制户外广告的照明，口口声声是为了减少光污染，可如今自己竟又大张旗鼓要建 LED 屏幕放广告，并拍胸脯表示不会造成光污染，这不免给人“只许州官放火，不许百姓点灯”的感觉。

其三，白鹅潭地区洲头咀附近之所以“有幸”被纳入光亮工程，仅仅因为亚运期间电视台夜间航拍发现这一带比海心沙暗淡很多。此外，政府还在研究要不要在二沙岛附近也增加一些光亮工程。

这个“光亮逻辑”是很可怕的：海心沙亮了，附近的白鹅潭不能不亮；白鹅潭亮了，二沙岛也要亮；二沙岛亮了，它周围就会显得暗淡，也得亮起来。这样下去，整个广州都搞光亮工程也是顺理成章的，把广州搞成个明晃晃的不夜城也不是不可能的。否则，航拍看上去不美！这和亚运前机场附近民房加盖红屋顶只为飞机上的外地游客“看下来很美”的逻辑有什么区别？

其四，据称“在非节假日照明模式下，由政府统一兴建的光亮工程的电费每小时是5万元左右，和全市路灯照明需要的电费相比，这算比较低的”。将小范围的光亮工程电费和全市的路灯照明电费作比较，这参照物的选择真是让人无语啊，您干脆拿它和全省的路灯照明电费比算了！路灯照明和光亮工程的作用与意义能一样吗？况且，每小时5万元电费，还算“比较低”，政府这么有钱，怎么垃圾分类投入上才给6 000万元？该投入的时候哭穷，该节约的地方豪爽，政府到底有钱还是没钱啊？

说到底，行政运作逻辑一直是我等市民所理解不了的，它不去解释为什么海心沙的亚运临时光亮工程撤场后，就要建永久性景观照明；也不解释为什么光亮工程的功能之一是“配合未来在海心沙举办的大型演出活动”——话说海心沙都成和公益无关的收费公园了，财政竟还要体贴地砸钱给它照亮呢！

上述诸多疑问未解，逻辑荒谬令人惊讶，光亮工程的升级且等等吧！

（2011/04/22《新快报》）

光亮工程“缩水”，公众仍有疑虑

广州珠江两岸光亮工程近日再度发布招标公告，与2011年6月第一次招标相比，工程预算从1.5亿元骤降至2 719万元；新招标公告中没有提及之前引起公众强烈质疑的“花1亿元在白鹅潭和海心沙建设 LED 光屏"一事。

一下子裁掉了1.2亿元的工程预算，我真不知该为此欢呼，还是该惊诧预算的随意性。无论如何，谈及光亮工程预算缩减，就绕不开"光头哥"、"拇指妹"。他们二人，一个剃光头，呼吁"征集光头，照亮广州"，以期拦下1.5亿元的光亮工程，另一个则征集1 000个大拇指撑广州建委公开光亮工程可行性报告，他们的行动得到了不少市民的支持。

但是，没有一家媒体敢断言，是以"光头哥"、"拇指妹"为代表的民意反弹直接导致了光亮工程的预算缩减。政府部门看上去是听取了民意，调整了预算，但这个决定到底出于怎样的考虑，前前后后发生了什么，公众并不了解。如果这件事本身体现了政府与公众的良好互动，那么这种互动模式日后能否复制，政府今后决策会以何种方式更加听取民意，公众都不得而知。

此外，白鹅潭和海心沙的 LED 光屏这一次没有被列入光亮工程升级项目中，但并不代表这一提议被政府部门彻底否决了，公众仍担心它们可能改头换面、卷土重来。

尤其需要指出的是，光亮工程升级项目当初招标时，其可行性研究报告正报批待审，这种边招标、边报批的做法，其实违反了相关程序。市建委主任侯永铨在接见"拇指妹"时表示，已要求建设单位按程序一步一步走，待审批通过后，可行性研究报告将按照政府信息公开条例的要求公开，然后再继续招标。

如今光亮工程再度招标，但可行性报告向公众揭开面纱了吗？市民需要知道：项目相关单位是否违反程序，又在边招标边报批？可行性报告是否已经审核通过？审批是否要听取公众意见？如果公众强烈反对，光亮工程升级能否被彻底叫停？这些问题，还望市建委给公众一个明确答复。

（2011/12/09《羊城晚报》）

与“拇指妹”一起等待光亮工程可研报告

广州“拇指妹”区佳阳28日下午第四次来到珠江新城政务服务中心，向广州市建委递交了光亮工程可行性研究报告公开申请。虽然光亮工程在本月初重新招标时，预算费用从1.5亿元削减到2 719万元，但区佳阳表示，“降价和公开可行性报告是两个不同的概念”，自己会坚持到看到报告为止。

从5月16日区佳阳第一次向市建委申请公开光亮工程的可研报告算起，时间已经过去220多天，区佳阳也已是第四次递交申请了。按说光亮工程重新招标，就说明可研报告应是已完成了的，那么报告为何迟迟见不得光？市建委主任既已承诺报告通过审批后可申请公开，为何不肯主动公开，而非要等着市民申请倒逼？

有媒体统计过，光亮工程每小时的电费是5万元左右，按照每天亮灯3小时计算，每天大约花掉15万元，每年由财政负担的光亮工程电费应在5 500万元左右。面对如此令人咋舌的高额财政负担，市建委副主任陈亚新此前在接受媒体采访时却表示：“和全市路灯照明需要的电费相比，这算是比较低的。”一个光亮工程项目竟然举足轻重至此，要拿全市路灯照明电费与之相比，以衬托其“不贵”。这种“强大”的逻辑实在让人无语。

光亮工程自曝光以来就受到公众和媒体的强烈质疑，其1.5亿元的招标公告也被迫暂停。在此情形之下，其可研报告在修改、完善的过程中为何不公开听取市民意见，而仍然只由10多位专家闭门造车、秘密编制？是担心可研报告压根儿过不了公众这一关吗？

区佳阳坦言，自己坚持申请公开报告，并不是一味地反对这项工程，而是“希望通过科学的数据，让大家能更理性地看待这项工程”；“没有可研报告，我们要谈光亮工程的光污染和环保问题时都无从谈起，没有事实和数据”。而这，可能恰恰击中了官方的软肋。可研报告不公开，2 719万元的招标方案语焉不详，市建委到底在回避什么？在怕什么？

说到底，光亮工程得以存在的部分原因是2010年亚运时珠江两岸尤其是海心沙周边地区的灯光效果让广州赢得了很多赞叹，官方甚至一厢情愿地认为珠江两岸的夜景照明“增加了市民的幸福感”。而亚运结束后，部分灯光设施因租约到期需要拆除，夜景照明因而减弱，官方心理上难以适应，于是希望将光亮工程升级，继续砸钱搞景观。基于这样不足为外人道的小心思来论证光亮工程的可行性，实在是难为我了，这或许也是可研报告迟迟见不得光的原因之一吧。

申请公开光亮工程可研报告，区佳阳已经坚持了220多天，看样子还需要长期坚持下去。这种“不轻易妥协”的精神是区佳阳认为的“广州精神”的核心，也正是靠着这种精神，23岁的“拇指妹”能够成为“广州公民”的代表人物之一，获得媒体致敬的荣光。而“拇指妹”征集到的一个个大拇指，代表着一个个站出来的公民，他们会一直坚持着，直至看到光亮工程的可研报告。

我们会和他们一起等待。

(2011/12/30《新快报》)

光亮工程值不值，代表质疑晚了点吧

2012年召开的广州市两会上，有人大代表就光亮工程2012年预算开销达1.3亿多元提出质疑。报道称，2012年财政预算公共专项支出中有7 270万元用作光亮工程维护费、6 046万元用作光亮工程的电费，人大代表张晓文当场提出质疑：“光亮工程要花那么多钱？这究竟值不值？”

继“光头哥”、“拇指妹”之后，终于有人大代表“接棒”，将光亮工程这个喧嚷已久的舆论话题正式带入了广州两会现场。代表作为落后于公民行动，这让人遗憾，但终究好过无动于衷。

人大代表质疑光亮工程“值不值”，事实上和“拇指妹”追着建委公开可研报告是一回事。可惜，包含着光亮工程项目必要性、经济分析、环境评价等内容的可研报告只在“不得拍照、复印，只能手抄”的严苛条件下向“拇指妹”一人有限地公开，以致人大代表也不知内情，只能在两会会场提出质疑。

那么光亮工程到底"值不值"，市建委主任侯永铨倒是在会场作了简单的论证，他认为，"光亮工程客观上是提升了广州的城市档次，对城市发展是有好处的"；"受到光亮工程的带动，珠江夜游提高了一倍的收入，这些会通过税收提高进入到政府的钱袋子里"。

简言之，光亮工程提升城市档次、增加政府税收，这是官方对光亮工程"值不值"或者说是其可行性的两个论据。可我想问的是，光亮工程可能带来的税收增长能抵消或超过其每年1.3亿元的花费吗？遑论光亮工程可能造成的光污染，还不知要消耗多少公帑去治理呢！再者，把城市夜空照得明晃晃的就是提升城市档次吗？我觉得若能在广州这样的一线城市看到满天繁星最能提高城市档次！

或许，平息这一切争论的最好办法就是公开光亮工程可研报告，让公众彻底了解光亮工程的"前世今生"，一次性将光亮工程"值不值"这个问题辩论清楚。

可能有人会说，可研报告不是依信息公开条例向"拇指妹"公开了吗？我非专业法律人士，但仔细对照一下《中华人民共和国政府信息公开条例》（以下简称《条例》），仍觉得市建委在公开可研报告的过程中有不规范之处。如《条例》第九条规定，行政机关对"涉及公民、法人或者其他组织切身利益的；需要社会公众广泛知晓或者参与的"政府信息应当主动公开。试问光亮工程一年预算花费1.3亿元公共财政，其可研报告难道不应主动向纳税人公开，反倒等着公民一个个上门申请吗？

可以说，光亮工程可研报告一日不向公众全文公开，光亮工程"值不值"的辩论就一日无解。

可眼下，一个全新的光亮工程管理机构——城市照明管理中心已经市政府正式批复成立，该机构将设在建委，拟将全市的光亮工程统一控制和管理。呜呼，预算列出来了，班子搭起来了，人大代表此时才来质疑光亮工程"值不值"，会不会有点晚了？

（2012/01/10《新快报》）

“黑漆路”又掉漆，求真相何其难

广州市内十几座高架桥和立交桥的黑色路面都出现了掉色，不仅外观难看，还影响行车安全。有专家认为，这些桥梁铺设的黑色物质是一种“超强水泥聚合物封面料”，其大面积掉色估计与广州雨水天密集有关。

这则报道绕了大半天说的却是一个老问题——广州的“黑漆路”问题。广州在2010年迎亚运整饰工程中，耗资4 920万元为16座桥梁刷上黑漆，但从2011年4月起就接连曝出黑漆路打滑、掉漆，以及工程招投标程序涉嫌违规等。舆论一度穷追猛打，惜乎最终未能彻底揭开黑漆路的盖子。在此不妨回顾一下2011年此时本埠媒体的诸多报道：

2011年4月，大量司机投诉黑漆路太滑，对行车安全构成威胁。不少运输企业也下达内部指引，提醒司机尽量不要行经喷涂“黑漆”的高架路。市建委则回应称，测试表明喷涂黑漆后桥面抗滑性能大幅提高，并援引市交警支队的意见，论证路面改造后交通事故没有明显增加。

2011年5月底，媒体报道“黑漆路”轻易就变成“掉漆路”。市建委随即又解释，称路面掉漆系施工养护不足、雨水浸泡冲刷等原因导致，但不致形成安全隐患，将责成相关单位按时整改。

2011年6月初，有记者查阅黑漆路招投标信息时发现，早在工程招投标公示期未完成时，广州已经有路桥被刷上了“黑漆”。有律师据此认为招标程序涉嫌违法。蹊跷的是，这一次，官方没有出面回应。

从黑漆路打滑、掉漆，一路追到“招投标程序可能存在问题”，可以说，媒体已经尽到了自己的职责，而有关部门从前两次迅即回应，到第三次装聋作哑，表现殊为可疑，难道是“招投标程序涉嫌违法”果真点中了要害？让人不解的是，媒体已经把问题曝光到此种程度，监察审计部门为何没有跟上？

可以说，此次对黑漆路旧事重提，报道本身虽无甚新意，时间点却颇为巧合，因为2011年5月底、6月初，正是黑漆路的诸多问题被媒体频频曝光之时。这很可能意味着随着雨季的到来，黑漆路在广州掉漆、打滑等“水土不服”症状又将再度集中爆发。但问题是，去年舆论已从黑漆路招标内幕、决策细节等诸多角度去追问真相而未果，2012年再次轮回，会有新的结果吗？黑漆路的真相何时才会随着黑漆的掉落而显露出来？

（2012/05/29《羊城晚报》）

4 920万元当“学费”，“黑漆路”岂能无问责

连日来，本埠媒体对东濠涌高架、客村立交、机场立交等16条亚运前集中整修过的“黑漆路”掉漆问题进行了持续追踪。这些曾耗资4 920万元铺设的“黑漆路”从2011年4月起，也就是铺设后刚过大半年的时间，就被曝出打滑、掉漆等问题，屡次修补后仍频频掉漆，引发市民质疑。此次市建委终于表态：停止使用“黑漆”进行路面整修，将重新摊铺沥青以彻底解决掉漆问题。

“黑漆路”终被弃用，沥青路重返舞台，只是市建委是否还记得，当初采用“黑漆”铺路时自己给出的理由正是“路面老旧荷载不够，不能承受沥青的重量，只能涂一层薄的涂料”？难道以前承受不起沥青的路面，现在竟可以了？这样自打耳光的事情，市建委怎么做得出？

市建委用了近两年的时间证明了“黑漆路”在广州行不通，可谓代价不菲：除去当初铺路时花费的4 920万元（这还只是招标价格，实际造价恐远高于此），其后数次维修，不知花费几何？眼下又要铺回沥青，想来花费也不是小数目。那么，市建委用纳税人的钱缴了一笔不菲的“学费”、折腾了一圈之后，现在是否应向市民交代一下，这些“学费”总额有多少？具体一笔笔又用在了哪里？

除“黑漆路”各项花费之外，市建委更需向市民解释清楚的，是有关“黑漆路”决策背后的诸多问题。首当其冲的就是“黑漆路”招标程序涉嫌违法一事。查询“广州建设工程交易中心”网站

可发现，“黑漆路”工程采取的是邀请招标而非公开招标，更荒谬的是，工程于2010年10月22日至27日尚在中标公示中，媒体报道其实早在2010年10月19日之前，东濠涌高架、江湾桥、黄村立交等路面已被刷上“黑漆”。也就是说，中标单位尚未产生，部分“黑漆路”工程已经完工了！

有律师表示，上述行为已违反《中华人民共和国招标投标法》及广东省实施办法，应当受到行政处罚，构成犯罪的，应当追究刑事责任（详见2011年6月2日《羊城晚报》）。如今“黑漆路”要退出广州了，市建委是否应该解释一下，“黑漆路”招投标过程中的乱象到底是怎么一回事？

此外，“黑漆路”频频掉漆，这到底是施工方偷工减料造成的，还是“黑漆”材料本身在广州“水土不服”导致的，市建委总该给个说法。但现实来看，找出原因恐怕很难。查询资料可知，“黑漆路”工程早在2010年10月底前都已完工，而中标的施工监理单位直到11月8日至11日才在网站公示——没有施工监理的“黑漆路”工程，其施工质量责任如何追究？

“黑漆路”作为广州城建中一个失败的尝试，如今就要盖棺定论退出广州了，相应地，围绕其决策、招投标、施工、维修等一系列过程中的诸多经验教训也该适时总结一下了，否则，类似“黑漆路”这样失败的尝试今后恐难避免。而监察审计部门更应及时跟上，彻查“黑漆路”招投标程序涉嫌违法一事，追究相关人员责任。

（2012/08/13《新快报》）

城建中那些失败的“第一次”花费几何

广州市建委在BRT天桥上使用玻璃顶雨篷，称这是广州“第一次”试用这样的玻璃材质，由此引发市民质疑：中华灯、黑漆路、玻璃顶骑楼、BRT玻璃顶候车棚……这些城市建设中诸多的“第一次”，不但花费不菲，效果还不尽如人意，市建委为何如此热衷在城市建设中搞新花样？这些失败的“第一次”总共花费几何？

不妨先来盘点一下广州城建中那些耗费不菲的“第一次”：

其一，黑漆路。广州在2010年迎亚运整饰工程中，耗资4 920万元为16座桥梁刷上黑漆，但从2011年起黑漆路接连曝出打滑、掉漆、工程招投标程序涉嫌违规等问题，至2012年8月，市建委终于承认试验失败，将停止使用黑漆材料。近5 000万元的投入，加上后期数额不明的多次维修费用，一句“试验失败”就什么事儿都没有了，市建委真是阔气。

其二，中华灯。中华灯自亚运前安装后就事故不断：照明效果不好、清洗困难、易被偷盗等，引发市民不满，直到2012年7月市建委明确表示“今后将尽量不再采用中华灯”，相当于宣布中华灯在广州的“第一次”以失败告终。但公众至今仍不知中华灯造价到底多少钱一盏。是2万元还是3.8万元一盏？且中华灯每次清洗都要出动带机械臂的吊车，这清洗费用又花了多少钱，市建委能给个明白账目吗？

此外，中山六路的玻璃顶骑楼、BRT沿线的玻璃顶候车棚，这些城建中的“第一次”，无不遭到市民诟病：不防晒，且造价更高。

城建中有这么多失败的“第一次”先例，也就难怪公众担忧市建委屡次用纳税人的钱“交高价学费”却只收获一堆烂摊子，进而质疑市建委热衷尝试“第一次”，背后是否因为与中标企业之间存在不可告人的利益勾连。从中华灯、黑漆路试验失败来看，公众的担忧并非没有道理。比如黑漆路，当初采用的是邀请招标而非公开的招投标，且中标单位尚在公示，部分工程已经完工，可谓诡异至极。

那么，这一次BRT师大暨大站的雨篷项目第一次采用玻璃顶，市建委与中标企业之间的关系是否清白？BRT建成之初，有关部门曾表示加建一个能抗台风的雨篷只要100万~200万元，而如今采用玻璃顶雨篷，造价一下子涨至400余万元。是哪家单位幸运地承接了这项工作？BRT采用高价玻璃顶篷而非普通雨篷，有必要吗？这个高价的“第一次”对广州未来雨篷建设有推广价值吗？将来一旦出现问题，市建委是否仍准备以一句“试验失败”搪塞了事？

城市建设并不必然排斥尝试“第一次”，问题的关键在于，市建委理应先和市民打个招呼，再来决定要不要高价尝试“第一次”。否则，事先不打招呼，事后被市民骂个半死，高价投入的“第一次”尝试到最后都成了没有推广价值，且需高价维护的烂摊子。

市建委有必要将这些年城建中失败的“第一次”的所有花费向

社会公开，详细晒晒账本。作为城建试验的“小白鼠”，更作为为建委埋单的冤大头，市民们有权知道，这些失败的“第一次”花费几何？建委到底基于什么理由屡次拿城建当试验场？

（2012/09/21《新快报》）

中华灯为何屡被“翻旧账”

报载，一场风雨过后，广州东风路上掉落了一盏中华灯，所幸未伤人。而事发现场附近，另有灯泡已歪斜，随时可能掉落，还有多盏中华灯存在个别灯泡不亮的现象。

作为广州最昂贵的路灯，中华灯的掉落不出意外地又引发市民“翻旧账”的谈兴。从中华灯几万元的昂贵造价到底值不值，到中华灯清洗困难成“煤球灯”怎么办，再到灯柱装饰“铝葫芦”频频被盗如何是好……可以说，从中华灯安装之日起出现过的所有问题几乎都被市民吐槽个遍。

有关部门或许觉得委屈：为什么街坊们总盯着中华灯，像看笑话似的，逮着一次机会就翻一次旧账？其实倒也没什么可委屈的，种什么因，得什么果，有关部门当初一意孤行高价装中华灯时，就应预料到会有这么一天。一次次“翻旧账”不过是民意反弹的一种表现。盖因任何一项公共政策在决策之初若没有切实征询民意，那么或迟或早，决策所带来的相关问题都要被街坊们“翻旧账”。

不过颇让人沮丧的是，街坊们翻了这么久的旧账，却仍不能得到有关中华灯花费的所有明细。譬如：中华灯造价到底多少钱一盏？之前有说2万元一盏的，有说3.8万元一盏的，反正都不便宜，但到底以哪个说法为准？又如，中华灯每次清洗的费用是多少？中华灯灯杆高15米，每杆有10个灯头，据称要出动带机械臂的吊车来清洗才行，这清洗费用，便宜不了吧！还有，灯柱装饰“铝葫芦”频频被盗，每个“铝葫芦”当废品卖都能卖100多块，如此“贵气外露”，损失几何？

无论如何，中华灯的设置和保养都比普通路灯更花钱，已是不容置疑的事实。那么，从亚运前安装至今，中华灯到底花了纳税人多少钱，有关部门是否该给个说法？

犹记得亚运前东风路更换中华灯时，有关部门的解释是，“东风路部分原有路灯已经使用了10多年，达到更换条件”，加上“为配合亚运道路改造，提升城市主要景观路的整体景观效果，以新换旧也很有必要”。但令人不解的是，旧路灯使用10多年，似乎没听说有什么大问题，怎么中华灯使用不过两年多，就出现这样那样的问题？

（2012/07/22《羊城晚报》）

第三编

盯紧政府的“钱袋子”

盯紧政府的“钱袋子”，说到底，是我们纳税人盯紧自己的每一分钱是否用在了刀刃上。我们呼吁对机关幼儿园不合理的财政补贴进行改革，呼吁重症救助金的使用，呼吁公开亚运资产处置，呼吁“创文”花费晒明细……尽管很多呼吁并未得到任何响应，但呼吁本身所形成的舆论压力仍然存在。我相信，这些努力不会白费，它们会对推动财政资金使用的公开、透明起到应有的作用。

狗主交的2 000万元管理费哪去了

截至2010年7月1日，《广州市养犬管理条例》（以下简称《条例》）实施已满一年，记者调查发现，天河、越秀、荔湾、海珠等严管区内，犬只数量确实大为减少，但仍有犬只没有按规定登记办理狗牌，甚至还有人偷养禁养的藏獒等凶猛犬只。而更多犬主的疑问在于：交了管理费，却没见到政府提供相应的服务，狗厕所、狗公园、电子狗牌都丝毫不见踪影。

交了管理费却享受不到相应的服务，这种感受并非交了管理费的狗主所独有，我们早就习惯了纳税之后还要再为一项项行政服务另外交费。但问题是，这种不正常的现象是否就该任由其存在下去？详细公开政府的收支明细，能否从犬只管理费这一项小收费开始？

广州警方2009年曾表示，养犬管理费实行收支两条线，全部上缴市财政。而据统计，目前广州登记在册犬只上牌数量已达4万多只，那么按500元/只的犬只上牌费计算，市财政仅此一项就至少收入2 000万元。

按广州警方之前的说法，收费将用于对养犬行为的行政管理、牌证制作、电子芯片购置、流浪犬救助、环卫和宣传教育等支出。但从目前犬主的反映来看，政府并未提供任何犬只服务，这就难免让人怀疑，是否这笔巨额财政收入的开支大头又被用在“行政管理”上了？是否当初声势浩大的“宣传教育支出”只是为了吓唬更多狗主尽快交管理费而已？

《条例》明确规定对符合条件的养犬人登记时要“发放《养犬登记证》和犬牌，为犬只植入电子身份标志”，但犬只的电子身份标志至今不见踪影。2009年6月，广州市公安局一位领导曾表示，芯片植入最快明年（2010年）可以完成。转眼2010年已经过去一半了，忍不住要问一声：犬只的芯片植入工作进展得怎样了？开始了没有？或者说，有开始的打算没有？

此外，《条例》还规定，“不能自行妥善处理犬只尸体的单位和个人应当及时将犬只尸体送卫生处理单位做无害化处理；卫生处理单位处理犬只尸体不得收费，并应当出具相关处理证明”。这是养犬条例中难得一见的为犬只服务的条款，只是有关部门不像当初热心公布103个登记点让市民登记交费那样周到，完全没提这些卫生单位是什么单位，有多少家，在哪里。

市民关于犬只收费和服务的上述诸多问题是一个负责任的政府所不能回避的。诚如报道中市民所言：“收了钱不干事，怎么能让人信服?”行政服务收费是否被善用，政府承诺是否言而有信，公职人员是否收钱干活，部门运作是否公开透明，可以说，500元/只的犬只上牌费就是一面最好的镜子。

（2010/07/05《新快报》）

应彻底公开2 000万元养犬管理费明细

广州市公安局日前对犬只管理费的使用及犬只电子芯片植入问题向公众作了回应，称至今为止2 000万元管理费没有一分钱被挪用，已登记的犬只补植电子芯片工作也将从8月起进行。

作为《狗主交的2 000万元管理费哪去了》一文的作者，我对广州公安积极回应媒体质询的态度表示赞赏，同时也想进一步大胆追问，2 000万元犬只管理费的收支明细能否向公众彻底公开?

坦率地说，广州市公安局这次回应媒体质询有顾左右而言他的回避嫌疑。通报称，“收取的养犬管理费用于对养犬行为的行政管理、牌证制作、流浪犬救助、环卫和宣传教育等支出，至今为止，2 000万元管理费没有一分钱被挪用”。这种斩钉截铁的“没有一分钱被挪用”的表态，能彻底打消民众尤其是缴纳了费用的犬主的疑虑吗？不消说，答案自然是否定的。

况且，从费用支出流向来看，直接服务于缴纳费用的犬主及其犬只的很少，犬只走失、死亡、咬伤他人、医疗救治、寻找游戏场所等花费仍需犬主自行支付，可以说，500元一年的管理费没给犬只买到任何“保险”或好处，这似乎有悖于犬只管理费这一行政收费收取的初衷。

那么，广州公安部门能否彻底公开犬只管理费的收支明细，让公众尤其是缴纳费用的犬主知道，这2 000万元中有多少被用在了行政管理上，又有多少被用在了犬只服务上？

须知，作为一项新立名目征取的行政费用，如果其征收上来后只是用于填补其他的行政支出窟窿，那么其征收的合理性就必然受到公众的质疑，其继续征收的难度也会加大，甚至造成恶性循环，使公安部门必须花费更多的行政成本去征收这一费用，而收上来的费用中的大部分又被用于支付征收的行政成本。

政府财政公开是大势所趋，而犬只管理费从2009年至今征收不过一年时间，且采用收支两条线管理。那么，以它为样本全面公开其收支明细所受的阻力应该是比较小的，而公开透明的运作也有利于为这一行政收费争取更多的民意基础和正当性。

另一个需要追问的问题是，《广州市养犬管理条例》规定要为犬只植入电子身份标志，但广州公安表示芯片的植入不是强制性的。在芯片安全不能完全让犬主放心的前提下，由犬主自愿选择是否为犬只植入是有道理的。但这同时也给犬只管理带来很大的难题，甚至可以说降低了有效管理犬只的可能。如果500元的管理费只是换来一个纸质的狗牌，那么，犬只被遗弃或走失时广州公安准备怎样处罚或帮助犬主？

（2010/07/14《新快报》）

1.8亿元车牌拍卖款须专项审计

广州车牌拍卖已累计拍下1.8亿元，但因这钱曾明确要用于道路交通事故社会救助基金，而相关管理办法至今仍未出台，所以这1.8亿元5年多来一直躺在国库“睡大觉”。

翻看过往报纸发现，这并不是媒体第一次质疑广州车牌拍卖款“睡大觉”的问题了。综合这些报道可以发现，每一次车牌拍卖都很火爆，财源滚滚地进账，而每一次问到这钱怎么花时都“正在研究”，研究来研究去，《广州市道路交通事故社会救助基金管理办法》（以下简称《办法》）却一直难产。

有知情人士称，《办法》迟迟不出台，很大的卡口是在“治疗标准”上，对交通事故受害者到底是仅救他活命还是彻底治愈，分寸很难把握。这些考虑自然是必要的，但成为《办法》难产的原因我就不理解了：这些问题拍卖车牌收费之前没想到吗？钱怎么花还没想清楚，怎么收倒是想得挺明白的！

这不能不让人追问，当初拍卖车牌的决策是如何通过的？花钱细则不定，却先把钱从百姓兜里掏过来，这样的行径实在有些欺主，完全不符合行政伦理。

其实，政府在收费方面“只立名目，不定细则”的行径远不只车牌拍卖款一项，“养犬管理费”也是一例，想当初养犬管理费征收不也是打着“用于流浪犬救助、环卫和宣传教育等”名目吗？可收上去的钱到底用了没有，怎么用的，对公众来说还是不可知的。

现在，这1.8亿元车牌拍卖款该怎么花，貌似又成了该由公众操心的难题了，不过公众尤其是人大代表确实要为过往的过失埋单——当初我们在不清楚钱具体怎么花的情况下容忍了钱该怎么收，如今钱既已被收上去，我们就该弄清它要怎么花。

在此，吁请广州市的人大代表们，如果现阶段还做不到全面监管政府的“钱袋子”，至少在2011年市人大会议期间，督促审计部门将这1.8亿元审计清楚了，同时督促相关政府部门把《广州市道路交通事故社会救助基金管理办法》这个历时5年仍难产的“孩子”生下来，如何？

（2011/01/14《南方都市报》）

老喊公共单车亏损，何不换人试试

春节前，《羊城晚报》刊登了一位名为“佛山的自由自在”的网友对“广州公共单车运营半年收租刚过6 000元”这一事件的四点疑问，主要质疑：第一，政府对公共单车是否有补贴？第二，已收的1 200万元押金去向何处？第三，是否应缴纳网点的占地费用？

第四，单车上的广告收入去哪了？

应该说，疑问有理有据，体现了一位公民关心公共事务的良好素养。既然单车打着“公共”旗号喊亏本，那我们就不妨一起来帮着算算账，想想办法，毕竟公共单车作为一项公共福利，谁也不希望它因亏损而半途而废。

网上资料显示，负责公共自行车运营管理的广州公共自行车运营管理有限公司，是一家国有独资企业，隶属于广州市交通站场建设管理中心（该中心是广州市交通委员会直属的事业单位）。

既然企业性质是国有，所需费用来自纳税人，那么这件事情就很需要我们来较较真了。如报道中所说，公共单车半年办理会员卡4万多张，按照每张300元押金计，半年押金就有1 200万元之巨，这还没算单车上的广告收入。在这些账目没有晒清的情况下，公共自行车公司却高调喊亏本，“半年收租6 000元，维修却要12万元”，这实在让人怀疑这家国有企业的经营能力。

说句不客气的话，如果广州公共自行车公司这家国企不能通过公众缴交的押金收入、单车上的广告收入，以及数额未被公布的财政投入经营下去，还一味想通过“撒娇”向财政伸手拿钱，那么不如考虑把公共单车的经营权放开，让民营企业加入，搅活这池水，想必公共单车也不会就此从广州街坊身边消失，没准儿通过这样的剥离，还可以给公共财政省下不少钱。

必须欣喜地看到，广州民间一直不乏关心公共事务、和政府算账的热情与理性。从之前的BRT、花岗岩路基、天价幼儿园、养狗管理费、羊城通押金，到近期的APM造价……诸多公共事件中，都不乏广州公民与政府一笔笔算账、较真的热情和理性。虽然多数事件到现在都还是一笔糊涂账，但相信也希望它们能对政府大手大脚花钱的冲动有所遏制和警醒。

我个人更倾向于将广州公民和政府算账的热情视为对财政预算审议的一种救济。众所周知，如“天价幼儿园”之类的支出年复一年地裹挟在财政预算中被毫无悬念地审议通过，而除了这看得见的不公平支出，还有更多看不懂的支出。鉴于人大代表对财政预算的审议不够详尽，公民通过看新闻对政府日常的大额支出表示质疑和追问，确实称得上是对代表审议财政预算的一种救济。

回到公共单车一事上来，我最朴素的愿望也正如文章开头提到的那位网友所说，公共单车“千万不要再像有线电视、管道煤气、羊城通之类，有些东西说不清道不明了”。

（2011/02/14《新快报》）

从建到拆，宏城广场临时性绿化花费几何

宏城广场两年来拆了又建，建了又拆的命运引发市民关注。按最新公开的规划，宏城广场将会建成地下3层、地上2层的综合商场，预计2012年中竣工。

从广州寿命最长的临时建筑“宏城广场”变身亚运前后有绿化装点的“市民广场”，再到如今兴建中的“新版宏城广场”，宏城广场绕了一圈回到原点，愈加明确了自己“商场而非广场”的身份。

不少市民直斥如此拆建游戏是劳民伤财，哀叹市民自己的广场为何如此“短命”。可惜，宏城广场一直就被定位为商场，2011年的绿化早就声明了不过是“临时性工程”，其“短命”是命中注定，市民们对绿化广场再依依不舍也只能徒唤奈何。我曾撰文抨击此类劳民伤财的举措，无奈人微言轻，没有什么能阻挡大批临时性工程，尤其是临时性绿化工程在广州的铺开。

只是可怜了宏城广场上那些被“临时”移植来的花草树木，根还没扎稳，就又要“搬家”了。至于是否命丧“搬家”途中，唯有自求多福了。有时我不免恶意揣测，是不是政府部门里临时工聘得太多了，怎么整出这么多“临时性工程”？临时的人干临时的事，连累得这些树也没法在城市扎根下来。

据说宏城广场这次兴建的是“永久建筑”了，但愿吧，谁都知道在我们这儿，“规划靠得住，母猪会上树”。“临时工”说“永久”，你信吗？话说2011年7月宏城广场围蔽开挖的时候，报纸上还说“虽然规划几经调整，未来仍然有绿化广场”，将建成“地上广场、地下停车场+购物城”的汉堡式结构。可如今才挖了几个月，规划又变成“地下3层、地上2层的综合商场”，地上地下都是商场了，“汉堡”变“馒头”了，绿化空间难免受到挤压。天知道再挖几个月，这规划又会变成什么样子，冒出个地上8层商场也未可知。

算起来，从2011年7月起，宏城广场已经围蔽着热火朝天地挖了几个月了，那些临时性的花草树木、水池雕塑、休息长凳什么的估计早就拆完了。这时候才来问宏城广场的临时性绿化到底花费几何似乎有些晚了。但转念一想，这几个月的时间应该正好充裕得够有关部门把账目结算清楚了。那就请政府部门说说吧，从建到拆，宏城广场的临时性绿化是不是政府掏的腰包？一共花了纳税人多少钱？花钱搞这些“临时性工程”，依据何在？

（2011/11/04《新快报》）

娃娃都上小学了，幼儿园补贴还不改

2012年广州市部门预算草案显示，8所机关幼儿园将获得财政预算资金8 349.82万元。对此，广州市财政局预算处处长周少卿解释称，机关幼儿园享受财政拨款的前提是它们的“事业单位属性”，按照我国财政体制，财政预算会给予其一定额度的补贴，所以预算编制本身并无不妥。

我在查阅媒体相关报道时发现，机关幼儿园享受巨额财政补贴这一现象，2009年广州市财政局的表态是，“这是历史遗留问题，将随着体制逐步理顺加以解决，补贴将逐步取消”，可眼下，财政局却搬出财政体制的规定来为预算背书，认为“并无不妥”。

从之前表态要“逐步理顺体制”，到眼下“按体制规定办事并无不妥”，机关幼儿园享受巨额补贴的数额也从2009年的6 000多万元增至目前的8 000多万元——这大概就是传说中有些人“石头摸上了瘾，连河也不想过了”的真实写照吧。

报道称，广州目前有1 500多所幼儿园，2012年广州市学前教育专项资金为3.05亿元，主要投入到广州各区（县）幼儿园的建设、设备配置和教师培训等方面。1 500多所幼儿园中有多少幼儿园能有幸得到3.05亿元专项资金的“关照”尚未可知，很可能获得关照的又是其中只占17%的公办幼儿园，不管怎样，这“福利”分摊下去也是不够塞牙缝的。

相形之下，8 所机关幼儿园有专门的 8 349.82 万元财政补贴是件多么幸福的事！8 所 VS 1 500 所，8 349.82 万元 VS 3.05 亿元，单单把数字摆出来，已经能说明一切了。

据称，广州在 2011 年已经把所有幼儿园归教育部门统一管理，目前教育部门已经着手与这些机关幼儿园原归属机构沟通协调，让机关幼儿园早日面向公众开放。可是，“早日”是何日？机关幼儿园补贴逐年不减反增，如何有动力向公众开放？教育部门既已统一管理全市幼儿园，为何又要谦卑地同机关幼儿园原归属机构“沟通协调”，而非直接下达指令，命其向公众开放？学前教育既然已有专项资金投入，为何不能将 8 所机关幼儿园的财政补贴也包括进来，形成全市一盘棋，统一投入？

从 2009 年到 2012 年，幼儿园的孩子都毕业几茬了，机关幼儿园不合理的补贴体制什么时候才能理顺呢？其他幼儿园的孩子们等不起啊！

（2012/01/11《新快报》）

机关幼儿园巨额补贴花在哪？是时候晒账本了

2012 年广州机关幼儿园获财政补贴的最新数据是：10 所市属幼儿园一般预算支出总额为 1.05 亿元，较上年增加约 2 393 万元；撇开“口径差异”的话，一般预算支出实际增加 664 万元。

从 2009 年就开始追问的机关幼儿园补贴问题，媒体一路追到了 2012 年，等来的结果却是补贴越补越多。明年怎么办呢？“一二三四，再来一次？”嗯，掰手指头数一下，明年两会再追问的话，就是第五次了。

“入园难”、“入园贵”近年成为媒体关注的话题，不少地方政府都被批评过“不重视学前教育”。而从广州机关幼儿园连续几年雷打不动地获得财政拨款的事实来看，媒体其实“冤枉”了政府，你看，人家不是不重视，人家是相当地重视，而且“突出重点，加大力度”。

好吧，假设财政补贴10所幼儿园完全合理，这1.05亿元的预算执行情况如何？都具体用在了什么地方？它们确实推动了广州学前教育的发展吗？从目前公布的预算内容来看，公众难知明细，只是粗略了解到10家幼儿园每家都分得了多少“猪肉”。

有网友以广州市机关幼儿园的幼儿人数计算出“每个幼儿一年要用掉两三万元”，对此说法，广州市财政局预算处处长周少卿表示，预算拨款主要用于在职人员经费、离退休人员经费、公用经费、车辆经费等。

如果果然如周处长所说，财政拨款没有直接补贴到幼儿身上，那这1.05亿元的拨款甚至都不能算是学前教育投入了，而是多用在幼儿园的工作人员身上。可是语焉不详地列出公用经费、车辆经费等支出，如何能证明这1.05亿元预算支出的合理性？

尽管按照我国财政体制，机关幼儿园因其“事业单位属性”能够享受财政拨款，但这拨款究竟是用在发展学前教育，还是用于保证幼儿园工作人员的旱涝保收，恐怕更值得关注。

众所周知，财政逐渐减少对事业单位的补贴才是改革的潮流，如今幼儿园补贴逆潮流而动，补贴数额不减反增；公众多以为这1.05亿元是政府“偏心”的学前教育投入，如今看来，这1.05亿元竟可能连学前投入都算不上，这到底算怎么回事？

看来，公众和人大代表不仅要关心每年财政预算对幼儿园的拨款数额，还要关心这预算的执行情况，最好能依据预算执行的不合理之处来倒逼财政补贴的改革。那么，10所机关幼儿园，敢把补贴账本拿出来晒晒吗？

（2012/01/12《南方都市报》）

“肯定要退”的赞助费，到底打算怎么退

广州市教育局近日要求，公办幼儿园涨价后，赞助费全退，这一消息随即引发部分幼儿园反弹，称：“如果真要退钱，就让学生退园。”很多幼儿园家长则担心退赞助费会影响孩子在园利益，置身于

“你敢退，我不敢要”的尴尬境地。

一项旨在维护孩子教育权益、促进社会公平的政策就这样成了一根鸡肋。眼看距离开学只有半个月时间了，广州各区教育局仍未会同物价部门制定出明确的赞助费退款方式，教育局长口中“肯定要退”的赞助费究竟何时退、如何退，看来注定要让园方、家长们继续煎熬等待了。

“上有政策、下有对策”一直是很多政策执行的特色。这不，这边厢公办幼儿园要退赞助费的政策刚出台，那边厢番禺一幼儿园立刻要求家长改给园内设施最低捐款1 000元，一些公办幼儿园的托管费也上涨一倍，天河区多所私立幼儿园则开始跟风涨价……在退赞助费这一政策出台之后、执行之前这个空当，因具体规则不明而曝出如此多的乱象，不知教育局对此是否做足了充分准备，又有何应对措施？

长期以来，读幼儿园甚至比读大学还要贵、还要难，盖因公办幼儿园的优质资源有限，供不应求，众多家长挤破头也难为孩子争到个学位，家长们很多时候不是怕掏赞助费，而是发愁没处交赞助费、交了也进不去，这也就难怪部分幼儿园敢于放出狠话，实在是因为人家有这底气。

赞助费作为广州公办幼儿园里的潜规则大行其道多年，如今教育局欲制定“明规则”展开治理，出发点固然不错，但出台政策不能“成日都系得个讲字”，没有执行力的政策向来是纸上画饼，只能促生更多潜规则而已。尤其是在公办幼儿园办学现状无明显改观的情况下，政府想充好人，一声令下让幼儿园退钱，现实吗？

开学日期已日益临近，还希望教育局设身处地体会一下家长们的处境，制定的政策既要惠民，又要有执行细则，还得有配套的惩罚和救济措施，否则，就是让家长和孩子承担政策风险，自己得个漂亮的数字政绩而已。

（2012/08/18《南方都市报》）

让预算草案上网，为代表减负

据报道，在广东省人大会议深圳团的讨论上，省人大代表黄抗强提出质疑：省体彩管理中心专用设备购置预算是5 000多万元；而省食品药品监督管理局的专用设备购置费用只有72万元，前者是后者的70多倍。黄代表认为，应该大大增加省食品药品监督管理局设备购置预算，购买先进设备，增加食品和药品抽检的概率，看管好食品药品安全。

如果简单将二者对比，相信绝大多数人会赞同黄代表的看法，食品药品安全当然比体彩更重要，理应获得更多的预算。但是，财政预算终究是专业性很强的东西，简单对比，说服力终究有限。当然，我无意批评黄代表的发言和媒体的报道。

这其实引出了当前预算公开面临的一个重要问题，即预算报告草案只在两会期间向代表限时公开，而代表们无力在几天之内审议上千页的预算报告，只能如黄代表那样，就个别预算支出提出粗疏的质疑，但终究无碍于预算的整体通过；而预算报告通过后，各部门上网晒预算，公众对预算支出纵有不满，却无能为力。

简而言之，当前预算公开的“狡猾”之处在于：对有权力否决预算的人大代表，限时审议表决预算草案；向无权力否决预算的公众，不限时公开已成定稿的预算报告。这样，公开是公开了，但事实上却将可能的制衡力量排除在外。

就预算公开问题，广东省委常委、秘书长、办公厅主任徐少华在日前的省政协分组讨论会上建议：各级政府的财政预算报告不一定要保密到宣布那一天，可提前挂到网上，征求意见。

将预算草案提前挂到网上，预先接受公众审议——这建议可谓说到了点子上。诚然，预算审议是个专业性很强的活儿，但我相信智慧在民间，尤其当事情牵涉到每一个纳税人钱袋子的时候。这社会既然有愿意为祖国测空气的公民，有愿意研读光亮工程可研报告的公民，有蓄须催促政府公开39号文的公民……就一定会有逐行审议预算报告的公民。对此，无需怀疑。

在此也呼吁各位人大代表，既然你们已苦于预算审议的力有不逮，何不提交议案，要求政府于“两会”前提前公开预算草案，借助公众的力量来审议预算报告？话说，公众对代表们年复一年只会“东一榔头西一扫帚”地就部分预算支出展开质疑已然审美疲劳，早有撸袖子亲自上阵的想法，代表们何不顺水推舟，借助公众力量审议预算报告？

解铃还需系铃人。让预算草案上网，为代表减负，还要靠人大代表自己提议案才行。

（2012/01/16《新快报》）

市政府办公厅：晒“三公”吧！到你啦！

政府部门晒“三公”近期成为城中热点话题，记者调查发现，市政府办公厅、外事办、金融办、侨务办、研究室这几个政府的“大内总管”，都还没晒账本。巧合的是，正是市政府办公厅于2012年3月发文要求各部门主动公开“三公”经费。

读罢此新闻，我脑海中立刻联想到时评漫画家邝飚的那幅知名漫画——《“脱吧，到你了！”》。那是针对某官员要求老百姓公布财产的雷语而作的一幅漫画，画面里一群草根百姓脱得精光，然后叫板捂得严严实实的官员：“脱吧！到你了！”那么结合广州当下各部门纷纷晒“三公”的大环境，那些已按要求晒“三公”的政府部门完全可以对发文的市政府办公厅叫板：“晒吧！到你啦！”

呵呵，估计很多政府部门都没有公开叫板的胆量，也就个别工作人员敢匿名向记者吐个槽：“市政府还没晒呢，我们干吗要晒？”但是，他们没胆量，公众和媒体完全可以帮忙壮胆，喊一嗓子：“嘿，‘大内总管’们，该你们晒‘三公’啦！”

有专家认为，同是独立预算单位，其他政府职能部门已经晒了，而“大内总管”部门却不晒，这是不公平的。但办公厅晒“三公”涉及领导行程，而领导行程对公众趋于保密，晒“三公”也确有难处。可问题是，这次晒的是2010年的“三公”经费，时间距今已过去两年，不妨请领导放心，晒“三公”现在很大程度上不过是政府部门的行为艺术而已，姿态很重要。

遗憾的是，尽管晒“三公”在当下不过是政府部门摆个姿态而已，公众并无实际制衡和清算的能力，但仍有些政府部门是连姿态也不屑于摆一下的。有记者对尚未公开“三公”经费的政府部门作了调查，除市物价局等六部门承诺“就这几天公布”之外，市经贸委、工商局等部门要么不能确定何时公开，要么电话连续两天无人接听。

对这些政府部门该怎么办呢？市政府办公厅可以再发文督促一下吗？只是，“打铁还需自身硬”，市政府办公厅若自己迟迟不肯晒“三公”，那督促其他部门时总会显得底气不足吧！

市审计局局长张杰明前不久曾说，政府钱袋子公开需要一个过程，“需要民众给予耐心，不要每次政府公开一点，就一片骂声”。好吧，不骂，那就哄着来：“市政府办公厅的亲们，把‘三公’经费晒一下好不好？好不好，好不好吗？”（请读者诸君用自己最嗲的语调尽情发挥吧。）

（2012/06/22《新快报》）

小碧心的离去，能唤醒沉睡的重症救助金吗

13岁的小碧心走了。为救助这个身患白血病的不幸女孩，广州曾发起全城“爱心义剪”行动，为她筹够了手术费。可惜，她最终还是离开了这个世界。

早在救助小碧心的时候，就有人提出，广州有那么多的重症患者，不是每个人都能像小碧心这样幸运能得到全城援助，更多的重症患者该怎么办？直到这两天，通过媒体报道，市民才惊讶地发现，原来广州竟有上亿元的重症救助资金一分未花，一直沉睡着！

广州市人大在对市财政转移支付资金分配使用情况进行调研后发现，市本级财政安排了一项救助重症患者的转移支付项目，预算1亿元，由于区要承担30%配套资金（县级市支付70%资金），结果

12 区市中没有一个区（县级市）提出申报，谁都不愿出配套资金，导致该项目执行率为零。

可是，如此性命攸关的救助重症患者项目，各区市政府不愿成立，就这样任由它们去了吗？为何不见曝光与问责？一方面，广州众多重症患者挣扎在痛苦与贫困的边缘；另一方面，广州 12 区市政府无一愿为辖区百姓配套建立重症救助资金，两相对比，某些主政者对生命的漠然态度实在让人愤懑。我们不知道，当小碧心因为缺手术费而搅动全城爱心人士辗转难眠时，这些决策者是怎样闷不吭声安坐如山的？

其实，说“亿元重症救助金一分未花”未见得准确，准确来讲，应该是“一分未花到市民身上”，至于有没有花到其他地方甚至落入个别人口袋，我们不得而知。说其“一分未花”闲置着，只不过是我等市民最善良的猜测罢了。

针对转移支付项目执行率低的现象，市人大财经委副主任委员黄美银明确指出，“大量财政资金或因沉淀而闲置，或被占用而带来风险，这种局面亟须加以扭转”。那么，究竟该如何扭转这一局面？小碧心的离去能唤醒这沉睡的巨额重症救助资金吗？谁来督促广州 12 区市落实这一财政转移支付项目？

另据报道，广州 9 月 1 日起实施《广州市医疗救助试行办法》和《广州市重特大疾病医疗救助试行办法》，今后广州市困难群众和因病致贫的居民，在享受社会医疗保险待遇后，每人每年最高的医疗救助可达到 14 万元。

这听上去确实是个让人振奋的好消息，但在亿元重症救助金一分未花的残酷现实下，要说这消息有多鼓舞人心，恐怕不大可能。政府在重症救助方面画的饼已经够多的了，现在需要的是让饼落到实处，让重症患者能方便、及时地得到救助。

（2012/08/31《南方都市报》）

困难群众看不起病，医疗救助金却年年有结余

前两周，媒体关于广州市一笔亿元重症救助金在“睡大觉”的报道闹了个“乌龙”。先是市人大财经委作报告称，广州市有一笔预算1亿元的救助重症患者的转移支付款项且执行率为零，引发舆论大哗；随后市财政局回应称，不存在“亿元重症救助金”，现有的是拨付给医疗救助金财政专户的专款，且从2009年5月至2012年8月已支出2.76亿元，救助困难群众和因病致贫居民17万人次，资助困难群众参加医保36万余人。市人大财经委进而回应称，数据有出入，报告有个别地方要修改。

事情至此基本已清晰：广州市政府每年筹集1.5亿元医疗救助金，其中市本级财政出资1亿元（即人大所说的亿元重症救助金），区、县级市财政及市社会福利彩票公益金出资0.5亿元，不存在区县级市配套资金不足的情况。且根据市财政局提供的数据，医疗救助金的使用情况为：2009年5月至12月3 923万元，2010年7 372万元，2011年9 070万元，2012年1月至8月7 197万元。截至2011年底，该项资金结余为2.4亿元，结余资金将继续滚动到下一年。

一项已运作3年多时间、惠及几十万困难群众的医疗救助金项目，如此功德无量却又如此低调，为何？它低调得以致人大代表调研时竟误会了它，消息灵通的媒体人士对它也不甚了了，甚至在小碧心等患者因缺钱治病一筹莫展时，也不见民政局等部门官员主动提及它？

市民政局官员表示，“医疗救助金”的知名度并非不高，大多数有需求的困难群众都知道。果真如此吗？那该如何解释医疗救助金2011年底时结余高达2.4亿元这一事实？媒体上几乎每天都在报道有困难群众看不起病，他们为筹集捐款想尽办法甚至花样百出，因为残酷的现实是，太多求助社会捐款的信息已经让善良的人们不堪重负甚至麻木，如果求助信息没有什么特别吸引人关注的地方，获取社会捐款将非常困难。试想，如果困难群众知道广州有这样一笔

医疗救助金能帮到自己，那会是怎样的欣喜若狂。

市财政局试图以医疗救助金近3年支出2.76亿元的事实来说明它没有“睡大觉”，而我却从医疗救助金结余2.4亿元的事实中看出它与民众疾苦和需求的距离。当那么多困难群众因缺钱看不起病或因病返贫时，广州医疗救助金竟有高达2.4亿元的结余，这是多么让人痛心的事。

《广州市医疗救助试行办法》中明确规定：“医疗救助金的筹集、管理和使用等情况，应定期向社会公布，接受社会监督。”那从2009年5月至今，医疗救助金的使用情况，市民政局、财政局是否有主动向社会公布？建议市人大借此机会，继续追问医疗救助金的使用情况，让它晒晒明细，也给它打打广告，让更多的广州街坊了解医疗救助金，让医疗救助金能帮到更多的困难群众。

（2012/09/10《新快报》）

民生项目“吃不饱”，空中连廊接着搞?

据报道，2012年前8个月，广州市101个重点项目的投资完成年度计划的55%，资金到位率为56%，比2011年同期均有增加。其中对GDP有重要拉动作用的战略性项目完成进度均过半，但是9个社会民生项目中还有6个完成率在10%以下，个别项目8个月来没有一分钱投资到位。

且不说在101个重点项目中社会民生项目仅占9个席位，如此失衡的比例本身已经很能说明一些问题，单说这些社会民生项目中竟然有6个投资完成率均在10%以下，这不禁让人心生疑问：同是重点项目，为何会在投资上出现如此厚此薄彼的情况？这背后，反映出官员怎样的政绩观和工作重心?

不妨具体看看是哪些重点项目进展缓慢吧：广州聋人学校新校区建设项目投资完成率为零，处于办理用地结案阶段；广州高技能人才公共实训鉴定基地还在开展征地拆迁，只完成年度投资的5%；广州河涌改造工程仅完成年度投资计划的13%，部分标段才完成施工招标工作……这其中，前两个属社会民生项目，后一个虽属战略性项目，但和民生息息相关，进展同样非常缓慢。

其实，不光是重点项目中的民生工程进展缓慢，现实中那些连进入重点项目资格都没有的民生工程进展更是缓慢。譬如BRT天桥的雨篷，媒体及公众整整呼吁了3个夏天，直到最近，才落实了全部天桥雨篷的完工期限，称会在年底前完工。又比如街坊们的过街天桥和隧道等设施，有些地方苦盼多年而不建，有些地方建了也非正常运行，出行困难成为困扰街坊的大难题。再比如同德围、金沙洲的出行问题，街坊抱怨多年也未得彻底解决……

必须承认，上述这些民生工程一不够重大，二不能拉动多少GDP，自然难以得到领导的重视和财政资金的青睐。但问题是，它们恰恰又与民众福祉贴得最近，往往不需花很多钱就能立竿见影造福街坊。街坊们所不能理解的是，很多工程并没有现实而迫切的需要，却能获得财政资金的大笔投入，最近被媒体曝光的珠江新城空中连廊工程就是一例。在首批建成的13座连廊只有6座能使用、整体“中看不中用”的背景之下，市财政资金又准备投入1.9亿元建设连廊二期工程，这究竟是为什么？

民生项目“吃不饱”，空中连廊却罔顾民意继续搞，此种怪现象，广州政府相关部门是否该给民众一个交代？

（2012/10/20《南方都市报》）

市政工程审计，还有一串问号

广州市2011年度审计报告昨日公布，其中对市政工程的审计结果表明，广东电网公司属下广州供电局路灯管理所向17家公司采购路灯及“光亮工程”的日常维护原材料，金额合计3 963.3万元；委托5家公司承担路灯及“光亮工程”的维修、巡查和防盗等劳务服务，金额合计3 960.6万元，均没有公开招标。

仅仅两个涉及路灯及“光亮工程”的项目，就有近8 000万元资金没有公开招标，市政工程资金使用不规范的程度可见一斑。尤其值得注意的是，2011 年市财政共安排了城区路灯及光亮工程专项资金 37 100 万元，此次审计抽查资金 15 249.7 万元，占专项资金总额的 41.1%。也就是说，审计抽查资金 1.5 亿多元，被查出有问题的资金就近 8 000 万元，占了一半多，这问题资金的占比是否过高了？既然问题如此严重，审计局有没有考虑对剩下近 60% 的专项资金也一并审计呢？

说到对市政工程的审计，我很好奇审计局为何不审计一下“黑漆路”？本埠媒体早已非常明确指出“黑漆路”的招标程序涉嫌违法，工程采取的是邀请招标而非公开招标，而且在中标单位尚未产生的情况下，部分“黑漆路”工程已经完工。如此明目张胆的违规，媒体早就呼吁审计介入，不知有关部门为何无动于衷？

另外，此次市审计局对交投集团、地铁公司、水投集团、市对外贸易总公司、电气装备集团等 5 家广州市属企业的财务收支情况进行了审计，除市对外贸易总公司的审计情况在报道中没有被提及，其他 4 家市属企业都被查出了这样那样的问题，诸如少反映年收入、多列成本、多领财政贴息等，违规状况让人咋舌。

每每审计报告公布之时，总是不忘加上一句“目前，审计发现的问题已全部落实整改”。问题得到整改固然值得肯定，但市民更希望知道问题具体是如何整改的，相关责任人是否受到了相应的惩罚，审计局对那些被抽查出问题的单位有无进一步全面审计的计划……诸如此类的消息，审计局应该公布得更为详尽，以儆效尤。

（2012/10/30《羊城晚报》）

“统计口径不同”不该是数据打架的理由

广州市农业局 2010 年“三公”经费竟出现两个版本：一个版本来源于广州市人大常委会的参阅材料，其中显示农业局 2010 年“三公”经费为 1 032 万元；另一个版本来源于市农业局的官方网站，称 2010 年市农业局和 12 个直属单位的“三公”经费总支出额是 487.74 万元——两个版本的“三公”经费数据相差 544.26 万元。

广州市农业局对此回应称，“数据打架”是因为“两次统计的口径不同”。

又见“统计口径不同”！政府部门到底是有多爱这个词呢？犹记得2011年4月本埠媒体调查“广州‘创文’到底花了多少钱”时，荔湾区一位熟知“创文”工作的人士直言，“问‘创文’花了多少钱，主要是看用什么计算口径”；而2012年八九月间媒体在质疑市城管委“垃圾减量拐点说”前后矛盾时，市城管委的解释也是“数据的差异在于统计口径的不同”。

“统计口径不同”几乎已成为政府部门面对“数据打架”时的万能应对之词，这是亟须引起重视和警惕的现象。为什么每次政府部门给出的数据出现矛盾时，都会以“统计口径不同”来回应公众？这算不算另一种形式的“数据造假”？面对不同的对象给出不同的数据，数据可大可小，一切“量体裁衣”，这即便不算造假，也至少是一种不诚实。如果各政府部门都采取这样的手段应对“三公”经费公示，公众还能指望从数据中解读出什么有效的信息吗？

广州市农业局称，官网公布的487.74万元“三公”经费不包含农业局下属各单位在亚运会筹备及赛事期间执法用车、动物防疫、农产品安全检测等业务用车的购置费和运行维护费支出，这笔费用被统计为业务用车经费，而在向市人大提交审议的部门决算报告中，这笔费用被计入“三公”经费。

同一项支出，既可以被认为是业务用车经费，也可以被认为是公务用车经费，真是神奇。这是否意味着，这笔费用在制作部门预算时申领了两次？无论如何，农业局一句“统计口径不同”并不能将此事解释得通，市财政、审计及人大预算等部门有责任进一步核查农业局的“三公”经费，给公众一个交代。

归根结底，“统计口径不同”本身就是一个很不严肃的提法，“三公”经费统计包括什么、不包括什么，难道不应该规定得清清楚楚？难道还有讨价还价的空间？政府部门可以自定义哪些属于“三公”支出，哪些不属于吗？看来，“三公”支出项目亟须统一统计口径，避免政府部门自定义统计方法，钻空子。

另据报道，市农业局“三公”经费出现两个版本一事已受到《人民日报》关注，该报发表短评《信息公开怎可内外有别》，称有充分的信息公开，才会有行之有效的外部监督。诚如斯言，现在市农业局的“三公”经费公示仅仅给出粗疏的总数，竟还出现两个版本，对公众进行“三公”消费监督造成了很大的困扰，市农业局理应进行更充分的信息公开，向公众公开每一笔“三公”支出，方便公众监督。

（2012/11/05《新快报》）

60亿元“房屋养老金”沉睡，敦请房管局晒账

据报道，广州目前有接近60个亿的房屋维修资金“沉睡”在银行，这笔“房屋养老金”应该如何管理与使用，使其保值增值，引发人们关注，毕竟广州多数小区楼龄已高达20年，即将进入大规模保修期，而房屋维修资金的短缺与无法增值问题已不容忽视。

目前负责维修资金管理的是广州市房管局，因此就有业主呼吁市房管局向广大业主公示过去近10年来维修资金的使用与管理情况——让房管局晒一下“房屋养老金”账本，这一诉求确实指向了问题的关键所在，因为60个亿的“房屋养老金”不是小数目，其使用、盈利状况一直不透明，据说是沉睡在政府指定的银行里，但到底是“沉睡”着还是“沉没”了，业主不知道。

业主自己的钱，自己却不清楚其盈利或贬值情况，想要支配使用也没门儿——之前荔湾金盈居业主曾试图通过购买国债让维修资金增值，却被市房管局拒绝，这听上去很离谱，却是事实。目前的维修资金管理存在着诸多问题，如维修资金由政府指定的银行负责管理，业主没有选择银行的权利；银行拿维修资金融资，一部分利息差额被银行赚走；物业公司占用维修资金做本应由物业承担的日常维修；资金缩水贬值，未来面临缺口……这诸多问题，即使不能说明房管局对资金管理不善，也至少说明管理得不是很尽如人意。

对此，市房管局称维修资金管理正酝酿改革，拟重新出台《广州市物业专项维修资金管理办法》，进一步规范和完善维修资金的管理。房管局的表态自是值得肯定，这说明，管理部门也已经意识到维修资金存在的问题。但是，有改革的愿景，还应拿出改革的诚意，也就是说，房管局理应先向社会公开过去10来年维修资金的管理情

况，具体包括资金的缴交情况、增值或贬值情况等，一笔笔详细公示出来，必要时，审计部门也应介入。

晒“房屋养老金”账本，对房管局来说，既是对过去工作的一个交代，也是获取公众持续信任的一个理由，否则，在维修资金管理已然出现如此多问题的情况下，广大业主有何理由将资金继续交由你们管理呢？而对广大业主来说，晒“房屋养老金”账本，则有利于知晓自家小区的情况，未雨绸缪，维护自身的利益不受损害。

至于未来应如何优化房屋维修资金的管理，专家与业主已经提出了不少建议，但市房管局仍未拿出具体的改革方案供业主讨论，房屋维修资金改革已迫在眉睫，还望市房管局尽快晒出账本，同时根据业主及专家意见，完善资金管理办法。

（2012/11/13《南方都市报》）

吁请广州市代表、委员“不穿裤子开两会”

深圳市民吴君亮表示将在每年深圳“两会”期间用反穿衣服的方式，表达自己对深圳公共预算不透明现状的不满，直至预算公开透明。作为从 2008 年开始评阅深圳财政预算报告的公共预算观察志愿者，吴君亮认为预算越来越让人看不明白，所以要用这种行为艺术的方式表达自己的抗议。

看到这条新闻是在微博上，链接的新闻网址里吴君亮反穿衣服的图片让人忍俊不禁。“脖友”们对此行为艺术多是褒奖之词，认为这“比穿少数民族服装给力”，或将之视为“一种抗争的符号”。《中国青年报》的曹林则在微博上调侃，“从行为艺术学来看，不穿衣服似更合‘财政透明’的隐喻，更有力地表达透明的渴求”。

以反穿衣服来呼吁公共预算公开透明，这想法真是挺有趣的。我第一反应是联想到了广州的“不穿裤子搭地铁”活动，以前媒体有报道过，不过我一直没搞清楚这活动的具体诉求是什么，上网搜索了一下，发现活动起源于美国，目的无非是“在公众场合制造欢乐和趣事”。

两相对比，尽管不穿裤子露得多一些，更抓人眼球一些，但显然在活动诉求的意义层面，是稍逊于反穿衣服活动的。既然公共预算的不透明不是深圳一地所独有，在此我吁请即将出席广州“两会”的代表委员们：如果你们也看不懂公共预算，如果你们也希望预算能越来越透明，就请“不穿裤子开两会”来表达自己的不满吧！

要说代表委员对看不懂财政预算毫无怨言是不客观的，但问题是，尽管代表委员年年抱怨，媒体也年年猛烈抨击，但预算改进的步伐却始终迈得不大，即便曝出“9 间政府机关幼儿园一年获 6 000 万元财政补贴”这样的新闻，预算还是会毫无悬念地在“两会”胜利闭幕前顺利通过。

如果代表委员的口头不满终究只是“茶杯里的风暴”，引不起相关部门的重视，那代表委员们可否考虑向吴君亮学习，改走行为艺术路线，来个“不穿裤子开两会”，用行动表达自己对财政预算不透明的不满，如何？

2011 年广州“两会”将于 2 月 20 日召开，现在距离会议开幕还有一个月，我想请问各位代表委员：你们拿到财政预算报告了吗？你们有想过提前将预算拿到手加以研究吗？如果没有，我想提醒你们，该催催了。希望广州“两会”召开之时，看明白财政预算、认为它够公开透明的代表委员，正装出席；没看明白的、希望财政预算更透明的代表委员，不穿裤子。

（2011/01/19《新快报》）

广州，你慢些走

如果认真留意一下，你会发现一个很有趣的现象，那就是很多迎亚运项目的完工时间都定在了 2010 年 6 月底：林和村搬迁、市区路牌改造、沙面露德圣母堂修葺……可以预测，不必等到亚运，6 月之后，市民就能见到一个“全新”的广州了。

为了赶在亚运之前完成“大变脸”，广州可谓一直在匆匆“赶路”。的确，相比很多内地城市，广州本身就是一个“快节奏”的城市，这在很多时候还是让广州引以为自豪的“有效率”的体现——不过，市民跑12趟办不下一个居住证则不在其中。

但如果谈到城市规划和建设，广州需不需要这样的“快节奏”？广州“三旧改造”要在10年内拆迁138个城中村，有专家质疑：“10年后的广州市长到哪找地？”马上就有网友调侃，“10年后自然会有一批房屋被认定为旧房，需要拆迁改造”。玩笑归玩笑，单说这如火如荼的“三旧改造”，政府真的“准备好了么”？

林和村赶在6月底前搬迁完毕，导致村中居民、租客措手不及，附近房价也应声上涨。如今规划改造后的林和村容积率高达6.21，极可能成为“立体城中村”，大量涌进的人口自然会加大对周边道路交通、医疗教育等资源的需求，对此，政府部门可曾想过应对之道？

或许只能期盼：匆匆赶路的广州，在亚运后能放慢脚步，凡事想周密了再“动手”，别像BRT这样边论证边“找辙”。毕竟，城市不是一张可以随意涂抹的白纸，纸面上轻飘飘的“改造”二字，对应的可是疲于搬家奔波的蚁民。

（2010/03/27《南方都市报》）

迎亚运的那些“临时性工程”

广州天河东路北段以前栽种的高大绿化树2009年因为工程施工而迁移，到2010年3月复绿时，竟变成了无法遮阴的小灌木和灌木。广州市城建委回应，小灌木是临时性的，主要为迎接亚运会，亚运结束后，还有工程要开工，这些小灌木还要搬家。

这样的解释真是让人愕然无语。不知道“临时性”栽种的小灌木能否经得起亚运前后反复迁移的折腾，反正我是有点扛不住了。

相信大多数广州人都和我一样，抱着对亚运后美好生活的憧憬，忍受着亚运前到处施工的阵痛，期盼着亚运之后一切从此不同：没有遍地开花的工地，没有拉链马路，没有交通拥堵，没有……可广州市城建委这一席话不啻兜头一盆凉水：原来，主政者和施工单位早就打好了如意算盘——熬过亚运，继续施工！

当然，期盼亚运后广州再无工地施工是不可能的，毕竟城市要发展。我们只是期望那些为迎亚运而做的工程不至于在亚运后马上就返工。遗憾的是，媒体之前曝出的部分工程质量已经引发了市民担忧："穿衣戴帽"工程中的剥落砖瓦，平石掺加竹片……但现在我们才发现，原来需要担心返工的不只这些疑似豆腐渣工程，还有那些迎亚运撑场面的"临时性"工程！这些临时性亚运工程在施工之初就是按照短命工程、折腾工程、面子工程的标准来做的，全等亚运过后再施展拳脚折腾一番呢！

其实放眼广州，迎亚运"临时性"工程不独天河东路绿化复绿这一处。据媒体报道，宏城广场在亚运前也有临时整治方案，即在地面上用各色花卉摆放出大面积的亚运会会徽图案。还有那些反复施工的"拉链马路"，竟有施工人员振振有词称，选择质量一般的地砖就是方便今后再开挖，减少损失。

呜呼！

（2010/05/19《南方都市报》）

亚运资产处置应公开

广州亚运会45只吉祥物雕塑被随意堆放在花都区芙蓉大道路边，落满了尘土。在亚运期间风光无限的雕塑如今"晚景凄凉"，过往市民对此深感惋惜，希望能给这些雕塑重新找个家。

这看似不起眼的小新闻，无意间让公众对亚运资产处置情况产生疑虑。45只亚运吉祥物雕塑不过是庞大的亚运资产中不起眼的一小部分，废弃了损失也有限。但透过它们的命运，我们不能不忧心整个亚运资产是否得到合理的、最大限度的利用？

眼看亚运资产的结算工作到2011年5月底前就要限期完成了，可是亚运到底为广州留下了多少物质资产，这些资产的处置又将遵循怎样的规则，大多数公众心里恐怕并不清楚。

大的亚运资产如海心沙公园的处置已经开了一个比较恶劣的先例。早在2008年底广州市政府内部文件《城市建设投融资体制改革》中就明确规定了包括海心沙公园在内的珠江新城中轴线板块归属于广州市城市建设投资集团公司。这一决定，不但公众不知情，甚至连市人大也不甚了解，但这并没有改变海心沙公园的归属及其坚决的收费措施，以致有媒体悲观预言，这“可能预示着对亚运资产处理的方向”。

再如，2011年初近100万件亚运资产整体打包拍卖遭遇“流拍”后，根据《广州市亚运会、亚残运会赛后资产处置方案》，2011年2月底前已将亚运城内运动员村、技术官员村、媒体村、主新闻中心和国际广播中心的家具、餐厨具和相关配套物资分别无偿调拨给市体育局、市政府驻京办、省市残疾人康复中心、市民政局、市公安局、市劳教局、市交委、市卫生局、广医附属第四医院等单位继续使用。

不但亚运城内资产优先考虑市直各行政事业单位，据报道，就连亚运城外的其他赛后资产，也是印了目录先给市直各单位挑的：看上了，就无偿拿去使用；没看上的，再拿去拍卖。

亚运资产处置为什么要政府部门先挑？这亚运资产到底是政府部门自家的还是全体市民的？设定这样的处置方案有问过市民意见吗？如此处置是否有“自肥”嫌疑？

这也就不难理解为什么45只吉祥物雕塑和“新生活驿站”会被抛弃和闲置，这些较为零碎的物件虽然同为“亚运资产”，却无甚“油水”可捞，称得上“鸡肋”，政府部门想必是看不上眼也无心利用的，它们真正热心的恐怕还是那些有“内容”的亚运资产吧。

亚运资产处置过程中的种种疑虑，是时候拿到阳光下晒一晒了。公众有权知晓亚运资产的全部清单，并对亚运资产的处置问题发表意见。亚运资产不是政府部门一家的，它的处置必须遵循公开、公益以及效能最大化的原则。

（2011/04/08《新快报》）

响应曾代表呼吁，从打通热线开始“创文”

《新快报》昨日刊登广州市人大代表曾德雄的文章，就市政部门服务热线难打通甚至打不通一事，曾代表“强烈建议全市各区的区长都去拨打一下本区的区长热线，看打不打得通、容不容易打通。甚至不仅是各区，各个职能部门的行政首长也一样，去拨打一下本部门的投诉电话。如果能够像余区长一样当着媒体的面拨打更好”。

曾代表的呼吁提醒我们注意到这样一个问题，那就是：有多少政府部门的服务热线沦为了摆设？且不说热线有没有用、能不能解决问题，原来热线打不打得通都是个问题！难怪有网友讥讽某些职能部门本身就是个摆设，遑论其开通的服务热线了！

服务热线说到底不过是政府部门的又一服务窗口，群众揣着一肚子的委屈或疑问拨打热线竟然难以打通，这和亲自跑到政府部门投诉，结果吃了个闭门羹或者贴了个冷屁股无异，隔着电波都能感受到冰冷的衙门做派，还有什么比这更让人寒心的呢？

近来关于政府职能部门开通的服务热线严重不靠谱的新闻屡见报端：有记者连续拨打三天也打不通的投诉电话；有白云区区长余楚风也打不通的城管热线，还有对相同问题给出不同答案的各区垃圾分类业务指导热线……

不靠谱的服务热线背后，是不靠谱的公职服务人员：要么责任心不强，要么业务素质不够硬，而他们就是政府公共服务水平不过关的一个缩影。须知，上次广州检讨创建“全国文明城市”落败的主要原因就是“政务服务水平上不去”，“群众满意度不高”，试问，有这样不靠谱的服务热线，群众满意度能提高吗？

其实，政府部门开通的服务热线，本身就是个比较纠结的存在。服务热线除去咨询答疑的功能，恐怕最主要的功用就是接待市民投诉了。热线越火爆，越有可能说明政府在提供公共服务中出现了越多的问题。

犹记得2010年4月，为解决“线路少、打进难”的问题，广州的市长热线甚至增设了30个接听座席，并将人工接听时间延长为全天16个小时。这不断膨胀、增容的市长热线不能不让人忧心忡忡，因为它恰好从侧面说明政府职能部门的服务有多么不尽如人意。

当然，在社会转型、矛盾多发的阶段，政府各职能部门的服务热线多设几个接听座席，保证热线畅通，让群众有个说话的渠道，这是值得肯定的，但从长远来看，服务热线尤其是投诉热线只有"冷"下去，才能反证政府部门服务水平的提升。因此说，如何保证服务热线走上"先膨胀后精简"的道路，如何建立机制倒逼政府职能部门服务水平的提升，还有很长的一段路要走。

市委书记张广宁已撂下狠话："广州今年'创文'只许成功，不许失败。"那么提高政务服务水平、提升群众满意度自然是题中之意。具体从哪儿下手？依我看，就从打通服务热线做起吧！建议各职能部门的行政首长响应曾代表的呼吁，有事没事每天拨一下自己部门的投诉电话，看它容易打通吗？不要让媒体再揪出"区长打不通城管热线"的尴尬事了吧！

（2011/03/31《新快报》）

"创文"花费有多少种"计算口径"

有媒体就"广州'创文'到底花了多少钱"展开调查，结果发现这又是一笔说不清的糊涂账。据荔湾区一名熟知"创文"工作的人士说，"区政府每年的财政除了养人之外其他都是花在'创文'上，问'创文'花了多少钱，主要是看用什么计算口径"。

"统计'创文'花多少钱要看用什么计算口径"，这话说得真是通透得让人绝望。听了这话，我就彻底泄气了，完全没有呼吁公开"创文"花费项目的欲望。为什么？你需要报大数，他就可以报个大数给你——除养人外财政都花在"创文"上了！这倒也符合官方的逻辑，他们所做的一切不就是为了拿个"全国文明城市"的称号吗？你需要报小数，他也可以报个小数给你，反正这钱花了是为了"创文"还是为了亚运抑或为了其他，都行。

换句话说，"创文"花费的计算口径完全掌握在政府手里，报多大的数则完全取之于谁在问这个问题。公众听着大数心疼，那就报个小数；上面领导需要大数以示重视，那就报个大数。

所以，看到市级财政2009年的"创建办工作经费"是100万元，2010年和2011年一下涨至近416万元，我一点儿也不惊诧，因为这问题追问下去完全可以归因于"计算口径不同"；至于花都区近三年因"创文"竟花了26.95亿元，我也不瞠目结舌，因为"计算口径不同"；至于白云、萝岗等区2011年"创文"投入1 000多万元，而天河区投入8 000万元，我也觉得没有可比性，因为"计算口径不同"……

其实，"创文"中那些让人说不清道不明、匪夷所思的，不仅仅是"计算口径"这一个问题。

据报道，广州市自2010年起对各区的"创文月检"实施奖罚制度，最后一名将被罚款奖给前三名，每低于平均分1分扣5万元，至今获奖最多的是萝岗，而受罚最多的是白云，被罚总额已经过百万元。

"创文"也搞奖惩，而且罚一个区过百万元的财政给其他区，不知这荒唐的游戏规则得到各区人大代表和选民的同意了吗？这用于罚款的财政资金是不是就是预算案中无法审查且数目日趋庞大的"其他"？

另有报道，越秀区约10万名志愿者在各方面为"创文"作出"软贡献"，每天基本的餐饮和交通补贴起码是20元/人，去年越秀单是支付在志愿者身上的财政就有500万元——这更让人骇然了，拿补贴的志愿者还是真正意义上的志愿者吗？

广州市政府从2004年起始终将"创文"定义为"民心工程"，"创文"是不是民心工程，谁说了算？在我看来，花费数额不清，"计算口径"可宽可窄的"创文"离"民心工程"显然还有着遥远的距离。

（2011/04/25《新快报》）

“创文”月检，罚款不如问责

广州市创建全国文明城市工作协调小组日前通报了4月份各区(市)的文明指数测评情况，萝岗区排名第一，海珠区、南沙区分列第二、第三名，白云区垫底。

这条看似不起眼的新闻，让人联想起上个月本埠有媒体在追踪《广州“创文”花了多少钱?》时披露的一则消息，报道称，“广州市自去年起对各区的‘创文月检’实施奖罚制度，最后一名将被罚款奖给前三名，每低于平均分1分扣5万元，至今获奖最多的是萝岗，而受罚最多的是白云，被罚总额已经过百万元”。

从最新的4月份“创文月检”排名来看，萝岗仍然名列第一，白云再次垫底，此次奖罚多少还不得而知，但对白云区而言，滋味肯定不好受。常言道，罗马不是一天建成的，“文明指数”也绝非一两个月就能立竿见影的，要知道，测评的项目中，公共环境、公共秩序、人际交往、公益行动……又有哪一个是可以速成的?

再者，若依常理推断，排名垫底的区恐怕更需加大投入、改善公共环境才对，结果却是不同情反罚款——钱都罚完了，还怎么搞“创文”?若继续这样罚个一年半载的，恐怕直到广州迎“创文”“国检”那一天，白云区也还是垫底的命。

可以看到，在奖罚制度的安排中，白云区的境遇难言乐观。这样说，有为白云区抱屈的意味，但更为重要的是，奖罚制度本身制造的负面意义需要有所预见。

有论者近日在本报撰文《“创文”花费有多少种“计算口径”》，质疑“创文”搞奖惩规则是否得到了各区人大代表和选民的许可?文章发出后并不见相关部门对此作出回应，而眼见新一期的“创文月检”排名又出炉了，相同的问题有必要再次提出，以引起各区人大代表、选民和相关部门的重视。

相关政府部门亟须出面澄清的是：其一，白云区已经被罚的过百万元的罚款是口头吓唬而已还是真的缴纳了?如果已经缴纳了，钱从哪里来?是否动用了白云区公共财政?

其二，制定“创文月检”奖惩规则的依据何在？人大代表是否通过了这样的预算案，允许一区挪用公共财政给另一区，以抵交罚款？又或者，政府部门可以抛开预算，自行决定公共财政如何支配了？

种种疑虑让人强烈地感受到，搞评比、搞表彰已成为时下各项公共治理的路径依赖，但凡遇到需要调动行政部门积极性的地方，赏罚制都会成为决策者的不二之选，能让行政部门上心的，好像除了赏和罚就没别的了。其实，对政府部门而言，再多的事务都不过是分内工作、职责所在，做好了，是应该的；没做好，要问责的。而若既不问责，甚至还搞个貌似考核严格的奖惩游戏，动用纳税人的钱交“罚款”，不是荒谬之极吗？

广州“创文”有压力，不用说公众也能体察得到，但靠奖罚来鞭策各区的行政官员们，未免与公众期待的方向相悖。原因无他，目前的奖罚制度客观上只能带来公共财政的挪移效应，而没有对官员个人带来什么痛感。参照经验的逻辑，对官员最好的激励方式其实是落实到个人的问责，而非其他。更何况，公共财政自有其严肃的意义范畴，政府部门需心存敬畏感，动辄使用公共财政为各项行政目标服务，未免太过随意了一些。

（2011/05/03《新快报》）

“创文”梦圆只是起点，留住“文明”仍有考验

广州“创文”进入第 14 个年头时，终于开花结果。12 月 19 日，广州市委书记万庆良在京领取了“全国文明城市”牌匾。

14 年“创文”梦圆，自是可喜可贺。回想自 1998 年广州“创文”梦开启，2005 年评选中黯然失意，2008 年与“全国文明城市”擦肩而过，如今奖牌到手，总算了结一桩心愿。城中有媒体称，“‘创文’是一条比亚运还长的跑道”，信然。

广州捧回“全国文明城市”牌匾之时，尤需重温 2008 年时任广州市委书记朱小丹说的那句话：“‘创文’只有起点，没有终点。”

是的，“全国文明城市”这块牌匾只是对过去的认可，而让文明扎根广州，则是一项没有终点的、任重道远的工作。

不妨再对照一下《全国文明城市测评体系》中对于文明城市的要求：廉洁高效的政务环境、公正公平的法治环境、安居乐业的生活环境、可持续发展的生态环境……这其中，没有哪一项测评项目是可以一劳永逸保持下去的，它们都处在变动之中。如果说之前广州的主政者是在“借‘创文’推进工作”，那么从今以后，“全国文明城市”这块牌匾就成了一面可供对照的镜子，用以督促工作。

比如说，文明城市测评中有“政务公开”这一项，不知广州市在这一项上得分几何。我关心的是：光亮工程升级项目的可行性研究报告属于政务公开的一部分吧？那么报告何时公开？手捧“全国文明城市”的牌匾，广州不能再对此事充耳不闻了吧？

就在“创文”成功的前一天，“@中国广州发布”等一批政务微博正式上线，大批网友随后积极与之展开互动，其中不乏尖锐提问。可以想见的是，相比市容市貌这样的“街头文明”，“政务文明”可能是更多市民所关注的焦点。因此，政务微博能否直面问题、成功搭建起政府与市民之间沟通的桥梁，也将成为考量未来广州文明与否的一个重要指标。

坦率地说，全国文明城市的评审更多的是一种自上而下的考核，是考察组采用听取汇报、材料审核、问卷调查、网络调查、实地考察、整体观察等方法得出的结果。而事实上，一座城市是否文明，生活于其中的市民更有切身体会和发言权。这也是为什么广州“创文”成功的消息发布之后，部分网友对此不太热心的原因。如何最大限度地争取这部分网友的支持和满意，同样考验着广州的文明程度。

另据“@中国广州发布”微博报道，万市长19日就捧着“全国文明城市”的牌匾飞回广州了，“等候的人们在现场欢呼雀跃”。在此提醒一声，回来后先不忙着论功行赏，“创文”固然凝结着不少政府部门工作人员的心血，但最该感激的，还是广州市民。如何回馈市民、让文明在广州留住，将继续考验着主政者的执政智慧。

（2011/12/21《羊城晚报》）

测评城市文明，要盯紧公职人员行为

广州市创建全国文明城市工作协调小组日前召开第四十九次会议，会议通报称广州市第一季度城市公共文明指数测评平均成绩为93.33分，总体不错，但个别测评项目有较明显下滑，如行人和非机动车闯红灯现象明显增多等。

93.33分的高分旋即引发坊间热议，有媒体官方微博以“广州人文明指数93.33分，你点睇?”为话题征集网友意见，不少网友“谦虚”地表示“自己拖后腿了”、“总分是150分吧?”戏谑、自嘲、怀疑、不屑……各种“吐槽”，不一而足。

虽然微博话题中的“广州人文明指数”与官方通报的“城市公共文明指数”稍有偏差，但鉴于城市文明毕竟主要通过生活于其中的人体现出来，这点偏差也就无伤大雅；值得玩味的倒是众多网友的反应——明明是夸广州文明度高啊，身为广州人不是应该自豪才对吗？怎么反倒自嘲、谦虚起来?

这恐怕要追溯到“城市公共文明指数测评体系”本身。查看相关报道发现，自2011年10月份开始，广州启动了新一轮城市公共文明指数测评，继续以测评为龙头，抓重点，促全面，确保后“国检”时期创建工作不滑坡、不反弹——说到底，这套测评体系是广州“创文”的产物，印证了广州“创文”“只有起点没有终点”的说法。

官方的测评结果与民间的实际感受有落差并不是什么新鲜事。网友不买账、自嘲“拖后腿了”，显示出广州人诚实得可爱，有自省的意识、自嘲的勇气，能清醒地意识到城市公共文明远没有官方测评的93.33分那么高——政府应当为有这样的市民感到骄傲。

知耻近乎勇。民间都觉得广州城市文明尚有很大提升空间，政府更不能自我感觉良好。前几日微博上传得沸沸扬扬的3岁小孩借厕所却被天河区法律服务大厅拒绝一事，就是为广州城市文明创建敲响了警钟。

本来天河区法律服务大厅拒绝3岁小孩如厕，已是一件很不文明的事，广州市司法局官方微博“@广州司法”竟还一度回应称“那是办公区域，不是公共厕所，如果每个人走到那里都说肚子疼，借厕所用，就存在重大的安全隐患”。好在最后“@广州司法”又发出道歉微博，称责成天河区司法局“迅速对具体人员进行严厉谴责批评，责令其作出深刻检讨，并进行处理”，一定程度上弥补了事件的不良影响。

这起在微博上迅速发酵的公共事件警醒广州相关政府部门，测评城市公共文明，眼睛除了盯紧乱闯红灯的市民，对那些身负公职者的不文明行为，尤要加大监督批评力度，不要让他们拖了广州城市文明的后腿才好。

（2012/04/05《羊城晚报》）

第四编

听证会？听涨会？

听证会在坊间早有“听涨会”的别名。在广州水价、电价、气价等多个关涉民众切身利益的基本生活资料价格面临齐齐上涨压力的时候，关注调价听证会的程序正义就显得尤为重要。这其中，参与听证会的人选问题、听证方案的科学性问题等，都值得关注和追问。

审计报告揭出水价“问题成本”

国家审计署日前发布9省市2010年度城镇污水垃圾处理专项资金审计报告，其中广州涉及的问题有：广州市财政局将污水垃圾处理资金违规用于出借、股权投资或其他基础设施建设等支出；广州市自来水公司存在应征未征或违规减免污水处理费问题。

由于审计报告公布的是总数，目前尚不知广州市财政局和市自来水公司具体的违规金额数目有多大。而从两家单位的相关人士的回应来看，他们对审计署的这份报告似乎暂时还不太清楚，由此推断，审计报告中所称的“问题已得到部分整改”，不知是否包括广州这两家单位。

那么广州市财政局到底挪用了多少污水垃圾处理专项资金，市自来水公司又到底对多少污水处理费应征未征或违规减免，这些问题是否得到整改，又采取了怎样的补救措施……公众亟须一个交代。因为这些问题和广州2011年以来着力推进的自来水调价有着非常密切的关系。

2011年4月份有消息说，广州将于年内调整水价，消息一出即引发公众强烈质疑。公众质疑涨价的一个重要原因就是水价成本不透明。尽管有关部门列举了一堆数据证明市自来水公司如何亏损，但公众似乎并不买账。这次审计署的报告，则佐证了坊间一直以来的担忧，那就是：污水垃圾处理专项资金的使用、污水处理费的征收减免确实存在问题，而这些问题会不会直接或间接地反映到水价成本中，难免令人打个问号。

如果说之前原计划8月召开的广州水价上调听证会，终因CPI高企、为稳定物价而暂缓举行，那么在审计署这份报告披露之后，水价上调听证会又多了一个有力的延期理由，那就是：“问题成本”不弄清，水价上涨无依据！

之前公众撕破喉咙喊水价成本公开，但相关部门不为所动，公众也就徒唤奈何。这一次，审计署的报告无意间撕开了一道口子，让公众得以窥见水价中存在的“问题成本”。曾有官员在媒体上说：

“广州水价不调的话，企业没办法良性地运转下去。”依我看，真正让企业没办法良性运转下去的，恰恰是企业和相关部门自身。是谁违规挪用污水垃圾处理资金？是谁不当减免污水处理费？是谁让自来水价格成本“扑朔迷离”？

都说水价成本不公开，没心情参加调价听证会，这下又曝出“问题资金”，公众想必更是没心情听什么水价上涨必要性的论证了。归根结底，只要自来水价格成本没有真正透明，没有交由公众审议和监督，自来水价格上涨就无法取得合理性。

（2011/09/19《羊城晚报》）

要涨水价，请先挤挤成本里的“水分”

春节后第一个工作日，广州市自来水公司就向社会详细公开了供水成本，即2008年至2010年3年间有关经营情况和成本数据。此举被外界视为水价上涨的前奏——广州市物价局决定，拟于2月下旬召开听证会，对水价调整方案公开听证。

2010年4月曾有消息称“广州将于年内调整水价”，当时公众强烈反对，称“水价成本不公开，没心情参加调价听证会”。如今广州市自来水公司先晒账本再提涨价，使广州成为国内第一个严格按照国家发改委有关文件要求逐项向社会公开供水成本的特大城市，也算从善如流，必须赞一下。

但是，水价成本公开与水价上涨之间并没有必然的联系，目前问题的焦点正在于：导致自来水成本上涨的诸多因素里，哪些是应该由市民分摊的？哪些不是？水价成本里的“水分”有多大？

从公布的供水成本报告中可知，西江引水工程总投资为87.8亿元，其中有68.23亿元是银行贷款，市自来水公司为此每年要向银行支付4.16亿元的利息。有媒体称西江引水工程让广州市自来水成本增加了0.755元/立方米。

印象中，西江引水工程一直被当作“改善民生十件实事”之一来宣传，它也确实让600万市民喝上了西江水。但如今，因其巨额贷款和利息导致水价将上涨，这算不算“影响民生”的一件大事呢？如果财政投入只占西江引水工程投资的一小部分，那么“改善民生”与“影响民生”就注定了是西江引水工程一个硬币的两面，可惜之前宣传时只提其好处，绝口不提贷款，如今还债时却要市民为水价上涨埋单，市民必然难以接受。

另据报道，广州自来水价构成一般包括三部分：水资源费、自来水公司成本和利润、污水处理费，其中污水处理费单列，自来水公司只负责代收。我犹记得2010年9月国家审计署发布9省市2010年度城镇污水垃圾处理专项资金审计报告中称，广州市自来水公司存在应征未征或违规减免污水处理费问题。

那么我想知道，市自来水公司对该问题是如何处理的？具体涉及金额有多少？应征未征或违规减免污水处理费有没有直接或间接地导致水价成本上升？污水处理费既然是水价构成的一部分，又由自来水公司代收，那么现在讨论水价成本上涨，这个问题就绕不过去。

除上述西江引水工程和污水处理费违规问题之外，还有市民发现2010年市自来水公司年供水量14.1亿立方米，但销售水量只有10.9亿立方米，产销差率为22.71%，管理漏损率为15.45%，对此，广州市自来水公司负责人解释道，15.45%的管理漏损率在市民看来是有点高，但与国内其他城市相比，其实并不高。

这种“向下比”以证明自己还不错的手法，我奉劝市自来水公司还是不要使用了，否则供水价格向上比，管理水平向下比，公众如何能相信这样的公司会顾及市民利益、尽可能地控制水价成本？

可以说，市民事先并不太清楚要承担的西江引水成本、迄今未给出解释的污水处理费违规等问题成本，以及因自来水公司管理水平问题导致的损耗成本……是远比水资源费上涨、用电和原材料成本上涨等更难被公众看见和监管的水价成本。若要涨水价，市自来水公司恐怕要在控制这些成本方面向公众展示出更多的诚意，挤一挤水价成本里的“水分”。

（2012/01/31《羊城晚报》）

要涨水价：不怕难，按人计量：却嫌难？

据广州市物价局负责人透露，广州要全面实施阶梯式水价，目前方案正在制订中；阶梯式水价若按户籍常住人口计算难度太大，所以只能按户计量。

如此看来，尽管水价调整的详情尚未公布，但阶梯式水价按“户”而非按“人”来计量已成定局。阶梯式水价号称“以价格杠杆来促进节约用水”，但欲达此效果必须有精密的制度设计，在公众未见翔实数据的情况下，就定下“按户计量”的调子，恐怕有失公平，也难达到期望的效果。

物价局负责人称：“物价部门曾摸底调查，但发现按照人头计算难度太大，一个家庭今天多一人，明天少一人，变数很大，自来水公司没法统计，不具有实际操作性，所以只能按户计量。”若“按人计量”是如这位官员这般理解，那确实“没法统计”，但一般意义上的“按人计量”恐怕该是按户籍常住人口计算吧。

必须承认，“按人计量”可能比“按户计量”工作量大很多，但若从减轻居民负担、追求最大范围的公平的目的出发，有关方面理应分别就“按户计量”和“按人计量”作出不同方案，以翔实的数据告知公众，让公众作出衡量和抉择。

“按人计量”的方法尤其不能仅仅因为“难度太大”就被抛弃。话说现在是从居民口袋里掏钱，有帮助自来水企业渡过难关之意，既如此，就更该考虑居民利益。涨价的事情，有关方面排除万难都要做，那么“按人计量”的收费方法难度再大也该探索。否则，两口之家与五口之家乃至多人居住的出租屋都使用同样的“按户计量”标准，阶梯式水价又如何体现公平呢？

另有报道称，至2011年底，广州可实行阶梯式水价的城市居民用户近150万户，约占总户数的90%，官方据此称“全面实施阶梯式水价条件已基本成熟”。但我好奇的是，剩下的10%的用户怎么办？他们是不是多为“一表多户”的家庭？对这10%，自来水公司有没有相应的解决办法？

要让阶梯式水价发挥积极效果，最根本的还是要靠缜密的制度设计。有关方面应在充分调查的基础上，就“按人计量”、“按户计量”，乃至“按年计量”等多种不同的方案分别设计出调价初稿，辅以翔实的数据支撑，如广州最多的是几口之家、平均每户或每人用水量是多少……只有这样，调价听证会才能选出让人信服的方案。

（2012/02/01《羊城晚报》）

水价听证搞掂，公众疑问不能无解

被戏称为“二选一打钩会”的广州自来水价格调整方案听证会已经落幕，水价上涨恐怕是板上钉钉了，相信为此煎熬了一个月、挣扎着走完相关程序的市物价局、市自来水公司等单位的同志们可以松一口气了。

虽然仍有舆论不甘心地高呼“涨水价还需要更多说服公众的理由”，然而事实是，在相关机构看来，涨水价这事儿公众服不服是一回事，搞掂了又是另一回事。不是吗？回过头去看酝酿听证会的这一个月，仿佛一切都在有条不紊地向着涨价这一条路推进，没有什么可以阻挡。

可是，即便水价上涨已是板上钉钉，这一个月间围绕此事留下的诸多未竟之问，相关部门准备如何回应？

未竟之问一：知名律师朱永平指出，物价局无权自行制订涨价方案，因为“行政机关许可自己制订的涨价方案，行政许可逻辑中的违法性显而易见”（3 月 2 日《新快报》）。物价局没有依法行政？这可是较为严重的“指控”。对来自律师方面的专业法律意见，物价局尤其不能坐视不理，否则，整个水价调整方案将从根本上被否掉重来。

未竟之问二：听证会上一居民代表因请假未到，根据相关规定，听证会代表若无法出席，“要在听证会举行前 5 日内书面告知组织听证的政府物价主管部门，并提交对定价听证方案的书面意见”。那么，物价局是否收到缺席代表的书面意见（3 月 2 日《南方都市报》)？面对为什么没有候补代表的追问，有关负责人表示，国家发改委没有规定一定要设置候补代表，只要有超过2/3的代表参加即可（3月2日《羊城晚报》)。如此回答，虽然合法，却未必合理、未必服众。

涉及广州1 000多万人口的涨水价大事，一边是舆论高度关注，部分政协委员和热心市民甚至没机会入场参与，一边是仅有的宝贵的25个代表名额，其中一个还被放弃，这不能不让公众心绪难平，难怪《羊城晚报》发出慨叹：在听证代表中找个“反对派”还那么难。

关于水价听证的未竟之问显然并不止于上述例子，这一个月来，媒体的很多疑问都没有得到自来水公司和物价局等机构的正面回答，譬如：2011年9月国家审计署发布报告称，广州市自来水公司存在应征未征或违规减免污水处理费问题，其后续处理结果如何？对于15.74%的管理漏损率，市自来水公司可有有效的改进措施？……

这些和水价听证有着直接或间接关系的疑问，相关部门一日不回答，公众疑问一日不得解。或许对有关部门而言，水价听证已经走完了最艰难的那部分程序，可以告一段落、静待涨价了，但是显然，公众的追问不会就此停止。

（2012/03/03《羊城晚报》)

请问物价局：一场听证会要花多少钱

据报道，广州市物价局日前通过官网公布了2012年的财政预算，和去年5 173.42万元的支出预算相比，今年的支出预算减少了541.23万元，其中削减了价格听证与专家评审费用125万元。

有记者据此追问，去年原定有水价、气价、停车费、年票、出租车调价五场听证会，预算支出125万元，是否意味着平均一场听证会要花25万元？市物价局有关负责人表示“没有这么高”，称125万元不仅包含听证会费用，还包含去年的药品价格评审、医疗设施价格评审等费用，“而且每场听证会花费也不一样，还涉及前期调研、专家评估等环节，不止开一场会”。

调价听证的花费问题历来被公众所关注，市物价局既已否认一场听证会没有25万元那么高，那到底是多少呢？能否明示？2011年广州因CPI高企，只进行了一场出租车调价听证会，如今听证会已经结束，全部花费想必也已核算清楚，物价局不妨以此为例，向公众详细晒晒这场听证会的账本，看看有没有25万元那么高？

尤其值得注意的是，物价局晒出的账本证明了专家评审费确实存在，却又没有详细列出每位专家一般能拿多少评审费。关于专家评审费该不该给、该给多少的问题，一直不乏争议。其实专家付出劳动、获取报酬本无可非议，公众不满的只在于为何每次找来的专家都只会鼓吹涨价有理，而物价局支付的专家评审费既然来自财政，那岂不是意味着公众自己花钱找专家来论证涨价有理？世事荒唐，莫过于此。

因此，在当前听证会往往开成“听涨会”，不少受邀而来的专家沦为“帮凶”、大吹涨价风的情形之下，物价局尤需向公众说明，用纳税人的钱邀请了哪些专家，又向每位专家支付了多少评审费。

以前不久的水价调整听证为例，广州市自来水公司邀专家谈水价调整，鼓吹偏低的水价成为妨碍广州社会经济稳定运行的软肋，那么作为中立方的市物价局，手握大笔专家评审费，竟然找不出持相反观点的专家来与之PK吗？从观点平衡的角度来讲，物价局的专家评审费本应该更多地向反对涨价的一方倾斜——因为鼓吹涨价的专家企业自然会找，反对涨价的专家才是拿纳税人钱的物价局应该代公众去寻找的。

要知道，广州2012年接下来还要举行气价、停车费、年票调价听证会，如果本应立场中立的物价局拿着大笔专家评审费，找来的只是一边倒同意涨价的专家，帮了企业的忙，那不如省下这笔钱吧。

最后还想提请各方注意的是，2011年的几场调价听证会推到了2012年，那125万元预算中的剩余部分是否也随之推到了2012年？资金有无被滥用？有没有在2011年底被突击花掉？究竟每场调价听证会要花多少钱，请来的专家有无猫腻，审计部门不要总是闷不吭声，有空帮忙查查行不行？否则纳税人给物价局大笔钱让他们帮忙涨价掏自己腰包，还有比这更愚蠢的事吗？

（2012/03/16《新快报》）

当物价局遇上较真的区伯

因对水价听证会两套方案都不满意，继 3 月 5 日赴省物价局申请行政投诉后，广州市民区伯 19 日再次来到省物价局递交申请书，要求对广州市自来水水价听证会再次进行认真调查。区伯认为，听证会达不到“公告和送达时间规定满 15 日”的程序要求，应视为无效。

围绕水价听证的程序正义问题，坊间一直不乏质疑之声，如：律师朱永平认为物价局无权自行制订涨价方案，因为“行政机关许可自己制订的涨价方案，行政许可逻辑中的违法性显而易见”；市民周望歌则撰文质疑，听证会上一居民代表因请假未到，按规定此种情况需提交书面意见，那么物价局是否收到缺席代表的书面意见……

在诸多质疑的人中，区伯可能是其中最执着、最较真的行动派。听证会举办前，先是市物价局主动约见他一次，后区伯自行前往一次，称水价听证程序不合法，准备起诉物价局；听证会举办后，区伯继续向省物价局申诉，获答复后认为省物价局失察，遂有日前的再次申诉；区伯还于“3·15”当天上街征集市民签名反对自来水调价……

目前尚无法判断区伯“抠字眼”的二次申诉会有怎样的结果，虽然有律师赞同其说法，认为听证会没有达到“满 15 日”的程序要求，但对于“专业”走程序的各政府部门来说，在“掐时间”上出现纰漏的可能性毕竟是微乎其微的。君不见，不少政府部门在发布公示通告时，总是精准地选择在星期五，然后公示三天，到了周一没人发现、一条反对意见也没有，就宣布通过了。

具体到这次水价调整，2 月 29 日召开听证会，广州市物价局就掐准在 2 月 14 日公布和送达听证方案，这样的时间节点到底是巧合，还是物价局深谙“走程序”之道，避免夜长梦多？2010 年广州两会期间，有政协委员直陈，“要想民主决策，就必须要给市民参与的时间”。可目前的情况是，有关部门将程序规定的最短期限设为公示的最长期限，尽可能地挤压公众参与和表达的时间，如此做法，纵符合程序，岂有诚意可言?

这一次，物价局遇上了“抠字眼”的区伯，围绕是否“满15日”或许还有一场“官司”要打，不过眼下，不妨先静待省物价局的第二次回复吧，虽然由省物价局查市物价局，这多少有些“老子查儿子”的嫌疑。

坦率地说，可能绝大多数人对这次“以违反程序要求判水价听证会无效”的诉求都不敢过于乐观，但我仍认为，对广州2012年接下来还要举办的气价、停车费、年票调价听证会来说，区伯这一次的较真必然会起到“震慑”作用，至少相关部门不敢再将“走程序”的时间掐得这么准了，哪怕下一次公示时间只比规定期限多一天，也是进步，这是区伯这样较真的市民用行动换来的进步。有较真的区伯在，政府部门就该明白，即使是“走程序”，最好也走得有诚意一些。

（2012/03/21《新快报》）

水价调整不应草草收场，人大对重大事项决定权应落到实处

广州市人大常委会日前听取和审议了广州市自来水价格调整情况的报告，并给出基本审议意见。市人大称，水价调整属于政府事权，人大常委会只是“听取和审议”，不作出决议和决定。

这一消息怕是让相当多期待市人大有力干预水价调整方案的市民失望了。犹记得4月初，市政府常务会议同意将原则通过的《广州市自来水价格调整方案》报市人大常委会会议审议，消息一经传出，引发舆论好评如潮，不少评论人士撰文对市人大寄予期待，不吝赞美之词，如：

4月9日《水价调整方案提交人大审议好》一文中称：“一是体现了对人大常委会重大事项决定权的尊重；二是摆脱了政府自行决定有失公允的质疑，做到了‘提请审议在政府执行之前’；三是推进

了《价格法》关于政府定价中涉及大多数群众的定价方法。总之，是在坚持人民代表大会制的条件下，迈出了政治制度改革的一步，值得大声为它叫好！”

4月11日《重大事项交付人大审议应成惯例》一文中称：“一方面说明广州市政府真的将市民的民生幸福放在首位，另一方面也显示在慢慢摆脱传统政治中权力独大的格局，正在逐步趋于现代理性。”

……

现在来看，这些议论可能过于乐观了，舆论很可能表错了情，毕竟，市人大对水价调整方案只是听取和审议。

回到《广州市人民代表大会常务委员会讨论决定重大事项办法》（以下简称《办法》）本身，其中明确将重大事项分为三类，分别是提请常委会审议并作出相应决议、决定，向常委会报告，以及报常委会备案。很不幸，“水、电、燃气、公共交通等公用事业价格和教育、医疗等公益服务价格的调整”这一项恰好属于向常委会报告这一类。

也就是说，目前来看，市人大对水价调整方案的应对并无任何不妥。但是，为什么这样合法合规的一件事，会在市民中引发如此大的心理落差呢？昨日《新快报》评论《水价关乎公共利益，人大应当“硬起来”》一文可谓说出了市民的心里话，即市民觉得，对水价调整方案，人大的表现不够硬气，在事关民众切身利益的重大事项上，最终决定权仍在政府而非人大手中，权力没有真正“归位”。

那么，对水价调整方案，市人大是否就束手无策了呢？答案恐怕并非如此。《办法》第十四条规定：“列入常务委员会会议议程的有关重大事项的议案、报告等，在审议中有重大问题需要进一步了解民意的，或者存在较大争议的，由常务委员会主任会议决定，可以举行听证会或者专家论证会。听证会或者专家论证会由市人民代表大会有关专门委员会负责组织。”

而水价调整无疑是有较大争议性的，尤其是日前有深喉报料称广州市自来水公司共截留“一户一表”改造资金9亿多元，广州尚不具备阶梯式水价条件云云。那么，深喉报料是否属实，市人大完全可以再做调查，另组织一场听证会，真正将《办法》规定的市人大重大事项决定权落到实处。

（2012/04/24《新快报》）

阶梯电价方案粗疏，指望公众来完善？

广东省居民生活用电试行阶梯电价听证会将于5月16日召开，省物价局已于4月27日公布了两套听证方案，并表示听证方案并不是非此即彼，大家可以畅所欲言提意见，最后通过的可以是优化后的全新方案。

眼下两套听证方案确实引发了公众热议，不少人认为两套方案的第一档电量定得太低了，还有人提出阶梯电价能否以年为周期划分档次、能否按家庭人口数量划分不同的电量标准等等。更有市民担忧，按照全省80%不涨价的覆盖率，珠三角居民用电成本肯定要上升，并建议80%的覆盖率应该细化到珠三角、粤东、粤西、粤北四个片区，不搞“一刀切”……

公众的上述担忧和要求都很具体，但这些关切恰恰是眼下这两套粗疏的听证方案所无法予以回答的。很滑稽吧？公众不费力气很自然地都能想到的问题，在省物价局公布的方案中却全无体现，或者，它们根本就没有试图去制作相应的听证方案回应这些关切，以供公众比较选择。

虽然省物价局表示“听证会只是一个听取民意、收集意见的平台”，“这些焦点问题都可以拿到听证会上讨论”云云，态度自是不错，但我担忧，没有翔实数据的支撑，公众泛泛而谈的意见很难被真正采纳。

公众完全可以质问：为什么掌握着大量数据的省电网公司和省物价局不能多做几份听证方案？它们完全可以按上述市民所提议的那样，以年为周期划分用电档次做一份方案，以家庭人口数量为依据做一份方案，为四个片区分别划档做一份方案……并准确测算各种方案的覆盖范围和利弊。

理想的状态应该是省电网公司和省物价局考虑到所有的可能，制订多种方案，接受公众的筛选和考查，而不是像现在这样，省物价局轻飘飘抛出两套听证方案，却让公众来查漏补缺。话说，面对这样粗疏的听证方案，公众纵有心补缺，也是力有不逮。

如今，越来越多的听证会只提交两套听证方案就敢召开，这既是偷懒，更是狡猾。通过将听证方案数量缩减至最少，有关部门大大压缩了公众的选择空间，同时将完善方案的重任转移给公众，而公众无法掌握一手数据，只能泛泛地从自身经验谈一些意见和建议，最终丧失选择最佳方案的机会。

阶梯电价听证会的消费者代表之一、广州市政协委员韩志鹏在微博上发问："电力人用电不用钱？连日来网友纷纷向我报料。虽然有些匪夷所思，但还是请省物价局深入调查，列入成本监审，并向社会公开信息，以正视听。"不知该疑问能否得到省物价局的回复，其回复又是否能让听证代表满意？听证会召开在即，还请省物价局迅速回应，否则，让听证代表揣着一肚子疑问去参加听证，万一搅了会场，岂不难堪？

（2012/05/02《新快报》）

城中村水电费飙涨谁来管

最近广州多个城中村的租客被房东加倍收取水电费、垃圾费，对此，有出租屋管理中心表示"没有管辖权限"，供电部门称"不属其管辖范围"，供水部门建议"自行协商"，物价部门则表示"暂无相关文件可供查处房东私下提价"。

不可否认，城中村的水电问题有历史根源。当年由于城乡公共投入的差异，那里的供水供电可能本身就是村集体出资的，因而收费也比较复杂。近年城市化步伐加快，城中村纷纷改制，但公共设施的配套、公共服务的投入却未必能同步，林林总总的水电收费问题可能就是"后遗症"之一，也难怪某些部门摆出"插不了手"的无奈姿态。

但出租屋水电费如此离谱，问题如此普遍，相关职能部门完全置身事外也是说不过去的。比如物价局既然呼吁租客投诉，称乱涨价可没收违法所得，甚至处以5倍罚款，那么，对屡屡见诸报端的租客投诉，物价局有无追踪查处？究竟有几位房东因乱涨水电价而被罚过？

尤其值得关注的是，在实行阶梯水价、电价之后，城中村水电价格趁机飙涨的不止广州一地，深圳、郑州等地如是。租客非但没从“阶梯”中获益，反被狠宰一刀，这不由让人深思，到底是什么令他们“躺着也中枪”？

众所周知，实施阶梯水价、电价的一个前提是“一户一表”，但许多城中村只做到一栋楼一个总表，未细化到每个租户，收费时只能按总表“计大数”，由此往往造成“被阶梯”、“被涨价”。而城中村租客多为外来人口，是打工族中的低收入群体，对基本生活物价变动极为敏感。如今水价大涨、电价“阶梯”，再加上房东借机“搭涨”，试问，某些公共政策的出台，是否充分考虑到城中村的复杂状况，以及对居住于此的庞大草根群体可能造成的影响？

城中村水电费畸高的问题不能再放任下去了！当务之急，一是水价、电价等政策能否根据城中村“一户一表”尚未完善的现状作出适当调整，细化政策，或出台相应补救措施？二是物价部门应该对出租屋水电价收费行为进行规范，对乱涨价房东予以查处！

（2012/07/18《羊城晚报》）

海心沙降价，物价局做得了主么

海心沙公园试行了近一年的“白天 20 元、夜间 30 元”票价有可能下调。广州市物价局局长罗家祥透露，“现在海心沙门票还是太高，我们要把海心沙价格压低一点”，并称物价部门年底将对此展开评估并制定正式价格。媒体则分析海心沙公园免费的可能性不大。

白云山重阳期间门票涨至 10 元，出租车起步价“十一”后将调至 10 元……在一片“涨声”之下，听到一条“可能降价”的消息，多少还是让人愉快的——尽管，这会麻痹很多人忘记对“海心沙公园最初就定位为市民广场、本该免费”的责问。

海心沙公园白天收费 20 元，夜间收费 30 元，这高票价一直受到诸多市民和代表、委员的炮轰，市物价局局长如今也坦承门票价格“太高”，放出“可能降价”的口风，这多少算是对民意的一种呼应，值得表扬。但我还是忍不住想埋怨一下罗局长：既然您也觉得海心沙公园票价太高，当初物价局为何要批准呢？

至于海心沙这门票到底可不可能降价，我看各位街坊还是莫高兴得太早了。犹记得市物价局早前曾建议城投集团对海心沙公园“每月设立1~2天的公共免费开放日”，但城投集团董事长陶镇广表示，免费开放日只是建议，企业将根据实际情况来考虑，目前海心沙岛上的配套设施还不足以应付过多的人流，“海心沙将增建小卖部、厕所，并配备接待讲解员，等设施和管理完善后，再考虑有序组织公共免费开放日”。

如今海心沙公园开放快一年了，门票收了多少、设施和管理是否称得上完善了，街坊们不知，反正这个“免费开放日”，街坊们一直也没有等到。市物价局的“建议”终究只是个停留在纸面上的“建议”，采纳与否完全取决于城投集团。难怪海心沙门票可能降价一事，市物价局也只是谦虚地表示“正在和相关单位商讨之中”。

我不禁为物价部门伤感起来，它们多不容易啊：企业要涨价，它们总是拦不住，只能核准报批；而让企业降价，它们又往往说了不算，还得低声下气地和人家建议、商讨……前前后后都是一副饱受强势企业欺负的范儿。

所以这一次，海心沙门票“可能降价”一事，街坊们还是别抱太大希望吧。人家物价局也说了，年底才开始评估这事儿呢。当然，若是脆弱的物价局想借此放出口风，借舆论压力来迫使海心沙降价，街坊们还是愿意声援一把的——只是，如果连物价局都做不了主的话，街坊们的呼声真的有用吗？

（2011/09/30《新快报》）

但愿阶梯气价不会再是“一刀切”和“二选一”

阶梯水价、阶梯电价实行之后，阶梯气价也将袭来。广东省物价局日前发布了《关于管道燃气价格的管理办法（试行）》（征求意见稿）（以下简称《办法》），面向社会公开征求意见。《办法》规定，在条件成熟时，对居民用户逐步推行阶梯气价。

推行阶梯气价的条件何时才算“成熟”尚不可知，想来不会遥远，而鉴于之前阶梯水价、阶梯电价听证会中暴露出的诸多问题，现在未雨绸缪讨论一下如何开好阶梯气价听证会并非多余。

首先，当然是避免开成全省“一刀切”的听证会。之前在全省阶梯电价听证时就有人指出，珠三角、粤东、粤西、粤北四个片区经济发展不均衡，若按全省80%不涨价的覆盖率，珠三角居民用电成本肯定要上升，但该意见并未得到重视。巧合的是，10月11日有媒体报道，国家统计局广州调查队公布的抽样调查资料显示，2012年第三季度，广州大部分城市居民家庭实际用电量超越第一档——这一数据充分说明阶梯电价的第一档电量设置过低，至少在广州没能达到80%不涨价的覆盖率，进而从一个侧面证明了当初阶梯电价听证方案全省“一刀切”的弊端。

鉴于此，阶梯气价的听证方式就更须细化。据了解，由于省内各地管道燃气价格不一，同一个城市也有多种不同的定价方式，省物价局称将根据各地市的不同情况，分别召开听证会。但愿如此。毕竟省内各城市之间经济发展存在一定差距，贸然搞“一刀切”的听证，很可能加重某些城市居民的生活负担。

其次，要避免将听证会开成“二选一打钩会”。以广州为例，管道燃气因分为管道液化石油气、管道天然气而价格不同，而开发区、番禺等两区对非居民用气还实行单独定价，可以说情况比较复杂，那么在未来的阶梯气价听证会上，对这些复杂的情况必须予以充分考虑，而非像阶梯水价、阶梯电价听证会那样，搬出两套非常粗疏的听证方案就开会，让听证代表陷入“二选一”、“左右都是涨”的困境。

必须指出的是，现在很多价格听证会都只拿出两套粗疏的方案，无非一套涨得多些，一套涨得少些，听证代表几无选择的空间，但愿这种现象不会出现在未来阶梯气价的听证会上。

再者，要避免开成没有“反对派”的听证会。想当初涉及广州1 000多万人口的阶梯水价听证会，一边是部分政协委员和热心市民没机会入场参与，一边是仅有25个代表名额、其中一个还放弃，以至于公众在听证代表中想找个“反对派”都非常难，进而导致广州水价借推行阶梯价格之机毫无悬念地上涨。这一事件的后果正在慢慢显现：调查显示，今年第三季度广州城市居民人均用水量较上年同期下降了11.8%，但由于水的单价上涨了31%，居民即使节水，用水支出却仍增长了12.3%——以推行阶梯价格之名行涨价之实，但愿未来的阶梯气价听证不会这样。

（2012/10/12《新快报》）

积分入户错案，政府必须担责

广州首批积分入户千人名单的公示期结束已有近半个月，但正式入户名单依旧难产。由于多位落选者的复核成绩均超过130分的“分数线”，首批入户名单将被调整，复核超线者有望入围。目前官方正在协商处理方案。

经过半年四轮审核的公示名单竟然出现这些疏漏，导致已入围者可能出局，复核超线者有望入围，这一波三折的“连续剧”，不知又将惹得几家欢喜几家愁。鉴于一纸广州户口背后巨大的附加值，相关被牵涉到的家庭将遭遇怎样的心理冲击，真是难以想象。

这不由得让人追问：公示名单出炉前为何不能严谨再严谨些？之前有媒体报道称，广州市人社局从6月13日起集中了四五十名工作人员，对积分入户的申请资料进行为期一周的封闭式集中审核。一位工作人员称：“在审核的程序和严谨程度上，可以说和高考评分差不多。一分两分，对一个申请者来说，可能就是一辈子的事情。”

可是很遗憾，如此“严谨”，仍有纰漏。而这还只是在名单半公开的状态下发现的——入围者的具体各项积分初时并未公示，那么如果名单内容全部公开，已入围者的积分有没有多算？能否经得起审视和围观？

积分既然有少算的错案，那应该也有多算的可能，只有把所有入围者，乃至申请者的各项积分完全公开，让更多的人参与监督，才可能保证公平公正。否则，即使这一次复核超线者入围，再次公示的名单也难保没有错案。

众所周知，广州积分入户竞争激烈，从进入复核阶段的2 900多人中跻身前1 000名并不容易。据报道，申请积分入户需准备和完成的材料、手续多达30项，“很多材料看似一个，办下来却要跑很多部门”。申请者如此劳心劳力，若因政府工作人员的失误导致白费工夫，或者经历“先入围、再出局”的悲催，这其中的辛酸，岂是官员一句“入围并非就代表可以正式入户了，这是一种误解”可以打发的？

“入围不代表入户”这话没错，但在事关申请者“一辈子的事情”上，因工作人员的粗疏大意毁人幸福，或是让人空欢喜一场，政府部门实在有必要认真检讨，承担责任。

（2011/08/26《羊城晚报》）

积分入户：怎样加分才合理

广州第二批农民工积分入户申请刚刚结束，8 000多人角逐2 000个入户名额，为提高分数、争取入围，有不少申请者选择“来分最快”的捐款，通过一次性捐款5 000元来争取10分的加分。

将慈善捐款与积分入户挂钩，这固然体现了官方对慈善事业的倡导，但也在一定程度上“绑架”了慈善，促使申请者为入户而捐款，不免让人觉得有点功利。类似地，积分入户条款中关于献血、做义工加分的规定也是如此。

不少为获加分而捐款的申请者抱怨：以前捐款没有索取捐赠收据的意识，只好再捐一次；而且以捐款数额来衡量加分多少，给人以“花钱买户口”的感觉。另外，有些人做了义工，但因并不属于市义工联、志愿者的团体，也无法获得相应的加分。

必须承认，积分入户需要依靠量化的指标来算分排序，但把它和最难以量化的慈善捐款、爱心献血、做义工等行为挂钩之后，事情就变得有些尴尬了。从前的教育告诉我们“要向雷锋学习，做好事不留名”，但现在却是“做好事，要证明”，而且最好是直接捐给可办积分证明的机构。捐款如是，做义工亦如是，要加入能开加分证明的义工组织，做义工才算数。

如此将慈善量化、“公有化”，既挤压了民间慈善的发展空间，也背离了社会一向倡导的“爱心不分大小、量力而为”的理念，甚至可能给有权开义工证明、捐款证明、献血证明的组织提供了寻租的空间。即便是那些通过捐款加分胜出、获得广州户籍的申请者，他们从此对慈善捐款怀有怎样的感情，恐怕也是很复杂的吧。

说到底，积分入户政策必须依靠量化的指标和分数，但是否应该将捐款、献血、义工等作为加分指标，值得商榷。尤其是“来分最快的捐款”，投机性很强，不适宜在加分项目中占有较大比重。倒是在广州的“居住年限”能很好地体现申请者对广州这座城市的参与度、融入度，可惜这一项并没有直接纳入加分范围，仅规定相关社保每满一年积1分。

积分入户的加分指标及其权重能够体现出一种很重要的导向，降低能用金钱购买的“投机”行为的比重，增加能体现申请者与城市密切关系的项目权重，应是未来广州积分入户政策调整的一个方向。

（2011/11/02《羊城晚报》）

保障外来工子女权益，政府还有很多工作要做

在广州市白云区石井镇打工的老全夫妇因为孩子没人带且负担不起孩子上幼儿园的费用，只好用铁链将两个只有三四岁大的孩子锁在工地，一边上班一边看孩子。这对“铁链”小姐弟的故事经媒体报道后引发社会广泛关注，相关各方纷纷伸出援手：白云区教育局表示已经有幼儿园愿意免费接收“铁链”小姐弟，每月只象征性地收取伙食费；省妇联副主席杨建珍表示将尽力帮助小姐弟及其父母；石井家庭综合服务中心以及一些志愿者则找到老全夫妇，商讨如何帮扶这对姐弟。

相信在媒体的推动和社会各界的帮助下，“铁链”小姐弟的上学及托管问题能够得到圆满解决。那么，与“铁链”小姐弟情况类似的其他外来务工子女们，也能得到这样蜂拥而至的社会救助吗？想必老全夫妇所遇到的困境在流动农民工中并不是孤例，媒体在推动个案问题的解决上或能起到很大的作用，但若要系统地建立一个机制帮助类似遭遇的孩子，就需要政府部门及社会组织的共同努力。

譬如这一次，白云区教育局在帮助“铁链”小姐弟解决入园问题之后，有没有打算对石井镇其他流动农民工子女的入园状况做个系统调查，未雨绸缪地避免出现“铁链”小姐弟这样的情况？毕竟，政府部门的服务应尽可能做到无缝覆盖有需要的群体，而非像现在这样主要根据媒体报道按图索骥提供帮助。

很多人认为，为农民工及其子女提供服务的政府部门及社会组织并不少，只是老全夫妇不知道而已。这自然是实情，但换个角度看，老全夫妇为什么不知道？或者每个人也问问自己，你知道吗？如果你遇见“铁链”小姐弟，你第一时间会想到让他们去哪个具体的政府部门寻求帮助？即便是见多识广的记者，大概也要搜索、查阅相关资料，才能列出几个可能提供帮助的部门，但至于这些部门是否能够提供相应的服务，又有谁能打包票？

那么再继续追问：如果没有媒体报道在先，老全夫妇贸然走入

某个街道办或是居委会，会顺利得到所需的帮助吗？会不会遭遇冷脸、推托或是干脆的拒绝？又或者，会不会先被盘查是否办了暂住证、交了超生罚款之类的问题？

对很多农民工来说，作为外来流动人口，与政府部门打交道除非迫不得已，否则是一定尽量避免的，就像这次面对政府部门及社会组织的帮助，老全夫妇甚至要接受心理干预才敢怯怯地部分予以接受。那么，政府部门及相关社会组织是否应该考虑，对老全这样的流动农民工，平日里应怎样进行更有针对性的宣传？怎样才能更好地让他们明白自己的权利，心安理得地享受广州这座声称包容的城市为他们提供的公共服务？甚至进一步，怎样鼓励他们向社会争取更多的公共服务？

作为国内第一个由官方推动兴建农民工博物馆的城市，广州主政者对农民工生存状况的关切毋庸讳言，但同样不可讳言的，是在广州依然还有“铁链”小姐弟这样让人心酸的事情发生，广州农民工的生存状况依然不容乐观。不如把“铁链”小姐弟的图片收录到农民工博物馆里去吧，因为它不但记录着这一段农民工生存血泪史，更提醒我们，改善农民工待遇、为农民工提供更好的公共服务，广州还有很长很长的一段路要走。

（2012/10/19《新快报》）

第五编

规划靠得住，母猪会上树？

有人调侃说，现在很多城市的规划不过是“纸上画画，墙上挂挂，领导一话，从头再画”。的确，城市规划因为领导意志而改变的案例不胜枚举，规划的严肃性荡然无存。如何改变规划因领导意志而随意更改的局面？如何让城市居民对规划变更也有一定的发言权？如何保证规划的前瞻性和接地气……这些问题，值得思考。

不敢得罪领导，就难免要得罪百姓

广州市人大常委会到市规划局调研，局长大倒苦水："规划局就是得罪人的，谁来干都一样"，并申请取消自由裁量权，以便"谁也不得罪"。

从来都是听说嫌权力不够大的，第一次听说要自削裁量权的，规划局长坦率的大实话背后到底有怎样的隐情？原来，"规划局的权力太大，管理弹性也太大"，经常有开发商、行政部门甚至个别领导来找，让规划局的官员们很为难。为此，他们专门制定了提高土地开发强度的文件，并申请取消对临时建筑的自由裁量权，这样一切照章办事，避免说情。

客观来讲，规划局的上述做法是很有智慧的，一方面，他们能够主动规避官场潜规则，回避可能的权力寻租及其滋生的腐败，这种廉洁自律的意识值得赞赏。但另一方面，规划局有这么大的裁量权，正表明了法律法规的粗疏，这提醒权力机关亟须细致、完善相关法律法规，以杜绝任何可操作的空间。

遗憾的是，规划局自削裁量权只为"谁也不得罪"又显示出规划局缺乏挑战官场潜规则的勇气。谁都不得罪的好好官员当然容易做，可如果当官怕得罪领导，导致该拆的临时建筑不拆，不合理的容积率也批，那得罪的恐怕就是众多百姓了。如果每个公务员都怕得罪人，都默默服从于官场潜规则，那整个公务员队伍怕是没希望了，整个官场的清正廉洁也就难以指望了。说白了，还是看官员心中到底是自身饭碗重要，还是百姓福祉重要。

规划局局长的坦率值得赞赏，不过若是能更勇敢一些，说说曾经有谁去说情了，规划局当时是顶住了还是服从了，就更好了。

（2009/11/14《南方都市报》）

为何珠江新城规划了大剧院却忘了规划公厕

媒体披露，广州珠江新城公建配套极不完善的窘境远不止缺乏肉菜市场这一项：CBD 中唯一的垃圾压缩站即将随冼村整体改造而拆除，每日 40 吨垃圾将无处可运；偌大的珠江新城中竟只有一座公厕，即使想建也陷入无地可建的困境；规划 30 万人口的珠江新城竟无一家综合性医院……

回顾更早前的媒体报道：珠江新城内 31 条道路全部以“华、明、兴、平”四字开头，让人如入迷宫，民盟广东省委去年曾就此撰写提案建议更改路名，但整改方案由广州市地名办公室提出并交由市政府组织评估后就没了下文；珠江新城内的出行难问题也屡遭诟病，在政协委员韩志鹏和媒体的持续关注下，珠江新城内才增加了穿梭巴士，部分缓解了出行难问题。

其实放眼广州，因政府行政规划疏漏导致公共设施配套不健全的岂止珠江新城一处，番禺、金沙洲、同德围都存在类似的问题。

所幸政府已逐渐认识到公共配套不健全所带来的诸多问题，并着手整改，如金沙洲将一口气建两所中学、三所小学、三所幼儿园，以缓解当地上学难问题，同德围的交通整治在新市长调研之后也再次被提上日程，突围有望。市委书记一个月前也曾表示，“今后的广州新城将全部由政府来操作，来规划。所有的公共配套建设都由政府来搞，如学校、医院、幼儿园、垃圾处理站、消防站，统统一起做下来，然后整体来出售”。

必须承认，政府是有心做好城市规划的，但现实是，很多宏大华丽的规划蓝图竟连居民柴米油盐的日常生活需求都满足不了。这其中，最根本的原因恐怕就是权力对城市功能的审美与民众对城市功能的需求相差甚远。

为什么珠江新城规划了歌剧院、博物院，却忘了规划公厕、医院？为什么报刊亭要退出城市主干道，且偌大的增城市只规划配建两个报刊亭？为什么公共单车领导体验感觉“很好”，普通市民却被单车道上凸起的沙井盖绊倒？

因为在部分领导眼中，珠江新城 CBD 是被当作“城市名片”宣传使用，不食人间烟火的；自己的办公室里是有免费报刊阅读而无须光顾报刊亭的；BRT 和沿线的公共单车道也是当作样板路打造的，领导试乘时感觉好就行，反正领导不会天天爬 8 楼坐 BRT，更不会没事骑单车玩。

就是这样，不管我们的公仆如何声称“心中装着老百姓”，如果他们已经失去了对普通民众生活艰辛的体会，如果他们不必日日坐公交上班、不必去市场买菜，如果他们的子女不曾遭遇上学难、他们的家人没遇过看病难，他们的决策和规划就很难真正为民众考虑周详。他们坐在免费公务车上只想看到也只能看到这座城市光鲜的一面。

前段时间物价飞涨，广州有困难群众一个来月吃不上青菜，不是就有某居委会主任说“吃不起青菜，就吃瓜吧，忍一忍就好了”吗?

（2010/06/25《新快报》）

恩宁路改造如何“打捞沉没的声音”

广州恩宁路改造最新规划于 2011 年 6 月 24 日获得市规划委员会全票通过。由专家、人大代表、政协委员、基层干部等组成的 15 人恩宁路改造项目顾问小组就此规划展开讨论，并建议：尽快向社会公布恩宁路控制性详细规划，尽快出台居民自主更新指引；同时，要广泛倾听、征集社会各界人士的意见、建议，加大公众参与的力度。

恩宁路改造在经过长达 5 年的拉锯战之后通过了最新规划，并明确提出要“征求公众意见，扩大公众参与”，颇有“打捞沉没的声音”之意，可以算是亡羊补牢、为时未晚，多少让人欣慰。尤其是新规划中的最大亮点——允许居民自主更新房屋，更是体现了对民意、对公众参与的积极回应。

事实上，在恩宁路拆迁改造的过程中，公众的声音从未沉没，身体力行的参与也从未停止，毋宁说，正是公众持续的表达和参与使得恩宁路的改造被迫摒弃了以往大拆大建的改造模式，有了今天峰回路转的局面。

之前媒体报道的活跃在豆瓣网上、有近600名成员的“关注广州旧城改造小组”，就是众多“公众参与”力量的一支。他们做入户调查，向政府部门递交相关报告……不放过每一个为恩宁路“请命”的机会。

恩宁路自2006年底启动改造，如果说公众的表达和参与曾经“沉没”、不被重视，只能说是相关部门没有主动去“打捞”这些声音，所以才酿成了恩宁路这5年拆迁改造的拉锯战，才有网上网下对本土文化保育的一片悲情呐喊，才有未等到新规划出台就遗憾离世的梁伯（恩宁路老街坊，以大嗓门敢言而出名），也才有未被早前规划划入保护范围而不幸灰飞烟灭的老建筑。

如今新规划全票通过，相关部门也释放出“征求公众意见，扩大公众参与”的诚意，公众唯有期待接下来恩宁路的改造能吸取以往的教训，在实际改造中，真正体现对公众意见和参与的尊重。

那么接下来顺理成章的问题就是，公众意见将通过怎样的渠道被相关部门听到？这些意见将在规划调整中占据多少分量？意见若被拒绝，公众是否有得到合理解释的可能……这些，还需要相关部门出台更多的细则来规范、指引，也需要在实际改造中花费更多的耐心做好细致的工作。否则，只是作出开门纳谏的姿态，并不能改变一意孤行的本质。

另外，有报道说，广州市文广新局希望恩宁路能参与2012年的“第四届中国历史文化名街”评选活动，这消息不免让人忧虑：虽然恩宁路新的改造规划初获各方好评，但还是要预估到未来改造中可能遇到的困难；若确定参评，则无异于为恩宁路的改造设置了时间表，无形中会给恩宁路改造带来很大的压力。恩宁路已在5年的拉锯改造中蹉跎受伤，还是多给它些安宁，让它从容地慢慢改造吧！

（2011/07/07《新快报》）

城市规划是个什么东西

海心沙亚运主看台的拆留问题近日持续发酵，主拆派、主留派都力陈己见且言之成理，争得不可开交。广州市规划局最新回应称：亚运主看台确实是临时建筑，目前拆和不拆仍未有定论，未来也会考虑修改规划，将其变成永久建筑。

对这场主拆主留的争论，竟有人称政府让市民讨论是好事，说明政府对民意很重视。这逻辑真是滑天下之大稽。当初制定规划时怎么不让市民讨论？那时若已讨论过定下来的东西，现在为什么又要讨论？规划不就是应该有前瞻性的吗？若过了亚运就管不住看台是临时还是永久了，当初还费心制定那规划干吗？

据说建海心沙亚运主看台时“用力过猛”，生生把一个临时建筑搞成了永久建筑，把规划中的市民广场和公园挤没了，变出个收费的海心沙——这其中，有没有精明人在一开始就打好如意算盘，夹杂私货，一步步用商业利益绑架了海心沙呢？当初“用力过猛”时没考虑什么铺张浪费问题，如今木已成舟，再讨论这个事实上按永久建筑标准建的看台要不要拆，这绑架程度真是不轻。主拆，就要面临浪费的指责，可当初从临时变永久的浪费，就不追究了吗？

主拆派代表人物、著名规划师袁奇峰认为，若修改规划让海心沙看台合法，有损政府规划严肃性。这话自是没错，可惜问题是，城市规划，它严肃过吗？恩宁路边拆边改规划，老房子拆得灰飞烟灭了却出台规划表示要保留，这规划严肃性何在？说白了，规划从来就没严肃过，这次若为海心沙修改，也不过是再“损”它一次而已。

东山小洋楼拆了，二沙岛的违建别墅拆了，恩宁路的老房子拆了，城市规划在面对私人住宅时真是很严肃，铁面无私，雷厉风行；但面对海心沙看台这试图“转正”的临时建筑，它疲软、犹豫、妥协、松口了——这给人怎样的观感？原来，城市规划严肃不严肃也是看对象的，保护谁不保护谁也是有选择的，私人住宅和收费的所谓公共建筑，是不同命的。

“规划局长这个位子压力大、不好当，天生得罪人”——市规划局局长曾这样感慨，在海心沙看台拆留问题上，若规划局自扇耳光更改规划，不敢得罪人，广州城市规划想严肃起来，我看是没什么指望了。

言归正传，窃以为，海心沙主看台拆留问题最可能的解决方案就是搁置，因为临时建筑也有两年的使用期，期满后还可以申请续期，且续的次数未规定上限。前有广州最长寿临时建筑——存在7年的宏城广场，海心沙看台这个烫手山芋，估计也会临时几年，被商家榨干了利用价值，就交给下任政府去处理吧。

（2011/07/20《南方都市报》）

规划靠得住，母猪会上树

前天翻看各报娱乐版，发现宋祖英要来海心沙献唱，在新闻里，海心沙多了个修饰语——广州新地标。我当时就想，既然已成地标，那看台拆不拆的还有什么讨论空间啊？果然，昨天本埠媒体齐齐报道：广州市规委会全票通过，海心沙亚运看台“转正”。

2011年7月18日，广州市规划局副局长叶浩军刚刚表态，海心沙看台“拆与不拆还在研究当中，未来也会征求市民的意见，如果最后决定将其变成永久建筑，就要修改规划”。结果“未来”来得很快，7个工作日后，规划就为海心沙而修改了，倒是承诺的“征求市民意见”的“未来”，一直没来。不但没来，市规划局局长王东还在回答记者提问时说“市民们多数主张保留”——请问这调查数据从何而来？多数有几多？

有网友犀利点评，海心沙“转正”再次印证现行体制下规划只不过是“纸上画画，墙上挂挂，领导一话，从头再画”。的确，规划如果总是变来变去，不断推翻自己，让公众如何相信这一次的就是定稿？

与会领导还称“现在好多人打海心沙的主意，我们可以先通过控规保住这块地”。靠规划能保住东西？请看恩宁路的下场：拆得灰飞烟灭的时候才被规划划定为保护对象。这规划有何约束力？有何严肃性可言？

有记者注意到，之前旗帜鲜明“主拆”的规划专家袁奇峰没有出席昨天的会议，官方的解释是，袁奇峰不是规委会成员。从程序上，这或许解释得通，但从公众认同来说，这样做有避“刺头”的嫌疑。修改规划这么重要的事，为什么不能听听反对的声音呢？

规划火速修改，一切为你而来——海心沙！可是，能迅速转正的注定不是普通的临时工，能让规划绕路的也注定不是普通的临时建筑。海心沙，你向广州市民证明了，你拥有的，是背景，不是背影！

（2011/07/29《南方都市报》）

珠江新城：生活不能在云端

记者调查发现，规划居住人口达18万的珠江新城目前还没有一所建成的公办幼儿园，而在拥有10多个大型小区和公寓的珠江新城核心区域（中区），甚至没有一所可以招生的幼儿园，很多孩子上幼儿园都要坐校车，路途折腾让家长们很是忧心。

说起来，珠江新城就像行政权力之手催产下出生的一个先天发育不足的孩子，从出生起就被人指指点点：你没有穿梭巴士，出行难！你没有肉菜市场，买菜难！你没有一家综合性医院，看病难！你没有公办幼儿园，上学难！你竟然只有一座公厕，不人道！……

尽管在媒体和公众的持续呼吁下，珠江新城的穿梭巴士、肉菜市场、医院都搞起来了，一定程度上弥补了规划的疏漏，但显然，从富丽堂皇的城市名片回归到食人间烟火的生活社区，珠江新城的公共配套设施若想符合居民的期待，还有很长的一段路要走。

而眼下，要缓解珠江新城的孩子们“入园难”问题的关键，就是先把那烂尾4年之久的公立幼儿园运行起来。在寸土寸金的珠江新城，竟然出现公立幼儿园烂尾、孩子被迫绕远路上学的咄咄怪事，相关职能部门的渎职实在是危害不浅。

曾有报道评价说，珠江新城是城市的精华，广州新中轴线的天际线在这里“达到视觉上的高潮”。但这里的居民，毕竟不是生活在云端，涉及入园、就医、出行这样的生活问题，还请相关部门低下头来，关心民情，踏实做事。

放眼广州，无论是番禺、金沙洲、同德围，还是珠江新城，行政规划的粗疏和斧凿痕迹之重，是这些区域公共设施不配套，进而导致居民生活不便的重要原因。犹记得2010年5月，市委书记在谈到广州新城规划时说，“如果按照老模式，一块地交给房产商去开发，后面很多配套都不行。今后的广州新城将全部由政府来操作，来规划。所有的公共配套建设都由政府来搞，如学校、医院、幼儿园、垃圾处理站、消防站，统统一起做下来，然后整体来出售”。

书记的承诺固然是个值得期待的美好愿景，但眼下，做好珠江新城公共配套设施的收尾，补足历史欠账，还需有关部门加快步伐。毕竟，孩子上学是大事，等不起。

(2011/08/18《羊城晚报》)

游珠江，不看广告看星星

广州市城管委日前公布了珠江两岸设置19处户外广告牌的初审规划，其中新增广告16处，另外3处是对已有的广告进行整改。不过，最终能够通过终审得以实施的广告牌可能不超过8块。

尽管该规划据称“刚刚结束征求公众意见阶段”，但报道一出街，还是引起不少公众纷纷对此发表反对意见——这个现象很有趣：政府部门的公众意见征求到底是怎么做的？为什么每次公众都觉得自己被代表了，自己的意见没有一个有效的渠道被反映上去？

读者大概都还记得，2010年9月份，珠江两岸曾拆除整治了57块户外广告牌，当时这场轰轰烈烈的清拆户外违法和过期广告招牌行动可是作为广州城市管理工作的一场攻坚战来打的，据称是“为了提升城市形象”。如今亚运过去一年了，重设广告牌是什么意思？如果当时的广告牌有碍城市观瞻，现在重设就不影响了吗？

不过，市城管执法局副局长早就说过，“广告和招牌拆除后会在亚运会之前在珠江两岸重新设立起来，政府会做好灯光等配套，拆除是为了建设得更加漂亮，更有广州特点，更有亚运特点"。

事情至此真是让人困惑不已：城市形象和珠江户外广告牌之间到底是一种什么关系？先"一刀切"地拆除整治迎亚运，再慢慢商议重建广告牌事宜，这种"休克"疗法施于城市管理中是否合理、合法？君不见，正是在亚运前夕清拆户外广告牌行动如火如荼的时候，2010 年 8 月 12 日，广州市出台了《广州市户外广告和招牌设置管理办法》，同时废止了 1998 年 8 月 1 日起施行的《广州市户外广告管理办法》。

紧急出台的"管理办法"为政府行为背书，盛会之前用"休克"疗法清理碍眼的广告牌，即使是合法广告牌也要服从大局进行拆除，盛会之后出于经济利益或是其他因素，再恢复户外广告牌的设置。如此"休克"疗法管理城市，损害的不仅是政府的公信力，更伤害了城市正常生活的肌理。真怕哪一次再"休克"，就再也醒不过来了。

据说新增广告牌之后，今后珠江夜游将可见到更多的 LED 霓虹景观——好吧，如果 LED 广告牌也算一种景观的话。有媒体发起调查，让网民参与投票"你希望看到珠江两岸出现怎样的户外广告牌"？看起来，"游珠江，看广告"已是定局，选项只是看多看少而已。可我想说，"游珠江，看星星"可不可以？我不想看广告牌，我想看夜空里的星星。但是，这答案很傻很天真吧！

（2011/12/06《新快报》）

海心沙，规划为你改了多少次

广州市城市建设投资集团日前召开新闻发布会，在回应其"负债千亿、卖资产度日"传闻的同时，还透露出"海心沙明年有望免费"的消息，称目前海心沙西区和东区招商经营工作还没有完成，此时并不具备免费开放的条件，等 2012 年这两部分都可以对外营业之后，海心沙即可免费开放。

"海心沙明年有望免费"，这看似利好的消息在网上并未赢得一片叫好。不少网友质疑：海心沙规划中本就是免费的市民广场，结果被围起来高票价收费了这么久，如今声称将免费，难道还要街坊们领情吗？再者，免费后的海心沙有什么看头？看演出不是照样要花钱买票？此外，免费一事不过是“有望”而已，事态如何发展，还要继续观望……

一句话，海心沙免费，姿态而已，好处不多。尤其是城投集团在其“负债千亿、卖资产度日”的传闻甚嚣尘上之时抛出“海心沙免费”的消息，称“说实话，我们都不想收了，毕竟跟运营成本相比，门票收入只是很小的一部分”，试图给人以城投集团“不差钱”的印象，其动机甚是可疑。况且，海心沙何时免费的权力完全掌握在城投集团手中，公众根本没有讨价还价的权利。

和“海心沙有望免费”这个疑似利好消息相比，更让人忧心的是海心沙已定下的商业化发展基调。据称城投集团现正将海心沙亚运公园分拆成三部分招商承租运营，西区与广晟集团合作，拟建高端会议展览、广州国际旅游观光休闲酒店和文化创意办公中心；中区（看台和舞台）拟与演出公司合作，用来举办常态演出；东区则正在招商，寻找有实力的财团合作经营。

看到海心沙将建酒店的消息，我着实吃了一惊。犹记得2011年7月27日广州市规委会会议将海心沙的“临时建筑”性质变更为“永久建筑”之时，同时为海心沙的发展定下了基调：不再增加任何建筑，原有建筑的高度要降低。市委常委、常务副市长更是提出了“三要三不要”原则：要增加园林，绿化面积不能变小；要控制盖楼，建筑总量不能增加；要体现公众性功能，不能变成私人场所；且承诺“没想好之前，不要动它，不能再盖了，先控制下来”。

讽刺的是，就在副市长作出承诺的第二天，7月28日，广州市规划局就公示了广州新城市中轴线北段重要景点控制性规划，规划称海心沙除保持现有建筑总建设量，还将增加文化、体育和商业服务设施。

这边承诺海心沙“不能再盖了”，那边早已密谋好要新增商业设施——眼下，城投集团已准备招商在海心沙建酒店了！这不由让人哀叹，海心沙距离2003年规划中定位的“市民广场和公园”已经越来越远了。

（2011/12/29《羊城晚报》）

户外广告何时摆脱“整治”命运

由广州市规划局编制的《户外广告布局专项规划（2010—2015）》（以下简称《规划》）已获市政府批准生效。《规划》在不同区域提出户外广告规范性设置要求，其中人民公园、花城广场、广州塔等禁设户外广告。

2012 年都快过去一半了，此时竟出台“2010—2015 年”的《规划》，真让人一时“凌乱”：之前的两年半里，户外广告是依据怎样的规划来设置的呢？难道是凭感觉？如果之前两年半内设置的户外广告违反了刚出台的《规划》，要不要整改？整改所造成的损失，又由谁来赔偿？

市规划局的官网称，《规划》连同《广州市户外广告和招牌设置管理办法》“形成了一套较为完整的管理规范体系”，“为广州户外广告和招牌管理提供了明确指引”——“明确指引”？过于乐观了吧？亚运前广州对全市户外广告和招牌进行整治，以及近期公交广告被“剃头”等事实，似乎说明了广州长期以来对户外广告的管理，其实处于“头绪纷杂”的状态。

以亚运前对户外广告的整治为例。市政府于 2008 年 9 月 22 日发布了《关于户外广告整治的通告》，通告有效期 5 年，即 2013 年 9 月 22 日失效。通告制定的依据之一是《广州市户外广告管理办法》，而该“办法”在 2010 年 8 月 12 日《广州市户外广告和招牌设置管理办法》颁布施行后即废止，那么，这一整治“通告”如今是否依然有效？若如规划局所说，户外广告已有“一套较为完整的管理规范体系”，那体系之外的“整治”还有何存在的必要？广州的户外广告能就此摆脱被“整治”的命运吗？

毋庸讳言，户外广告是块诱人的“肥肉”。按规定，户外广告位置使用权的部分出让收入属政府非税收入，由政府统筹安排使用，但长期以来，这笔收入具体被哪些部门收归囊中，又具体用于何处，公众未必明了。这或许是多个职能部门都意欲染指的原因之一。

更为根本的是，《广州市户外广告和招牌设置管理办法》和

《广州市户外广告布局专项规划（2010—2015）》同属政府规章，不是地方性法规，并不需要专门提交市人大代表审议，这会不会使得相关部门在建章立制时，作出有利于部门自身的规定。何时对户外广告的管理能上升到地方性法规层面，而不是靠部门规章、靠一次次不期而至的整治来管理，户外广告才有可能从容发展。

（2012/05/15《羊城晚报》）

CBD 要晒光鲜也要接地气

继日前陈市长接受民间组织“拜客广州”的邀请，与环保骑手们一同畅游白云湖绿道后，单车出行成了近日城中颇为热闹的话题。但记者巡城时发现，单车在珠江新城、天河商圈等 CBD 几无容身之处，骑车上班的白领难以找到放心的单车停放和保管处。

CBD 无单车容身之处，这倒也算不得新鲜话题了，长期以来 CBD 的规划就被市民所诟病，尤其是珠江新城，缺公厕、缺幼儿园、缺肉菜市场、缺穿梭巴士、缺综合性医院……现在又被发现缺单车停放点。城市规划追求宏大，导致 CBD 摩天大厦里的生活也被迫高悬于云端，不适合升斗小民过烟火生活，现在竟还来要求单车停放点，哈哈，异想天开了吧？

不过话说回来，以前规划 CBD，自然是认为车水马龙才够高端，没规划单车停放点倒也算正常。但如今提倡健康生活方式，单车出行渐渐成为部分白领的生活时尚，CBD 规划若能为此作些调整，增加单车停放和租赁点，也是合情合理的。

何况，单车出行不止是部分都市白领的生活时尚那么简单，对于穿梭于 CBD 里的外卖仔、送水哥等打工者来说，单车出行更是他们的生活方式。此外，还有在花城广场骑车游玩的市民和游客，他们反映附近都找不到停单车的地方，不想骑车的时候只能一直推着。因此，让各类骑单车出行的人都能在 CBD 里寻得一个安全、体面、方便的单车停放点，不仅涉及规划的合理性，更体现着一座城市的人文关怀。

一直以来，CBD都被视为城市形象的窗口，各种高楼各种先进的交通设施诸如APM之类都在寸土寸金的CBD里得到了呈现，恨不得集中展示出这座城市最光鲜的一面，据称广州新中轴线的天际线更是在珠江新城那里“达到视觉上的高潮”。但是，一个没有单车容身之处的CBD到底有何光鲜可言呢？一个让骑单车的外卖仔、送水哥惶惶然找不到单车停放点的CBD，一个让普通市民找不到生活味、人情味的CBD，其制造的“视觉上的高潮”能弥补得了市民的失落感吗？

市民理想中的CBD不仅有高耸入云的大楼，展示一个城市发展最为光鲜的一面，成为广州市民的骄傲，而且能接地气，让每一个市民在其中都不会生出一种“外地人”异样的感觉，草根能悠闲其间，居民能安心生活，白领也能从容工作，这样的CBD才不负大都市之名。

还好，有一个值得谨慎乐观的好消息是，“拜客广州”组织日前在与陈市长一起骑单车时，已经当面向市长反映了单车停放不方便的问题，市长也回应称广州正在大力推行城市慢行系统。但愿今后的广州在单车道和停放点的规划、完善方面能够加把劲，让单车和小汽车一样从容出入，停靠CBD，鼓励更多的人选择单车出行。

（2012/07/24《新快报》）

顾及市民意愿，规划变更应有全局眼光

广州珠江新城海安路一个临时停车场将被建成综合医院的规划变更公示惹来附近居民反对，居民们担心医院的建成会影响附近冼村小学的学生健康，污染紧挨着的猎德涌的水质，还会加剧海安路原本已很拥堵的交通。面对居民抗议，市规划局表示，2012年11月14日将给出正式答复。

话说珠江新城的规划之前一直被人诟病：缺公厕、缺幼儿园、缺肉菜市场、缺穿梭巴士等，但这次倒不是“缺”，而是“多”了。海安路要建医院的这块地，据称要引进一个高端医院，于是规划将

原来2.5的容积率提高到3.0，24米的楼也被拔高到40米。而海安路附近居民认为，该地块5分钟车程内就有多家三甲医院，即使是社区卫生服务中心，1公里范围内也有两家。居民们不希望再建综合医院，甚至直言“不要将医疗资源硬塞给我们”！

在居民抗议海安路要建综合医院一事中，医疗资源分配不均其实不是问题的关键，问题的关键在于居民担心医院建成后对周边环境的影响，同时希望在规划变更一事中争取自己的发言权。

诚然，规划可以根据社会发展的变化来进行调整，譬如海安路这块地的医疗用地属性是10年前的规划，现在当然可以根据现实需要作出调整，但问题是，应该往哪个方向调整？究竟哪些力量能影响规划的变更？市民意愿能在多大程度上影响规划的变更？这些问题，才是现在频繁进行的规划变更中最值得追问的问题。

据了解，海安路兴建综合医院一事，广州市规划局相关负责人已口头答应：“既然这么多人反对，那么医院肯定不会建，我们一定会给大家一个满意的答复”，并称11月14日将给出正式答复。那么眼下，不妨静待市规划局的答复。

但要提醒的是，规划局的答复至少应该回应居民提出的以下三个主要问题，即《综合医院建筑设计规范》中明确规定综合医院的选址“不应临近少年儿童活动密集场所”，而海安路附近未来会有包括冼村小学学生、天河外国语学校学生在内的至少3 000名学生；综合医院选址应具备“交通方便，宜面临两条城市道路”等条件，而海安路该地块既不规整，交通又不方便；国家规定医疗污物的排放要达到专项处理及一级达标标准，而海安路附近的城市管网为二级标准……诸如此类的具体问题，规划局都不应回避。

此外，如果海安路附近医疗资源确已比较充裕，且附近居民强烈反对再兴建综合医院，那么市规划局完全可以考虑将综合医院建在那些渴求医疗资源的地区，在变更规划时更具全局眼光，通盘考虑。

（2012/11/02《新快报》）

第六编

政府与民众如何沟通

新媒体时代，政府与民众如何更好地沟通是个新课题。政府官员对吸纳民意还有很强的渠道依赖，认为民众若要提意见，就得按照他们指定的渠道，在指定的时间、地点表达诉求，否则就是不作数的。尽管已有部分政府官员开始主动约见异议市民，但这些许进步的背后往往是市民付出相当多的努力才争取来的。

VIP 客户：企业可以有，政府不能有

广州荔湾区政府近日颁发了首批政务服务 VIP 卡，为辖区内 139 家高新企业提供行政审批手续的特殊服务。企业如果有重大投资项目，荔湾区政府还可以发动规划、工商等多个部门召开联席会议，为其“联合审批”。

让企业享受政府服务的 VIP 待遇，荔湾区并非首创，上网一查，发现成都市 2009 年曾为当地重点项目业主提供 VIP 服务卡，安徽亳州也发放过类似的外商服务卡。在建设“服务型政府”理念的要求之下，各地政府增强服务意识，力争为企业提供更迅捷便利的服务自然没错。只是，政府有没有必要像企业那样，在所有理应平等享受政府服务的公众和企业中划出一部分 VIP 人群或企业，是值得商榷的。

像前些日子广州某商场宴请 VIP 客户，其中最牛的客户一年之内在商场消费 190 万元，且统计数据显示该商场 10 万左右的 VIP 客户创造了 60% 的销售额，那么对于这些财大气粗的客户，商场给予其 VIP 身份，年终宴请回馈都是有道理的。

但是，和追求利润最大化的企业不同，政府的服务讲究的是公平。不管是上缴巨额税收的大企业还是艰难经营的小企业，不管是年入 12 万元以上的纳税人还是流落街头的乞讨者，在享受政府服务方面，都应该被平等对待。如果政府服务资源在分配时再次倾向大企业、高收入者，人为地划分 VIP，那只能造成社会资源再分配的不公，也背离了政府所承担的公共服务的责任要求。

所以说，VIP 客户，企业可以有，政府不能有。

（2010/01/15《南方都市报》）

政府职能是搞质量奖还是质量监管

广州消毒餐具行业近期问题频出，媒体曝光的一系列乱象让人再次质疑政府对消毒餐具行业的监管不力。恰在此时，报载广州将首次评选“广州市政府质量奖”，对获奖企业一次性奖励 50 万元。两条新闻一对比，让人心中五味杂陈，实难平静。

一方面，相当多的行业产品质量问题频出甚至威胁到民众生命安全，相关部门的监管总给人力所不逮、姗姗来迟之感；另一方面，政府部门不惜花大力气搞质量评选，甚至慷纳税人之慨，对获奖企业每家重奖 50 万元，这实在让我等市民难以认同。

首先要质疑的就是，政府部门的职能到底是侧重于行业质量安全监管还是搞质量奖评选？讽刺的是，企业产品质量每每出现问题之际，相关部门总是用人手不足、行业规范不齐全等原因来推卸监管不力的责任，但他们似乎总能腾出人手来搞大规模的评选活动。

或许相关部门会辩解，我们搞“政府质量奖”评选，是为了给行业树立标杆，激励其他企业。那么试问，对那些产品质量不合格甚至有意造假的企业，我们是树立模范以道德引导它管用，还是以法律之手监管惩戒它管用？相对于生产劣质产品和造假所能带来的暴利，指望企业见贤思齐、自我道德规范必然是不靠谱的。

综观整个“政府质量奖”的评选过程，包括了政府官员和专家对企业的多轮现场评审，以及企业负责人的答辩、评审团投票表决、颁奖表彰大会等，看似严谨公正，但代价恐怕不菲。这不仅包括奖励几家获奖企业的几百万元，还有整个评选活动的费用。

据称评选费用由市质监局负责，可质监局的钱从哪里来的，还不是纳税人的钱？不知纳税人是希望花这笔钱搞质量奖评选呢，还是给公务员多下基层去打击查处质量不合格的企业？

更为关键的问题是，“政府质量奖”评选无形中将企业产品质量和政府信用捆绑成了共同体，一旦企业产品出了质量问题，曾为之颁奖的政府部门很难站在客观公正的位置上扮演好裁判员的角色，最终也就难逃用政府信用给问题企业擦屁股的命运了。殷鉴不远的就是导致大量结石宝宝的三鹿奶粉因屡获“中国名牌产品”称号，在事发后将政府部门一同卷进了问题的漩涡，接受舆论更猛烈的谴责。

其实，政府一视同仁地做好市场监管，为企业营造公平良好的环境就是对企业最大的支持，至于奖励，都说金奖银奖不如老百姓夸奖，这对企业来说同样如此。有给政府官员“擦鞋”的工夫，还是让企业负责人多想想怎么讨好市民和市场吧！

（2010/08/09《新快报》）

官员可别沦为信息时代的“难民”

曾检举民警公车私用的广州市民区伯，在3个月没有等到调查结果后，于2011年7月7日给市公安局信访室送上一个一斤重的大鸭梨。又过了20多天，7月28日，市公安局纪委领导终于约见区伯，就公车私用调查结果作出回复。

近段时间以来，广州市级政府部门、国有企业的领导与普通市民、民意代表之间进行直接的对话沟通越来越多，例如，广州地铁派出工程维修部经理约谈“举牌哥”陈逸华，就地铁站台翻新是否烧钱等问题释疑；市建委主任约见“拇指妹”区佳阳，回应有关光亮工程的诸多疑问；市物价局局长约见政协委员韩志鹏，就的士听证涨价一事作出回应；市公安局纪委领导约见区伯，回复公车私用调查结果……

这一系列的官民互动、意见沟通，可以说是政府部门吸纳民意的一大进步，而随着媒体的一路跟进，我们也见证了双方最终有机会坐下来交谈的不容易——送鸭梨、坐板凳、递交请愿书，甚至准备提起行政诉讼……才有这来之不易的面对面的交流机会。这一切过程让我们看到，在政府主动开展的大接访之外，从政协委员到普通市民，面见政府职能部门的领导有多难。

主动倾听来自民众的声音本是政府职能部门的分内之事，但透过上述这一系列事件，我们非常遗憾地看到，官方吸纳民间声音的姿态还不够低、渠道也还不够宽，即便作出约谈的决定，也往往是在当事人的执着追问、媒体的穷追猛打之下作出的，给人以被逼无奈之感。

市物价局局长约见政协委员韩志鹏时，据在场记者披露，局长表示，“有什么问题我可以留个电话给你以后慢慢聊，但是不要把意见发微博，我不上网”。这一句“我不上网”不知要伤了多少市民的心！官员们真是电脑一关、世界清静吗？省委书记都号召领导干部要带头“上线”、“触网”，开设微博，就群众关心的问题进行在线回答，怎么还有官员固执地抗拒上网呢？

不得不说，很多政府官员对吸纳民意还有很强的传统渠道依赖，认为民众若要提意见，就得按照他们指定的渠道，在指定的时间、地点表达诉求；他们尤其抗拒更为便捷、公开的网络意见表达，即便是经认证的有名有姓的微博用户表达的意见，在他们眼里也常常是不作数的。

也正因为如此，不少人对市民、政协委员提交意见的方式颇有微词，认为其有作秀的嫌疑，甚至连省政府参事王则楚也撰文认为政协委员韩志鹏应该提交提案，走“正式渠道”。这种对形式的吹毛求疵未免有些过头，市民积极表达意见，又没有扰乱什么秩序，政府部门打开门坦荡地接过来就是了，为何不情不愿的？难道是讨厌随行媒体的曝光？有那么怕见光吗？

信息时代，无论是报纸、广播、电视等传统媒体，还是网络新媒体，都不乏群众意见的表达。但部分政府官员获取信息的能力竟是如此薄弱，对网络等渠道的意见表达又是如此排斥，甘愿沦为“信息难民”，非要等下属把信息汇总好，并喂到嘴边，这让人如何不忧心民众意见的沉没？

（2011/07/29《新快报》）

市民送给政府部门的锦旗、鸭梨哪里去了

据本埠媒体报道，因不满邻居房屋涉嫌违建，广州市民梁令德自2007年就开始投诉，为此三度上访，但怀疑因邻居家中有城管人员而导致投诉久拖未决。日前，他向市城管执法局赠送了一面“只准州官放火，不许百姓点灯”的锦旗。有报道称，城管领导“淡定接锦旗”。

抛开此事的孰是孰非，单说市民公开向政府部门“送礼”这种行为艺术，频频出现在近两年诸多有影响力的公民问政行为中，这种现象颇值得玩味。不妨一起来回顾一下：

2010年4月23日，番禺业主巴索风云将6袋有害垃圾送给市城管委，督促其解决有害垃圾的收运处理问题，城管委称一定转送给环保局有关部门处理。

2010年5月24日，为提醒城管部门尽快解决市内垃圾分类处理等问题，番禺业主樱桃白向城管委送了一个钟，市城管委副主任收下挂钟，称要将其挂在垃圾分类处的墙上作提醒。

2011年2月17日，因对市人力资源和社会保障局对20多家公司暗查乙肝的调查结果不满，乙肝维权人士雷闯向人社局送上一篮鸭梨，对方欣然接受，并称会将鸭梨转化为动力。

2011年6月9日，“拇指妹”区佳阳在领取市发改委对她申请公开光亮工程可研报告的回复后，向市发改委送上皮球，发改委工作人员接过皮球并对区佳阳表示感谢。

2011年6月20日，因对交通部门在调查“茶水费”问题上“踢皮球”、“摆乌龙”不满，出租车司机老王向市客管处送去两大袋气球和两包乌龙茶，但拒绝了客管处工作人员面谈的邀请。

2011年7月5日，因申请公开光亮工程可研报告未果，“拇指妹”区佳阳向市建委送上鸭梨一个，但工作人员以“公务员不可以收群众一分一毫，一针一线”为由拒收。

……

无论是送垃圾、送钟、送鸭梨、送皮球，还是送锦旗，综观被

"送礼"的广州各政府部门的表现，除市建委以"不收群众一针一线"拒绝"拇指妹"送的鸭梨让人觉得好笑以外，其他部门大都很有"雅量"地笑纳了，至少没有哪一个部门敢像深圳市相关部门那样，面对送鸭梨的雷闯，悍然威胁其"不要因为这种事断送了你的后半生"。

"笑纳"之后呢，城管委会好好处理垃圾问题了吗？人社局认真调查乙肝问题了吗？建委慎重对待公民的申请了吗……现实依旧是骨感的，鸭梨没变成"压力"，"不作为"锦旗没产生作为，大多数问题不了了之，可见无奈的市民选择这种有创意的监督问政方式不过也就吸引了一下舆论的火力，迅速就哑了火。所以这次城管委领导"淡定接锦旗"之后，会不会淡定地忘记，那就不好说了。

其实，作为一个市民，我更关心的是这些"礼物"的去向。送的皮球是真当皮球踢了还是随便扔了，送的鸭梨是大口吃了还是任其腐烂了，送的锦旗是随手扔进垃圾堆还是在杂货室里落满了灰尘……如果有一天还在为自己的事奔波的市民想看看自己送的"礼物"的去向，千万别手足无措。建议从现在起每个部门都设立一个展品室，将市民送来的"礼物"一一陈列，时时鞭策，这样才不会辜负了市民的良苦用心。

（2012/02/27《新快报》）

错漏百出的政府英文网站如此淡定

广州市政府门户网站英文版及多个政府部门网站英文版错漏百出、内容陈旧，译文疑为"用翻译软件翻译的"。相关报道出街后距今已有5个工作日，但尚未听闻相关政府部门对此有正式回应。

政府应对舆论风波如此淡定，倒显得帮忙挑错的媒体有些"蛋疼"了。话说政府不是最重视国际形象的吗？为何专门给外国人看的网站有如此多的错漏竟也不为所动？难道政府自己也心知肚明这样的网站不过是自娱自乐而已？

一般人花自己的钱自娱自乐干吗都行，但政府自娱自乐，花的可是我等纳税人的钱。据报道，广州政府门户网站每年获财政拨款80万元，其中外文版（英、日）占了其中一半经费。但是，这耗资几十万元打造的英文网站访问量有多少，政府相关部门却称不知情，接受调查的外国人对此网站也一无所知。

把几十万元花得这么没心没肺不肉痛的，在我们这儿，一般也只有政府花纳税人钱这一种情况。办个政府门户英文网站，不考虑访问量，不考核翻译水平，不担忧网站效益，只要把网站建起来做做样子，就可以作为外宣业绩的一部分，就有借口张嘴要钱。

如今媒体将政府英文网站的错漏挑了一箩筐，政府相关部门却没有趁机向翻译公司兴师问罪，这多少有些意味深长。负责网站翻译的传神联合（北京）信息技术有限公司水平如此有限，当初它是怎么通过招投标的？几十万元的翻译费用为何这么轻易让它赚去了？这其间有无利益输送，有无贪污腐败？

看来，每年投向政府门户网站的80万元财政拨款亟须拿出来晒一晒，以平息公众对财政收入被滥用乃至侵吞的忧虑。毕竟，花几十万元维持一个错漏百出、几乎无人知晓的政府门户英文网站，其意义何在？如果相关部门不能给出一个合理的、有说服力的解释，不如索性关了它，把钱投到其他地方去。

电子政务时代，政府应对网络舆情一直有些捉襟见肘，其中最关键的问题就是钱花不到刀刃上，不考虑传播效果，花大钱搞了一批浏览量几乎为零的“僵尸”网站，却还自娱自乐沾沾自喜——外宣的网络阵地要是这么容易占领就好办了。

其实政府不独对网络外宣外行，内宣水平同样也有限。就拿微博来说吧，平日里总能看到不少广州市民就一些尖锐的问题在微博上“@中国广州发布”求回应，惜乎对方总是不为所动，自顾自地发一些云淡风轻岁月静好的内容，少有互动。

如果政府的网络宣传始终处于外宣自娱自乐、内宣装聋作哑的水平，那么耗费几十万元搞个自娱自乐的政府英文网站这个事实也就很好理解了。但是，理解不代表同意，这几十万元翻译费用到底是怎么花的，为何办成眼下这么个错漏百出、无人知晓的僵尸样子，相关部门亟须给公众一个交代。

（2012/04/27《新快报》）

接访遇冷不等于没有投诉

在昨天广州各部门每月例行举办的“局长接访日”上，大多数接访部门如市交委、市审计局等都门庭冷落。其中市交委有关人士在分析此中原因时表示：“现在市民反映问题的渠道很多，除了平时常规接访外，市民还可以通过电子邮箱、微博、96900热线电话等形式反映问题。”

市交委此话不错，但是，这么多反映问题的渠道，有效的有几条呢？市民反映的问题，果真通过现场接访之外的其他渠道予以疏通解决了吗？不妨就以市交委为例，有本地知名媒体人于2012年5月11日就公交广告遭“剃头”一事、2012年6月13日就羊城通押金一事发微博质疑市交委，并连续多日“@广州交通”（市交委官方微博）寻求回应，结果直至昨天，市交委依旧未在微博上予以回应。

市民“微博上访”遇冷，交委现场接访遇冷，两厢对照之下的断裂颇令人深思。更有意思的是，市交委有关人士在现场接访时表示，反映出租车、公交等民生热点问题的来访者较少——呵呵，媒体人就公交广告、出租车“茶水费”等问题都“微博上访”好多天了，市交委竟浑然不知吗？

必须承认，邮箱、微博、电话、接访等形式确实丰富了市民反映问题的渠道，某种程度上，它们作为修补制度漏洞的“补丁”，起到了沟通民意、解决问题的作用。但随着反映渠道的增多，尤其是政府各部门近来赶鸭子上架般纷纷开通官方微博，渠道沟通不畅的问题并未因此明显改进，市民“微博上访”遇冷就是一例。

即便是现场接访，也存在着渠道不畅、效果有限、访民重复上访等问题。比如6月25日的市城管委接访现场，有上访者表示希望花都垃圾焚烧厂能另外选址建设，市城管委回应称，将收集访民意见并在法定日期内给予答复，结果上访者表示她上个月就已经来过，类似的诉求至今未得到答复。

所以，政府各部门有必要清醒地认识现场接访遇冷的问题，接访遇冷不代表市民没有投诉，更不代表投诉都已圆满解决了。接访遇冷，很可能只是因为市民太忙了，没时间请假过来投诉；也可能是因为市民已心灰意冷，以往的上访并没能有效解决其问题。无论如何，出现接访遇冷这个现象，各部门且慢偷着乐，以为得了清闲，而是更应自省，反思各种接访渠道是否真的畅通、有效。话说，市交委的接访领导，您现场接访遇冷，不妨上微博接个访嘛！

（2012/06/26《羊城晚报》）

控烟措辞严厉，执行能否给力

广州市人大常委会拟对施行近两年的《广州市控制吸烟条例》进行修改。从已公布的修正案草案稿来看，只作了一处修改，就是删除了“先警告，不听劝告后再罚款”的前置条件，修改为“任何人不得在禁止吸烟场所或者区域内吸烟或者携带燃着的卷烟、雪茄烟、烟斗，违反规定的，相关行政管理部门或单位对违法吸烟者责令立即改正，并处以五十元的罚款”。

从“先警告再罚”，到“发现就罚”，控烟条例的文本规定可以说是更严厉了，但现实执行力会因此而大大提高吗？我不敢乐观。毕竟，措辞是一回事，措施是另一回事。条例修正案若无相应措施跟上，在现有条件下，控烟依旧是纸上谈兵。

有报道称，广州市控烟办挂在市爱卫办，只有一名工作人员，其还要负责别的工作，控烟实际上是“半个人管”。对此现状，条例修改者若置若罔闻，只是义正词严规定要控烟、要罚款，是很不现实的。

譬如此次修改中，对违法吸烟者责令改正并罚款的主体是“相关行政管理部门或单位”——这个执法主体是很模糊的，具体指谁？能落实吗？如果不能，凭什么指望条例修改后罚单就能开得更容易些呢？谁去开罚单？

话说广州控烟近两年，只对一名个人开出罚单，在一定程度上让条例本身几成“空文”。而此次针对个人开罚加码，若日后罚单没有明显增加，条例修正案怕是同样逃不了成为“空文”的命运。

当然，控烟条例中不止有对个人违法吸烟者的处罚规定，也有对未履行控烟责任的相关单位的处罚规定，而二者同样面临着执法难的困境。据《羊城晚报》2011 年 10 月报道，控烟条例实施一年来，个人处罚仅 1 宗，行政处罚仅 6 宗，累计罚款26 550元。

从目前仅对机构开出 6 张罚单的成果来看，相关部门对机构控烟的执法检查力度可以再加大些，将有限的人力物力投入对机构控烟的检查中，看看其是否按条例规定设置了禁烟区、禁烟标志等，先从大环境上完善控烟条件，可能比把眼睛盯住违法吸烟个人开罚更现实一些。

我并不认为增加罚单数量是控烟条例所应追求的最大效果，但条例既然对此作出了规定，就应该设想到相应的措施，无论是对个人开罚，还是对机构组织开罚。否则，既有规定已经面临执行难的问题，修改后的规定若只知加码，不管保障，很可能只会加剧执行难问题而已。

（2012/05/05《羊城晚报》）

控烟“执法难”，当反思执法方式

广州控烟新规实施首日，广州市城管委、爱卫会联合 15 部门共 200 余人，分多个执法小分队，在市内公共场所展开大检查，共计开出 10 余张吸烟罚单。受邀随同采访执法行动的还有媒体 100 余人。

200 余执法人员，100 余媒体记者参与控烟新规实施首日的执法，这阵势可谓浩荡。而当日执法中暴露出的诸多问题乃至冲突，也值得执法部门反思。

其一，少数被罚烟民对突如其来的处罚表现出强烈的抵触情绪，阻挠媒体拍摄，质问：“我交罚款就是啦，干吗要拍我？你们到底是执法还是采访？”城管委有关负责人也表示，此次采取直接处罚的形式，已预计到会遭遇暴力抗法，但没想到会这么强烈。

执法部门确实应该想想，被罚烟民所谓的“暴力抗法”为何这么强烈？要知道，控烟执法邀请记者随行，对执法环境的影响不可小觑，而被媒体曝光并不是违规烟民必须接受的“惩罚”，尤其是当烟民已经明确拒绝拍摄的情况下，记者若执意继续拍摄，极易引发被罚烟民的抵抗情绪。那么，今后此类执法是否邀记者随行采访，确有必要反思。

其二，根据新版《广州市控制吸烟条例》，共有15个单位有控烟执法权，结果有些执法人员自己都搞不清自己的管辖范围。如在某网吧，公安部门的执法人员提醒文化部门没管好网吧控烟，结果在市爱卫办工作人员提醒下才发现网吧是公安部门自己的“责任田”。这至少说明部分执法人员上岗前缺乏相应的业务培训，对自身权责不够清晰。而对比香港，专职控烟督察都需要接受由警务人员提供的专业培训，以应付日常执法及可能遇到的困难。

广州今后的控烟执法显然不可能都像首日执法这样声势浩大，人力不足是个重要原因。有消息称广州目前正在组建控烟办，日后拟公开招聘100名控烟巡检员协助执法。这种类似于城管招聘协管协助执法的做法，很可能加大被罚烟民的抵触情绪，对此，执法部门不可不慎。

另据报道，市城管执法局接受投诉并组织控烟执法，但其本身并不在这15个单位之内，没有控烟执法权。这样的制度设计实在奇怪，既然城管没有控烟执法权，那到底出于怎样的考虑来让城管而非15个单位中的任意一家牵头组织控烟执法呢？

（2012/09/04《羊城晚报》）

政府部门有率先控烟的示范义务

广州控烟新规自2012年9月1日实施以来，已针对个人开出80多张罚单，但这显然仍不足以平息公众对控烟执法不力的质疑。有市民称，外出就餐时被迫吸了二手烟，餐馆负责人却表示无力阻止，电话投诉毫无作用，违规吸烟者受到处罚的机会还是微乎其微。

不能不承认，为了避免控烟执法沦为笑谈，相关部门一直在想方设法加大执法及宣传力度，奈何控烟执法的方式及效果皆不尽如人意，市民无法对广州控烟的前景抱以乐观态度。因而，反思目前控烟执法的尴尬状态就显得十分必要。

首先应反思的就是控烟执法队伍的合理性问题。有报道称广州市控烟办即将挂牌，筹备工作正在进行，日后拟公开招聘由财政供养的100名控烟巡检员，分派到各区及相关部门，专职从事日常巡查，及时向相关部门报告并配合执法，但这批巡查员不具备执法权。为何要招聘100名不具备执法权的控烟巡检员？这种类似于城管招聘协管协助执法的做法，会不会加重被罚烟民的抵触情绪？广州控烟执法队伍到底应如何构建？这些都值得相关部门反思。

另据报道，市城管执法局接受违禁吸烟的投诉并组织控烟执法，但其本身并没有控烟执法权，只能在接到电话投诉后，将相关投诉转交到15个具有控烟执法权力的部门。这样的制度设计实在奇怪，既然城管没有控烟执法权，那到底出于怎样的考虑来让城管而非15个单位中的任意一家牵头组织控烟执法呢？吸烟投诉经过层层转达，会不会影响控烟执法效果？

其次，广州有15个部门长期参与控烟执法，但其中很多执法部门本身就有较繁重的其他执法任务，对控烟执法实在力有不逮。且15个部门只能对各自负责的管辖范围内的单位具备控烟执法权，这也就意味着，假设3个部门联动组成执法小组对某单位进行控烟执法，对某单位具有执法权的却只是其中1个部门，那么另外两个部门的执法人员尽管到场，也不具备执法权，只能眼睁睁在一旁看着。

综上可看出，控烟执法队伍的合理性及人员配置问题严重制约了执法的力度及效果，要想控烟执法取得实效，相关部门亟须对执法队伍的构建问题给出对策。

最后要反思的就是控烟执法场所问题。2012年9月以来，全市两次联合控烟执法检查，以及这次4万名城管志愿者上街劝导禁烟，其场所都集中在商业区、公园和酒楼茶肆，控烟执法队伍为何不去政府办公楼突击检查？控烟执法若能从政府机关“开刀”，或更能凸显广州控烟的决心与力度，而政府部门本身也有率先控烟的示范义务。希望控烟执法早日进政府办公大楼检查，并将检查结果公之于众。

（2012/10/08《新快报》）

部门交流会，为啥居民不来

为了消除广州市同德围白云雅苑的业主对家门口新建变电站的担忧，广州市建委、供电局等部门于2012年7月29日专门安排了一场与居民代表的交流互动活动，不料整个过程中无一居民到场，令政府工作人员倍感尴尬。

初读此新闻时颇觉居民理亏，为什么不去呢？政府部门既有诚意对话，就应该去交流一下，毕竟有对话才可能达成共识嘛！但细查新闻背景之后才发现，政府邀互动、居民不买账背后，实在是有太多“积怨”；双方之间的这场交流若能早些开展，本可以避免眼下的尴尬局面。

不妨回顾一下事情的经过：2012年4月中旬，白云雅苑小区北面荒地突然开工要建变电站，没有环评，没有部门通知，在小区南面已然紧挨一座变电站的情况下，又要新建变电站的消息让小区业主炸开了锅。而当时政府部门并没有组织交流互动活动，可谓第一次错失机会。

随后，业主们到规划局讨说法，却发现规划图纸已经更改，说好的菜市场变成了如今的变电站，业主疑惑为何变更用地规划时没有征求附近居民意见，甚至连张告示也没有？可惜至今未得到规划部门的明确回复。那一次，政府部门错过了第二次与居民交流互动的机会。

小区业主紧接着又追问变电站是如何通过环评的，结果发现项目环评时，整个小区只有业委会收到一份意见表，而环保局通过大量选取同德乡、鹅掌坦附近居民的意见，最终获得了“多数居民赞成”的结果。政府部门为通过环评不惜采取如此手段，这就不是仅仅错过第三次与居民交流互动机会那么简单了。

5月中旬，白云雅苑业委会又向市建委提出质疑，认为变电站选址违反有关规定，而建委回复称选址符合规定，业主则质疑城建委偷换概念——彼时，政府部门仍然没有组织与居民的交流互动活动，可谓第四次错失机会。

终于，事情越闹越大，白云雅苑小区组织专门的维权分队每天巡视工地是否动工，将工程全面逼停。此时，政府部门也终于想到了要和小区业主交流互动一下——可是必须不客气地说一句，已四次错失与业主交流互动机会的政府部门，其实已经丧失了对话的资格。

（2012/08/01《南方都市报》）

“僵尸官博”背后究竟是谁

一场网友叫板“僵尸”官方微博的活动正在广州上演。8月28日，有媒体号召微博网友“如果您发现身边的官博存在不更新、不回复等僵尸行为，请与我们一起将其曝光”，最终还将选出广州的星级“僵尸官博”。

作为一个还算关心广州本地公共事务的小市民，曾向官方微博发问却遭遇不理不睬的经历一直让我耿耿于怀，趁此机会打“僵尸”玩玩，应该挺有趣的。

话说广州政务微博群自2011年12月19日上线以来，至今也有8个多月了，上线之初倒是承诺“不做僵尸不作秀，共同建设给力的政务微博”，但现实表现却不尽如人意。媒体曾两度追问为何有些官方微博不开通私信，多数被点名微博闻过即改，但官方微博“@广州知识产权”至今仍不为所动。还有网友要求“@广州城管执法”晒2010年的出国考察报告，连续追问49天，前日才得到广州城管执法局一番“答非所问”的回应。

不开通私信，不回应网友质疑，不积极更新微博……某些官方的“僵尸”行为，其实都是当初“赶鸭子上架”匆匆开通微博的后遗症。当网友已习惯“微博问政”时，某些政府部门的头头脑脑，大概对微博怎么用还不甚了解。更尴尬之处在于，官方微博对外代表着一个政府部门的形象，而负责微博运营的人却可能只是该部门中的小兵小卒，人微言轻，难以代表本部门回应网友的质疑。

因此，媒体在猛批“僵尸官博”的同时，不妨去深入调查一下，它们背后的部门究竟是谁在维护微博，那些办得风生水起的官微与

"僵尸官博"背后有着怎样不同的运作机制，这或是问题的关键。

运营官方微博也算是一种政府行为，既是政府行为，就该有相应的制度来规范，明晰责任，方便问责。譬如，政府部门若有突发事件，应在多长时间内通过微博向社会公布；针对网友的微博提问，应在多长时间内予以回复等，都应该有章可循。否则，像网友追问城管出国考察报告竟要等到 49 天后才回复，惹得人民网等都来关注，广州城管乃至广州这座城市的颜面恐就难搁了。

另外，除了"僵尸官博"，媒体同样不能忽略了那些至今连微博都还未开的政府部门，比如此前市财政局就被政协委员韩志鹏呼吁开微博等等。当微博问政已成为广州公共生活的一部分时，那些连官博也不开通的政府部门，其对民意能有几分敬畏，真是很难说。

（2012/08/29《羊城晚报》）

谁泄露了"房婶"的信息

针对日前网络曝光广州"房婶"李芸卿坐拥 24 套房产一事，广州市纪委官方微博"@廉洁广州"作出回应，天涯社区网帖所称的广州城建退休领导李芸卿，系原广州城建开发有限公司属下设计院退休高级工程师，未曾担任该单位行政职务，非中共党员，1997 年 9 月退休。网上登载其家庭的 24 套房产情况基本属实，部分房产与其儿子共同所有。其前夫系某高校退休讲师。

事已至此，或许纪委的调查可以告一段落了，毕竟"房婶"既不是领导，也不是党员；若还有其他线索证明"房婶"买房的收入来源不合法的话，可以交由其他相关部门来跟进。

从"房叔"到"房婶"，综观广州近期两起通过网络曝光他人房产的做法，上一次是将坐拥 22 套房产的"房叔"蔡彬抓了个正着，但这一次，非领导、非党员的"房婶"被曝光，不知算不算一种误伤？这或许对沉醉在网络反腐胜利中的网民们是一剂清醒剂，它提醒人们思考：到底是谁如此神通广大，能将他人房产的具体地址及房产所有人姓名曝光出来？连续两次出现这样的网络曝光，广州市房管局是否在信息管理和保密方面存在漏洞？

毕竟，网络曝光是把双刃剑，当它被用来反腐败时可能获得一片叫好，让人们忽略这种方法的正义性与合法性问题，一旦当它被用于其他用途，比如房产信息被犯罪分子所掌握时，就会产生不可预测的危险。所以，市房管局有必要对连续两起网络曝光房产事件作出解释，检讨自己是否在信息管理和保密方面存在漏洞。

另外，在此次“房婶”事件中，广州市建委的表现也颇耐人寻味。市建委一位不愿意透露姓名的内部人士表示，“房婶”李芸卿是一名上访“常客”，而且每次上访所涉及的房产都不尽相同，他（她）还认为李芸卿是利用专业知识，故意买质量差的房，然后通过上访等方式，给开发商施压，要求赔偿。

建委内部人士如此评价李芸卿，着实让人惊诧：难道建委关注的焦点不是上访者反映的房屋质量问题是否属实，而是上访者能从中获取多少利益？即便李芸卿是上访常客，只要她反映的问题属实，建委有何理由推断她是“故意买质量差的房”呢？建委难道不应该感激上访者帮忙监督、改进自身的工作盲点吗？可以说，所谓的市建委内部人士在“房婶”事件未查明之时作出如此表态，是不妥当的。

总而言之，“房婶”24套房产若确实存在问题，相关部门应该继续追查，但市房管局和市建委在此事件中的责任与不妥表态，同样不能回避。

（2012/11/23《南方都市报》）

撑记者就是“给舆论监督撑腰壮胆”

2011年10月19日上午，南方电视台一名记者在新河浦采访一个无证停车场时，遭到两名保安殴打。记者一路避让，对方却不依不饶，最终导致记者头部受伤缝了4针。后警方通报称，两名涉案男子已分别被行政拘留10天，并处罚款500元。

记者被打，听到这样的消息，若问你愤怒吗？答案是肯定的。再问你震惊吗？答案可能就是否定的了。为什么？残忍地说，是记者一次又一次地被打、流血，而事件一次又一次地不了了之，让每一次记者被打的新闻价值在“贬值”。

这样的现实无疑是悲怆而残酷的，一方面，社会需要记者去揭黑，去“扒粪”，去搞舆论监督；另一方面，社会又至今未能给记者以足够的保护，助其抵抗因舆论监督而带来的巨大风险。至少这一次，谁会相信“行政拘留10天、罚款500元”的处罚能有效遏制下一次记者被打？

值得一提的是，在眼下这个时间点将“记者被打”这一话题再次提出来，呼吁各方重视，尤有更现实的意义。相信常读报的人会注意到，广东多家媒体近来在舆论监督方面正在加大力度，引起了传媒业界与社会公众的广泛关注。当然，这也不值得奇怪，广东媒体在舆论监督方面向来走在全国同行的前面。于是，有好奇者也许会问，这是否意味着记者被打的频率也相应地位居前列？

舆论监督的社会意义无比宏大，主要依靠的还是冲在一线的记者，以及他们琐碎的劳动。一线记者的人身安全若得不到保障，其他的恐怕都是奢谈。

我搜索了一下众多“记者被打”事件的处理结果，发现多数打人者都只是受到行政拘留几日、罚款几百元的处罚而已。打人者付出的代价小至可以忽略不计，打人一事又成功转移了公众关注的焦点，使原本调查的问题被遮蔽，这样“护主有功”的打人者肯定会受到“主人”的奖赏……如此，如何能惩戒后来者？

事实上，省委书记近几年在不同场合都反复强调要加大舆论监督力度，“要给舆论监督撑腰壮胆、鼓劲打气，使舆论监督更理直气壮些，分量再多一点，力度再大一点”。

“给舆论监督撑腰壮胆”，落实在现实中，首先就应该给冲在一线的记者撑腰壮胆，而记者被打事件的频频发生，说明“撑腰”举措的具体落实情况不容乐观。只有社会各界，尤其是政府各相关部门，真正保护好记者的权益，才能保证舆论监督的步子迈得稳稳当当的。

毕竟，舆论监督不是“杀敌一千、自损八百”的事，记者固然会秉承新闻人的天职毫无畏惧地去做舆论监督，但相关的撑腰护航措施，还是要尽快健全起来，没必要把舆论监督搞成一件需要记者“搏命”去做的事。

（2011/10/21《新快报》）

海珠湖“私家码头”有待继续释疑

继“外来自行车禁止入内”、“周边停车难”之后，开放仅半年的海珠湖最近又惹非议。近日，有网友爆料称，海珠湖内有个“私家”码头，里面停泊着“豪华游船”，平日“游客勿近”颇是神秘，但当有要客参观时，码头、游船即变身“领导专用”。

不过，海珠区有关方面随后回应称，该处是水文数据监测、水事巡查使用船舶的临时停靠点，也是防汛抢险水上救援应急备用点，不具备码头功能。

同样的船，在公众和实地走访的记者眼中，是豪华游船、仿古设计，据称“船舱内对放着两排太师椅，中间的长桌上整齐有序地排好招待用的进口水果和矿泉水”，但在海珠区有关部门眼里，它是用于水文数据监测和水事巡查使用的作业船——这两种说法的差距未免也太大了一些。况且，配备着太师椅的作业船只，您见过吗？这让广州水域上那一众简朴的作业船只情何以堪啊。

身份焦虑的年代，遇到一艘“领导坐得、百姓坐不得”的游船，在没有合理解释的前提下，公众自然心生不爽——这又不是2012诺亚方舟，凭什么只有“领导、贵宾”才能上船呢？

如今官方已回应豪华游船是从事“水文数据监测、水事巡查”的作业船只，但此前现场保安却称游船可以从海珠湖出发通过数道水闸直达珠江，满足了贵宾们“赏完珠江景直接过来赏湖景的需要”，这究竟是保安误认为“从事监测、巡查”的贵宾们在赏景，还是无意间泄露了天机呢？话说，这位保安您没因此被辞退吧？

媒体曝光之后，不仅游船的性质改变了，码头也成了“临时停靠点”、“应急备用点”，我很担心海珠区有关方面因这一时的公关应对，断了以后开辟游船游湖项目的财路啊。谁都知道，坐船游湖不仅舒服而且风景更好，且在湖上开展游船项目也是惯例，若是海珠区有关方面只因为眼下遭遇公关危机就宣布该处不具备码头功能，那万一以后要开发游船游湖怎么办？

说来也巧，我在新浪微博上以“海珠湖船”为关键词搜索了一下，恰巧看见一位名叫“竹本小熊”的用户于2011年3月22日发了一条微博，并附图3张，图中几名女子闲坐着或在交流或望窗外，船内可见太师椅、电视机等物品，装修豪华。当然，我不能完全认定这艘船就是记者报道中所称的豪华游船，或海珠区有关方面所称的作业船，但种种迹象显示，我的推测可能是成立的。

总体来看，海珠区有关方面的回应还没有足够的说服力，爆料网友、现场保安、记者都认定为“仅供领导、贵宾使用”的豪华游船究竟是如何华丽转身为“水文数据监测、水事巡查使用”的作业船只的，有关方面亟须给出更有力的回应，比如说，解释一下作业船只装修如此豪华的必要性何在？公布一下船只历次出巡作业的接待对象和花费，如何？

（2012/03/27《新快报》）

装GPS能减公车经费的论据还不足

广州治理公车私用问题最终还是走上了加装GPS这条路。据报道，公车加装GPS定位系统在广州市财政局、城管及黄埔区等单位试点后，对防止“公车私用”的效果明显，其中黄埔区公车经费下降了24%。在“全市开展两项专项治理暨加强公务用车使用管理工作会议”上，有关部门负责人指出，从2011年开始，广州全市推广试点单位经验。

装GPS能否遏制公车私用，媒体之前已对此作了相当充分的讨论，舆论对此多持怀疑和否定态度，并提出诸多疑问，例如，广州市公车数量到底有多少？谁来承担GPS监督公车的工作？如何避免内部监督的嫌疑？会否滋生政府机关更多“借车”问题？加装GPS项目本身会否产生腐败……

可惜诸多疑问不见回应，政府单单列出黄埔试点公车经费下降24%这一论据，就准备全市推广公车加装GPS项目了。须知，纵然黄埔公车经费下降24%是事实，但政府并没有给“车身喷涂公车字样或统一颜色”这一群众呼声较高的防公车私用办法以同等的试点机会。

之前有报道称，广州市领导之所以排斥公车喷涂这一办法，是担心这样容易产生特权思想，交警执法时可能为公车提供方便云云。但统一喷涂的公车到底是更容易获得特权和方便，还是更害怕群众监督的火眼金睛，恐怕需实践检验才知。

遗憾的是，政府在试点之初就有倾向性地选择了加装 GPS 而非喷涂车身这一办法，这种隐藏的选择前置实际上已经注定了日后改革的方向，并转移了公众注意力，如今政府只要论证装 GPS 省钱了就行，至于是不是比喷涂省得更多，他们不想也不必论证。

其实，被排斥在试点之外的又何止是“公车喷涂”这一种思路呢？天河区 22 条行政街早在 2004 年就采取了取消公务用车、发放交通补贴制度，而且被评价为“省钱没误事”，但不知为何这么好的经验没获得全市推广呢？难道是省得不如黄埔区多？

可说到省钱，和黄埔区一样采取加装 GPS 的广州市财政局，2011 年的部门预算里公车经费标准竟与往年一样，一分钱也没省，很让人费解。

广州公车改革这事依我看也不必操之过急地统一加装 GPS，完全可以在多试点、多思路改革之后，再慎重决定，甚至也不必强求全市统一，让各区各单位因地制宜，怎么省钱怎么来岂不是更好？

另外，既然媒体已报道出“全市党政机关公务用车情况摸查等工作已完成”，是不是意味着广州公车数量已经摸查清楚了？那么，2011 年广州两会期间广州市政协委员韩志鹏以提案形式向政府申请公开的公车数量，应该有了准确的答复吧？广州公车数量到底是传闻中的 20 万元，还是市领导所说的 1 万元，抑或是媒体推算出的 3 万元，还请政府部门给个明白数吧！

（2011/05/23《新快报》）

一万个 GPS 赶不上一个区伯?

广州市民区伯在天河区珠江新城华就路发现一辆粤 O 牌照的小车涉嫌公车私用。他上前拍照时，与一疑似车主发生争执，结果该男子驾车逃离，区伯被小车刮擦致右腿受伤，所幸伤势并无大碍。目前，天河警方已介入调查。

如果确如区伯所说，疑似车主曾向他道歉，承认自己有错，并执意不让区伯拍照，那么，基本可以认定这辆粤 O 牌照的小车是公车私用了，否则，光明正大用自己的私家车，何必道歉呢？此事的真相如何，期待天河警方尽快给公众一个答复。

说到监督公车私用，执着如区伯者，全广州大概只有他一人。看到报纸上区伯因这次监督公车私用而受伤并直抹眼泪的照片，相信很多人心里都不好受。公车私用积弊已久，广州市也大张旗鼓地安装 GPS 予以打击，可怎么整日在新闻中只看见区伯一个人在“战斗”呢？

按照《广州市加强公务用车使用管理工作方案》，2011 年 7 月底前市区两级约 1 万辆公务车就该安装完 GPS 并调试验收了，可是 8 月初记者向广州市众多机关单位咨询后了解到，大部分公务车的 GPS 还处于“未安装阶段”，进展还跟不上“工作方案”。不知距预定期限过去 4 个半月后的今天，广州这大约 1 万个 GPS 安装完了没有？如果政府制订的安装 GPS 工作方案如此脱离实际，那该打屁股的不是制订方案的人，就是执行方案的人，无论如何，都该对公众有个说法，告知 GPS 的安装进度。

暂且善意地假设公车 GPS 还没有安装完毕吧，不然该怎么解释区伯抓到的这单公车私用呢？区伯都抓到了，GPS 竟然没察觉？又或者，这辆公车巧用了 GPS 的漏洞？因为相关部门的人早就说了，如果与原定的行驶路线偏差不是很大，即使是公车私用，GPS 也不容易查出来。这个漏洞，不知又该如何弥补？

话说，公车 GPS 即使没安装完，也该进展得差不多了吧，但目前没见媒体报道过一单公车私用被 GPS 抓住的新闻，那种发现公车私用就遥控车辆熄火的高科技更是无缘看到。这到底是因为GPS具有“药到病除”的震慑效果，还是因为公车私用被发现后就悄悄内部处理了，抑或公车私用者都狡猾得不留痕迹？

花了1 600多万元安装的GPS监督公车私用效果到底如何，该向公众公布一下实践成果了吧，不然只看见区伯单挑公车私用的新闻，难免让人感觉：“一万个GPS赶不上一个区伯”啊！

（2011/11/15《新快报》）

吁请公开GPS监控公车的详细成果

广州相关部门近日在答复市政协委员唐跃峰关于公车改革提案时称，将明确公车使用具体要求、监管办法和问责措施，建立公车私用举报制度并公布举报电话，严格限制公车使用范围并重点监管周末节假日用车。

相关部门在答复中还重点提及了广州8 316辆公车安装“北斗系统”用于监督公车私用的情况：“该系统是全国首个大规模公务用车使用管理应用系统”，“对加强公车管理效果明显”，“在全国、全省范围内都具有极大的创新性、标杆性、引导性和战略示范意义”。

且慢，北斗系统安装后有查出一宗公车私用吗？至少媒体没报道过，公众没见识过，仅仅是单方面宣称“公车私用现象明显减少，公车使用经费明显降低，其中仅车辆运行费就节约了1/4”，如此，便夸该系统“效果明显”、有“标杆性、示范意义”，是否过于草率和乐观？

况且，公车私用“明显减少”是否意味着公车私用并没有完全杜绝？既然没有减少至0，那为何不向公众通报公车私用的处罚情况？花纳税人1 600多万元安装GPS系统监控公车私用，监控成果至少应该明确告知纳税人吧。像“车辆运行费节约1/4”这样含糊不清的说法，公众想要质疑，却是连基本数据都无从比对的。

看来，即便有了先进的北斗系统，如果不公开相关详尽数据，公众对公车私用的监督权也非常有限。而公车私用者若不“陷入人民群众的汪洋大海中”，仅靠相关部门关起门来低调监管，恐怕难以起到震慑作用。相关部门曾承诺“不断扩大公车使用情况的公开范围，逐步向社会公开里程、油耗、未表明身份用车、因私借用公车等情况，接受群众监督”，那么，就希望这“不断扩大”的步伐能快些，再快些吧。

说起来，公车私用难以根绝，和其处罚措施过轻有着莫大关系。《广州市党政机关公务用车使用管理暂行办法》（以下简称《办法》）虽已经出台，但我暂未能通过网络查询到《办法》全文，无法得知对公车私用的处罚具体是如何规定的。而从之前的征求意见稿来看，对公车私用的处罚视情节轻重，“由单位领导和责任人在单位口头检讨、书面检讨，直至由纪检监察机关进行党纪政纪处分”。

这和媒体报道过的公车私用处理结果大体一致。广州街坊区伯2011年4月监督民警严某公车私用，最终处理结果是“对严某作出诫勉谈话并留底入档”。

原来，对公车私用这样惹民愤的大事，处理起来竟是“高高举起，轻轻落下”，即便被媒体曝光，当事人也只是诫勉谈话、口头检讨而已。早知如此，那1 600万元的北斗系统又何必安装呢？深圳公务员上班打麻将都能被停职，广州公车私用竟是口头检讨一下就没事了？

对公车私用的处理为何如此轻飘和暧昧？相关部门既然下了力气在公车改革上试探一条路出来，那就不能只闻雷声不见雨点。如果想让公众树立对广州公车改革的信心，那么请先公开前一阶段的公车监控的详细成果吧，也给公众一个为何不采取喷标志来监控公车的具有说服力的理由吧。

（2012/02/17《新快报》）

公车有偿使用，恐成公务员低价出租车

广州市相关部门日前通报了加装公车管理系统之后的公车使用情况，称全市999个单位共8 360辆公车，每月每车平均行驶里程从原来的1 769.97公里下降为1 265.24公里，下降了28.5%。

虽然通报中依然没有点名批评哪怕一起公车私用——毕竟公车私用尚未彻底杜绝，但和之前相比，这一次的公车使用通报内容确实详尽了许多，且今后打算形成每月通报的惯例，这无疑是值得肯定的。

但通报内容中最令人诧异的是，公车有偿使用（或可称为“有偿私用”）竟已悄然实行了！通报称，出于人性化考虑，个人如遇到家有病人送医院等特殊或紧急情况，允许用车人以缴纳费用的方式非公务用车，收费标准为1.7元/公里。据统计，从2011年8月至2012年1月底，广州有48个单位出现公务车非公务使用，共上缴费用18 485.79元。

公车有偿使用的想法于2011年3月刚一提出就引发媒体的广泛讨论，其中不乏尖锐的反对意见，此事随后不了了之。谁知公车有偿使用竟已悄然随GPS系统的加装而在公务员系统中实施，且收益近2万元，这真是“闷声发大财”啊！

可是很显然，公车出租初衷虽是“出于人性化考虑”，但其受惠对象只是公职人员，和平民百姓没有多大关系。家里没有私车的，遇到家有病人送医院等特殊或紧急情况，照样得老老实实等出租车去，管你是深更半夜还是大雨滂沱。公职人员则不同，打个报告就可以使用公车，不用心急如焚地等出租车，不用掏起步价，堵车候时也不计费，每公里还仅收1.7元（远低于广州出租车2.6元/公里的收费标准）——这样方便又便宜的公车有偿使用，除了象征性地交点钱之外，它和公车私用真的有多么本质的区别吗？

广州纳税人养的8 360辆公车，每年每辆车获财政拨款2.5万元至3.5万元，而原则上只供公务使用的公车如今竟可以有偿用于非公务，这在事实上让8 360辆公车潜在地成为一支远低于市场价的、公务员专用的出租车队。

试问，公务人员有特殊或紧急情况为什么不能像普通市民那样打出租车？公车比出租车便宜，本该打出租车的公务人员转而租用公车，这算不算影响出租车生意、扰乱市场秩序？公车既是纳税人供养的，凭什么只有公务人员可以有偿使用，普通市民也交钱使用行不行？还有，那已经收上来的18 485.79元公车有偿使用费准备怎么花？

说到底，公车有偿使用，公众浑然不知，这事实本身就足够让人震惊的了。有关部门于2011年10月和2012年3月两次下发有关公车有偿使用的文件，其程序是否合法，具体内容又是什么，亟须给公众一个交代。

（2012/03/09《新快报》）

监督公车私用，不能总是区伯“一个人的战斗”

清明假期，广州市民区伯在银河园墓园附近监督公车私用情况，据称共拍到5部疑似公车私用，而在拍第4辆车身印有“华南师范大学”字样的疑似公车时，遭到近10人围攻谩骂，甚至吐口水，区伯报警后对方立即离开。华南师范大学日前回应称，该车属退休教工有偿包车，并非公车私用，当事司机已主动写检查承认错误。

若果如校方所言，华南师范大学这辆车可暂排除公车私用嫌疑，但高校工作人员竟谩骂一位老人甚至向其吐口水，也够有失体面。华南师范大学公车私用风波或可就此平息，但区伯当日拍到的其他4部疑似公车私用，却不能就此被放过——相关部门准备跟进了吗？

按规定公车在节假日期间必须封存，那么利用假期抓公车私用应该“一抓一个准”，这样敏锐的意识，区伯有，不知监控北斗GPS系统的工作人员有没有？到底是监控了，但没抓到，还是干脆没有监控，跟其他人一样放假回家睡大觉了？

说来让人沮丧，广州公车没有安装北斗GPS系统之前，屡屡抓到公车私用的是区伯；系统安装之后，多次抓到涉嫌公车私用的依然是区伯，难道真如之前舆论所说的，“一万个 GPS 赶不上一个区伯”？这不禁让纳税人心痛：花 1 600 多万元安装的系统用处何在？倒不如用来奖励区伯，或成立个什么基金，专门奖励举报公车私用的市民算了。

话说回来，纵然区伯抓住了公车私用，又如何呢？从之前媒体曝光的公车私用处理结果来看，不过是口头检讨、诫勉谈话而已，这样的处罚结果，连“严厉”都算不上，有何震慑效果？市纪委也曾通报，从 2011 年 8 月至 2012 年 1 月底，广州有 48 个单位出现公务车非公务使用，共上缴费用 18 485. 79 元。

公车私用被抓住了，顶多是口头检讨一下，再以比打出租车都便宜的 1. 7 元/公里的价格上缴“租车”费用，整个处理结果还是以单位内部信息公开的形式进行——这样和风细雨地整治公车私用，又有什么必要花 1 600 多万元来安装北斗 GPS 监控系统呢？

看看区伯几次因监督公车私用挨打，接受电视台记者采访时眼含热泪呼吁政府保护公民监督公车私用，再看看涉嫌公车私用者围攻谩骂吐口水的嚣张气焰，相关部门难道还要继续坐视不理吗？广州打击公车私用难道只是区伯“一个人的战斗”吗？

记得区伯受市纪委邀请参观北斗 GPS 监控系统时曾现场出题，称自己拍到有人驾驶城管系统公车带着小孩到菜市场买水果，系统查询后显示该车行驶记录符合区伯描述，但无法证明其是否买水果，纪委表示会就此展开调查。这一事件充分说明北斗 GPS 监控系统可能存在着漏洞，它需要市民的监督配合，否则，即便公车按既定公务路线行使，用车人趁机干私活的话，系统也很难发现。如今，区伯一次次身体力行监督公车私用，为监管部门提供线索，监管部门是否该给这样一位有社会正义感的老人一个公正的结果呢？

据称公车私用已打算形成每月通报的惯例，那么，我们就期待相关部门在下一次的通报中，能向社会公开点名通报每一起公车私用行为及其处罚结果，给纳税人一个交代，尤其给区伯一个交代，莫让区伯一再寒心了。

（2012/04/06《新快报》）

第七编

求解垃圾围城

垃圾焚烧与分类，无疑是过去几年广州公共生活中极为引人关注的话题之一。政府究竟是该补贴垃圾焚烧，还是补贴垃圾分类？李坑垃圾焚烧发电厂与周边村民癌症发病率之间有何关系？而负责垃圾处理的广州城管，从1999年只有64项行政执法权，到2008年全体华丽变身为公务员，再到2011年掌握了232项行政执法权，其疯狂扩权的背后，又反映出怎样的城市治理逻辑？

补贴垃圾焚烧，还是补贴垃圾分类

从现实来看，讨论广州垃圾处理的出路不能避开的前提是，广州未来25年的生活垃圾终端处理特许经营权已经授予了广日集团，代价是广日集团帮助承担广州市政府18亿元的债务。有消息称，政府将按每吨垃圾140元的价格补贴广日集团处理垃圾。

虽然我也不赞同未经公众讨论就将影响千万市民生活的垃圾处理权授予一家企业去做，相信这也是政府力推垃圾焚烧、缓行垃圾分类的苦衷之一，毕竟权力已经授予了广日集团，想收回来恐怕没那么容易。而从企业角度考虑，建垃圾焚烧厂不仅可能回收资金快、操作简便，而且焚烧垃圾又有补贴，客观上使企业有动力将焚烧垃圾的吨数越报越高，以换取政府更多的补贴，而不愿考虑垃圾的分类、回收和利用。

从媒体已报道的"分类得"公司在越秀东湖社区成功试点垃圾分类的情况来看，民众其实不乏垃圾分类的热情，企业也不乏垃圾回收利用的经验，垃圾减排效果是很明显的。两相对比，其实给政府提供了一条破解垃圾围城的新思路，就是与其按焚烧处理垃圾的吨数来补贴一家企业，还不如按回收利用垃圾的吨数来补贴另一些企业。

补贴的方向调整了，鼓励垃圾分类和回收利用的意图就凸显出来了。当然这其中不能回避的一个问题就是不建垃圾焚烧发电厂的话，怎么平衡广日集团可能受损的利益？其实，广日集团作为大企业，要想在垃圾分类处理的链条中分一杯羹是非常容易的，比如说，建几家厨余垃圾堆肥厂、塑料垃圾回收加工厂等，也是可以盈利的，毕竟，垃圾只是放错了的资源，"分类得"公司负责人都承认"垃圾处理其实是暴利行业"。广日集团如果愿意进入垃圾分类处理行业，政府依然可以给予一定的优惠。

政府部门需要进一步调研的是，目前广州有几家类似"分类得"这样的垃圾分类公司？有多少家废品回收站点？又有多少家废品循环利用再加工企业？它们的分布情况如何？能否无缝覆盖广州各辖区、做好垃圾分类回收工作？如果不能，政府该出台哪些政策鼓励更多企业进入垃圾分类处理行业？具体要给予怎样的补贴？

另外，政府在扶持垃圾回收利用企业的同时，也要加强监管，防止企业在垃圾分类处理过程中对环境的二次污染。对那些有毒有害的不可回收垃圾，企业无利可图，政府则应该利用固废中心免费处理。

垃圾分类指望政府亲力亲为，不但不现实，其效率也堪忧。政府要做的，应该是大力推进垃圾分类处理的市场化运作，鼓励更多的企业去做垃圾分类、回收和再利用，政府则做好本职的公共服务和行业监管工作。

（2009/11/30《南方都市报》）

期待由人大启动的“第三方调查”

一份李坑垃圾焚烧发电厂周边村民癌症患者名单在网上广泛传播，但垃圾厂到底是不是村民癌症发病率增加的罪魁祸首依然是悬而未决的问题。公众希望政府“有关部门”能够进行科学的病理学调查，以解除心头的疑惑和恐惧；政府部门却期待着“权威部门”的信息发布，省环保厅厅长说，“社会反映李坑垃圾厂附近居民癌症患病率问题，目前我们还没有看到权威部门发布的相关资料”。

其实，就李坑垃圾焚烧发电厂是否导致周边村民癌症发病率增加这一事件来说，目前政府的行政行为已面临不能自证清白的困境，也没有哪个政府部门愿意接这个烫手山芋去展开调查；而网友、居民自发调查的结果在政府部门眼中又不够权威。

我认为，如此僵持之下，若想打破目前调查陷入无头管理的僵局，不妨借鉴躲猫猫、钓鱼执法等案件中采取的“第三方调查”方式，征集社会各界人士参与调查，让真相能够浮出水面。当然，这一次的“第三方调查”理应比上述案例中的调查更进一步，即由人大牵头启动监督程序，避免以往“第三方调查”中师出无名和权力受限的尴尬。

（2009/12/04《南方日报》）

应探索垃圾处理的市场化出路

在政府主导的垃圾分类处理进展缓慢的现状下，有必要探索垃圾处理的市场化出路。

当然，我们所说的市场化，不是像以往政府计划的那样交由一家包揽，而是鼓励多个企业参与到垃圾分类、回收和再利用的链条中来，各司其职，政府则做好本职的公共服务和行业监管工作。

在越秀区东湖街成功试行垃圾分类的“分类得”公司负责人在接受媒体采访时曾说：“垃圾处理其实是暴利行业，只是现在政府把它垄断了起来。”目前广州市的垃圾处理基本都由政府垄断运作，环卫部门在回收垃圾的第一个环节就没做好分类，更别提回收再利用了，而那些想在垃圾分类回收行业分杯羹的企业却连进小区收垃圾的资格都没有。

我曾在《南方都市报》的评论《补贴垃圾焚烧，还是补贴垃圾分类》一文中呼吁政府做些调研。眼下并无相关调查数据，媒体上也看不到对上述企业的调查报道，在相关企业信息严重匮乏的情况下，仅仅寄希望于政府有所行动，其效率实在堪忧。当然，打破垃圾处理行业的垄断，也需要政府有所作为，但这比推动政府亲力亲为去做垃圾分类应该容易一些吧。

至于放开企业进入小区进行垃圾分类回收过程中可能出现的环境二次污染等问题，则属于后续监管问题，靠企业自律和政府监管是可以逐步完善的。目前关键的第一步是如果环卫部门不能对垃圾做到分类回收的话，政府要适当“放权”，让其他企业去做，尽快全面启动垃圾的分类处理。

（2009/12/23《南方日报》）

开放李坑垃圾厂，城管委跑题了

李坑生活垃圾焚烧发电厂将对公众免费开放，日前记者先去“探营”感受了一番。从各媒体报道的内容来看，关注焦点多集中在焚烧厂的参观走廊和园林绿化的改进上，具体的环境监测过程没看到，与监督员的自由交流也未能如愿——这其实很正常：在人家的地盘上，看什么或不看什么恐怕由不得你随心所欲。不管怎么说，和之前赵教授在厂区门口吃“闭门羹”相比，这一次，李坑垃圾厂的开放总算蹒跚地迈进了一步。

其实，李坑垃圾厂所实行的在参观走廊上喷漫画图解垃圾焚烧过程、向公众免费开放参观、派环保人员驻厂监督、以“开放式社区标准”改造厂区等举措，都是2010年3月初张广宁市长率团赴澳门垃圾焚化中心参观学习得来的经验。一个月之内，李坑垃圾厂迅速作出回应，开放至目前的程度，也算难能可贵了。

不过从城管委透露出的工作部署来看，李坑的进一步开放又有“跑偏”的危险。城管委称，“李坑二期的参观走廊准备再改进一步，把参观通道建得更宽敞，最好通过漫画等通俗易懂的方式在一个笔直的通道把垃圾焚烧全过程展示清楚”。这不禁让人怀疑城管委里是不是搞喷涂、搞绘画的人才特别多？因为2010年初城管委就曾为配合开展“生活垃圾分类处理”大型宣传活动，而决定在广州各地的工地围墙上喷画相关的公益宣传广告。

就像垃圾分类的重点已不在开展宣传一样，李坑开放的重点也不在垃圾焚烧的漫画图解上。李坑开放的重点在哪里，城管委不能“揣着明白装糊涂”，公众也不会答应参观时被牵着鼻子走，问题最终还是要落在“垃圾焚烧对环境有多大影响”的真问题上，而这个问题在公众走马观花的参观过程中很难得到解决，更别说现在还要将部分时间花在欣赏厂区绿化、漫画长廊上。

漫画图解垃圾焚烧过程并不难，难的是如何用真实客观的数据向公众证明垃圾焚烧对环境的污染最小，难的是如何让公众信服驻厂监督的环保人员和村民真正发挥了监督作用。

张市长在澳门参观时曾亲身体验垃圾焚烧中心的气味环境，并表示“真的没有一点臭味。广州的焚烧厂也要达到这个水平”。不知现在的李坑垃圾厂，公众参观时能去闻闻臭不臭吗？

（2010/03/31《新快报》）

推进垃圾处理，烦请新市长督促一下

本埠媒体连续两天报道了番禺丽江花园业主给广州市城管委送了6袋有害生活垃圾的事，其中诸多细节颇值得玩味。

报道称，丽江花园业主自发垃圾分类一个多月，收集了6袋有害生活垃圾，苦于无处处理，只好借城管委接访之际将垃圾委托出去，城管委则表示将转送给环保局有关部门处理。提交垃圾的巴索称，想借此“‘点拨’一下市城管委，督促一下区城管局”。

从目前来看，巴索的这一“行为艺术”至少“点”到了番禺区城管局的“痛处”，让他们感受到了压力。据巴索言，番禺区城管局有个科长跟他说：“我们已经说了番禺区自己会处理，你们怎么还送到市城管委去了呢？”

看来，有害垃圾在志愿者家里放出味道了都没对区城管局造成压力，倒是交给市城管委后，立竿见影地给番禺区造成了压力。番禺城管科长的这句话，让公众不经意间窥见了目前行政体系内压力传导的现状，即对某些官员来讲，来自媒体和公众的批评、压力其实是很“虚”的，近不了身的，伤不了自己一根毫毛，而来自领导的压力则不同，是很“实”的，能切实影响到自己的升迁贬谪。由此，哪一方的压力更值得重视，更让他们感觉到压力也就不言自明了。

是的，哪怕有害垃圾在居民家中发臭，哪怕公众垃圾分类的热情被兜头泼了凉水，哪怕李坑村民拦住参观车辆抗议“被代表”，只要领导没表态，没施压，城管的官员们都还可以“稳坐钓鱼台”，不紧不慢地安排自己的工作。这或许就是垃圾分类工作在政府一方进展一直较为缓慢的原因吧。

而与丽江花园业主送垃圾事件不同，李坑垃圾厂开放一事则展现出了行政体系内部压力传导快速、有效的一面。2010 年 3 月 1 日，时任广州市长张广宁率团赴澳门考察垃圾焚化中心，提出了广州垃圾焚烧要引入第三方监管，以“开放式社区中心”的标准向公众开放等要求。时隔仅仅一个月，李坑垃圾厂就向公众开放了。虽然“画漫画”这事有点跑题，李坑村民拦车抗议一事也掀起了不小的风波，但向公众开放垃圾厂这事，终究是前进了一步。

由此看来，垃圾处理这一大摊子事，只要领导重视，推进速度也是可以很快的。那么，垃圾终端处理设施迟迟难以完善一事，是否因为领导没有直接表态、相关官员没感到压力而进展缓慢呢？或许，媒体和公众的压力对他们来说还是太轻了，应该烦请新市长督促一下？

回到“提醒”这个话题上来，借着巴索提醒城管委的契机，我们不妨梳理一下广州垃圾处理中还有哪些需要“提醒”的事。

2010 年 4 月 26 日，《新快报》有文章提醒，垃圾处理问题还欠公众一个交代——也就是广日集团与某位官员之间的关系；另外也提醒了，不能因为一例民营资本经营污水处理厂淤泥失败的例子就青睐国企。因兹事体大，在这里再次提醒一下。

还有，提醒一下城管委。对丽江花园业主询问的“广州是否已经规划建设危险废弃物处理设施”的问题，城管委表示“这属于环保部门责任范围”。在此我想提醒，2010 年 1 月城管委就曾表示，“正在跟环保部门积极沟通，通过不同地区试点，争取尽快确定（有害生活垃圾）收集频度”，3 个月过去了，双方沟通得怎么样了？试点定在哪里？

最后提醒一下环保部门，有害生活垃圾处理既然归你们管，城管委回答不了的问题你们就赶紧接招，不必等到下次市民当面给你们送有害生活垃圾时再回应吧。

（2010/04/27《新快报》）

应保证民众对垃圾处理模式的选择权

广州媒体近日关于垃圾处理的两则新闻报道“相映成趣”，其中很多细节耐人寻味。

一则新闻是番禺首个厨余垃圾处理厂才满月便夭折，沃德环保公司希望政府出台一些相关的配套政策予以支持，番禺垃圾办负责人则表示，政府会支持，但不主导，等全面成熟后，政府才会决定下一步的配套政策。另一则新闻是广州市城管局负责人表示，广卫街垃圾干湿分类模式在缺乏物业管理全面铺开的老城区，有特别的借鉴意义，值得向广州老城区推广。

这里面有三个问题很值得探讨。

第一个问题是，为什么“广卫模式”试行半个月就获批推广，而“番禺试验”试行一个月甚至连“模式”都算不上？

越秀区广卫街的生活垃圾干湿分类试点仅仅在107户家庭推行不过半个月而已，就宣称“在垃圾分类源头及终端已经实现了设想初衷”，“垃圾分类终端实现减量化65%，超过了垃圾分类减量化50%的国际标准要求”，进而总结出“广卫模式”，获城管局肯定，表示要在老城区推广。

相比之下，番禺首个厨余垃圾处理厂的试验有海龙湾小区240户“绿色家庭”参与，且从2010年5月19日到6月中旬已运行一个月的时间，生产出的肥料已有花卉种植公司长期使用的意向，却在打算扩大试验规模时因工厂被迫搬迁而夭折。番禺垃圾办负责人认为这个试验“还不能说是成功的”。而且，相比已被政府相关部门认可的垃圾分类三种模式——萝岗区的物管主导型、东湖街的民企主导型、广卫街的街道主导型，番禺这个由公司和市民积极参与的试验并没入政府部门的法眼，更别提升格到“模式”的层面予以推广了。

这就不能不提出第二个问题，怎样判断、由谁来判断一种垃圾处理模式是否成功并予以推广？民众是否有要求政府按民众意愿来选择推广某一种模式的权利？

对于满月便夭折的番禺首个厨余垃圾处理厂，多数受访业主觉得它是成功的：厨余垃圾处理技术成功了，肥料经检验是合格的，小区业主也按要求分类了，所以政府应该大力支持它继续运作下去，但政府方面只是含糊表示正在协调，争取找另外一个地方让其复产。

而相比之下，政府决心大力推广的“广卫模式”在垃圾终端处理方面始终语焉不详，甚至不能像番禺厨余垃圾处理厂那样高调向公众公开垃圾处理过程。而我们都知道，无论垃圾分类采用哪种模式，最关键的问题是它们最终如何被处理掉，是烧是埋还是生物处理才是关键。因此，民众支持，并希望政府扶持公开透明运作的番禺厨余垃圾处理厂不是没有道理的。

第三个问题是，我们经常说要借鉴垃圾处理的先进经验，而目前番禺厨余垃圾处理厂的经验是在广州本土实实在在进行着的现实探索，也取得了不错的成绩，这样难得的现成经验政府要不要考虑借鉴一下？

政府部门“等全面成熟后再决定下一步配套政策”的说法，是否切合广州垃圾处理的实际？政府是扮演企业遇到困难时搀扶一把的角色，还是待“全面成熟后”摘果子的角色？如果政府此时对企业置之不理，任其自生自灭，这对积极探索垃圾处理出路的企业来说会是怎样一种打击？

我们从不否认广州市政府在垃圾处理问题上的关切和所做的积极努力，但问题是，这种努力在往哪个方向使劲，是否与民众期望一致一直让人存疑。政府对某些模式推广的热衷、对企业探索的冷漠、对垃圾终端处理问题的遮遮掩掩，总让人觉得政府着力之处与民众希望存在着很大的偏差。

(2010/07/08《新快报》)

政府搞垃圾分类，投入不能是糊涂账

垃圾分类正式推开，相应地，物业没钱配置垃圾桶、街道经费不足等问题也如媒体当初预料那般愈发凸显。

据本埠媒体报道，越秀区东山街公开哭穷：街道需配置18 000个楼道垃圾桶，按照现有的每个35元来算，总共需63万元；而装垃圾桶的垃圾袋每天更换一个，一年就需要180万元；还有环卫工人的补贴以及少量的宣传费用都需要钱，算下来总共要390万元。那尚未到账的30万元财政拨款即使到账也是杯水车薪。

30万元VS 390万元，这巨大的缺口不能不让人思考：政府对垃圾分类的投入是否有一个科学合理的预算？这些预算具体投向何处又是否有科学合理的安排？否则，在30万元VS 390万元的巨大矛盾之下，垃圾分类的顺利推广注定难以实现。

仅从公开报道中是很难厘清政府对垃圾分类投入的具体账目的，即便是粗线条的分析，也是矛盾重重。

据媒体报道，市城管委相关负责人透露，2011年各区共拟投入6 000万元，但到账进度并不十分清楚，而且6 000万元并不是全部用于垃圾分类，也包括机械化保洁、工人培训等。如此看来，东山街390万元的预算竟然要占去广州全市垃圾处理资金总数的1/15，这到底是东山街道狮子大开口，还是广州市城管局对垃圾处理的预算严重不足？

再有，广州荔湾区称2011年至少投入300万元垃圾分类专项经费，“用于沙面街、东漖街全面开展垃圾分类的经费补助、购买主干道的分类收集箱、购买部分居民楼道分类收集桶、开展社区垃圾分类宣传活动、补贴垃圾分类运输经费等方面的支出”。荔湾一个区才投入300万元，而东山一个街道就要390万元预算，我们又困惑了：到底政府投入预算是多了还是少了？有没有科学的预算？

还有，报道称市城管委已投入1 510万元购置分类设施，其中“购置下发了5 000个660升的可回收物塑料垃圾桶，1万个120升的有害垃圾塑料垃圾桶，1.5万个45升的厨余垃圾、其他垃圾塑料垃圾桶，200万个厨余垃圾、其他垃圾生物可降解塑料袋等”。那么，这1 510万元与那6 000万元的各区总投入之间是怎样一个关系，这些垃圾桶、垃圾袋又将遵循怎样的原则发放，怎样在各区之间做到分配平衡，诸如此类的问题，还需城管部门及时作出澄清。

最让人困惑的是有关政府部门对垃圾分类开空头支票的新闻。据报道，2011年2月某领导在视察广卫街垃圾分类试点时，曾现场拍板给钱：区财政出80万元，市财政出80万元。但现在这160万元并没到账。市领导金口一开就哗啦啦出去了160万元，但至今又没兑现，这算不算垃圾分类资金使用上的随意和不严肃？

综合上述种种，市城管部门看来亟须对垃圾分类的政府投入账本作出澄清：到底6 000万元预算是否合理和够用？这6 000万元到底从哪儿来？会是羊毛出在羊身上从市民身上搜刮吗？要知道，那物业收费，已经开始要涨了啊！

（2011/04/12《新快报》）

“李坑垃圾”又出问题，监管不力如何自罚

广州李坑生活垃圾焚烧发电厂又出问题了。据报道，3名李坑村民暨驻厂监督组成员23日在市城管委接访活动中现场“晒照片”，反映垃圾车滴漏“如暴雨”、垃圾焚烧灰渣“留拖鞋”等问题。城管委当天下午即派人检查，初步确认李坑焚烧厂存在垃圾焚烧不完全现象。

李坑垃圾焚烧不完全？是那个号称“指标很先进、超过欧盟标准”的李坑吗？是那个有着“广州市环境工程示范项目”荣誉的李坑吗？是那个二期还要打造成广州垃圾处理样板的李坑吗？真是情何以堪！

其实，质疑李坑垃圾焚烧不充分，这并不是第一次，只不过这一次，村民们带来了不容抵赖的证据。但问题是，驻厂监督的村民已几次发现并向上反映了焚烧不充分一事，同驻厂监管的城管委废管中心工作人员为何视而不见？这是多么大的讽刺呀，不懂技术、文化不高的村民只凭着“拿眼睛看、用鼻子闻”，就发现了问题，而懂技术、有文化的监管人员呢？只顾着看厂方提供的数据吗？在电脑前看数据的PK不过到现场看证据的，这样形同虚设的监管要来何用？

城管委表示，如果李坑垃圾焚烧不充分属实，将对运营单位扣分处罚，扣1分则对应扣除2 000元的营运经费——如此轻微的罚款，对有能力承接如此大项目的公司有惩戒效果吗？除了罚款，还有没有别的手段？城管委自己监管不力又该如何处罚呢？

城管委称目前没有针对焚烧厂扣够多少分就要换运营商的细则，

"国内在这一块也是空白"，可面对李坑屡次出现被投诉的情况，城管委为何不制定相应细则，对运营商予以更严格的约束呢？

此外，村民监督员们表示，发现问题后不知向哪个具体部门反映，打12319投诉基本没回复，想留个能解决问题的领导的电话，但接访的城管委领导只留了废管中心现场检查组组长、分管主任的电话。村民要"大领导"电话，城管委却只给"小头目"电话，这是为什么？城管委难道不欢迎群众监督，不想第一时间获知李坑焚烧厂又被监督出什么问题吗？

说到领导电话，我倒是想到了甘当"垃圾市长"的陈建华市长，陈市长曾表态要将李坑二期打造成广州垃圾处理的样板，且亲自挂帅广州市环境保护工作领导小组，想来陈市长对李坑的情况是很关心的，那么陈市长，把您的电话号码留给李坑驻厂监督的村民们好不好？随时听听村民对李坑监督情况的"证据汇报"，大概比城管委的"数据汇报"要真实得多。否则，李坑一期都有漏洞，二期想建成"样板"，只能是痴人说梦。

在广州6个规划中的垃圾焚烧厂正艰难推进的当口，李坑焚烧发电厂曝出了这样的丑闻，无疑大大增加了市民对推进垃圾焚烧的不信任。城管委将采取怎样的措施重振市民信心，监管好李坑的垃圾焚烧，我们拭目以待。

(2012/08/25《羊城晚报》)

"垃圾减量拐点说"前后矛盾，城管委如何解释

广州市城管委通报，2012年上半年，广州市生活垃圾填埋、焚烧量同比增长率为-2.3%，是近10年来首次出现的负增长，比市城管委预测的拐点提早了至少一年。垃圾减量成效明显，但城管委并未正面回应是否因此考虑放缓焚烧厂建设步伐一事。

城管委将广州垃圾量近10年来首次出现负增长归功于"垃圾分类"，这对眼下全市正如火如荼进行的垃圾分类可谓是莫大的鼓舞，

但肯定成绩的前提首先应该是数字的准确与可信。而我查询2012年2月15日《南方都市报》相关报道发现，时任广州市城管委的副主任张建国曾说，“2011年广州全市生活垃圾清运处理总量减少了144 963吨，首次达到负增长，年度减量率为2.8%；生活垃圾填埋、焚烧处理量减少了62 569吨，年度减量率为1.4%”。

虽然张建国眼下已因腐败落马，可广州2011年垃圾减量1.4%的成绩不能跟着作废吧？既然城管委已统计出广州垃圾终处理量从2011年起就出现了负增长，就意味着拐点在2011年已经出现，那为何城管委如今竟视而不见，只谈2012年上半年的成绩呢？进一步来讲，若2011年的统计数据属实，那就是说广州垃圾减量拐点的出现时间要比城管委预测的至少提早了两年啊！这么喜人的成绩，城管委避而不谈，是因为担心对比之下显得自己当初的预测不靠谱吗？

数字糊涂的背后往往大有文章。广州垃圾减量的拐点到底何时出现？城管委为何时隔半年之后与之前说法自相矛盾？我推测，要么是城管委夸大了2011年垃圾分类所取得的成绩，要么就是城管委有意贬低了垃圾持续减量所取得的成绩，为推进6个规划中的垃圾焚烧厂作铺垫。

数据的准确之于决策的重要性毋庸讳言，但城管委前后矛盾的说法，让人觉得数据不过是玩弄于股掌之间的东西：如果想证明垃圾分类所取得的成绩时，就把数字做得漂亮些；想推进焚烧厂建设时，就把数字说得“恐怖”一些，描绘垃圾围城的恐怖图景。可以想象，用这种不诚实的态度对待数据，进而依据这些不准确的数据作出决策，其与现实的脱节何止十万八千里？

城管委一方面要证明垃圾分类成效明显；另一方面又要证明上马6个垃圾焚烧厂理由充分，这样双手互搏的游戏真是很有挑战性，大概这也是城管委给出的数据不能自圆其说的根源所在吧。城管委或许只想“到什么山上唱什么歌”，根据场合随机应变拿出“合适的”数字，只是这数字糊弄一时容易，糊弄一世却难。

无论如何，如果城管委此次不能对垃圾减量拐点前后矛盾的说法给出一个合理的解释，城管委今后给出的任何数据都必然难以取信于民，广州主政者则更需警惕根据城管委提供的数据而作出错误的决策。

（2012/08/29《新快报》）

未及问计先严禁，“走鬼”管理陡生变数

就在广州市城管委以开放态度邀请市民和“走鬼”献计如何管理“走鬼”摆卖之际，据报道，广州市城管委发布《关于划定严禁乱摆卖区域的通告》，明确从2010年8月20日至年底，广州市145条主要道路、56个重点地区、49个亚运比赛场馆周边场所，严禁乱摆卖。

有“走鬼”感叹，这是“划走所有好地头”，因为这些严禁路段和区域几乎覆盖了全市的人流聚集地，且正是“走鬼”的聚集地，如此严禁，必将大大打击他们的生意。也许“走鬼”们会感到困惑，城管委不是以“开放”态度邀请他们献计吗？

确实，这边厢媒体和公众正高度赞誉问计会姿态开放，那边厢城管委竟然先下手为强标明严禁摆卖区，且范围大至“划走所有好地头”——在这样的前提之下听取市民和“走鬼”的献计，更像是在忽悠人吧？

当然，我不是诛心地认定市城管委这招问计就是作秀，我还是真诚地相信城管委听取市民和“走鬼”意见的诚意，也相信他们是希望寻找到既能有效管理“走鬼”、又最大限度让各方满意的管理办法的。我甚至体贴地猜测，城管委未及问计先严禁的苦衷，是希望“走鬼”们在亚运期间先收敛些，配合他们的工作，营造“良好的市容市貌”，待亚运后再出来摆卖。

当然，市城管委在划定严禁区的同时，也表态将“另外选择合适的地方开辟集中摆卖点”，但一方面“好地头”都划走了；另一方面所谓“合适的地方”名单并未同严禁区名单一起出炉，也未设定出炉时间，对某些手停口停的“走鬼”来说，你让他们不顶风到严禁区摆卖都不可能，否则，喝西北风吗？

另外，强扭的瓜不甜，城管委另选的集中摆卖点极可能又像以往那样既不叫好也不叫座，毕竟对“走鬼”来说，赚钱才是硬道理，你把我“规范”到那些鸟不拉屎的地方摆卖，没有生意怎么办？

必须承认，对“走鬼”的管理绝不可能毕其功于一役，我们希望市城管委能通过这一次乃至更多次的问计不断寻求更细致、更完

美的“走鬼”管理办法，而非一刀切地通过划分严禁区来图个亚运期间的短时清静。

至于那145条主要道路、56个重点地区、49个亚运比赛场馆周边场所到底该不该划为严禁“走鬼”摆卖区，我们希望能提交公众进行充分的辩论，而这辩论的前提条件就是明确严禁区的划分标准，即在不影响交通、不危及公共安全的情况下，是以所谓的市容市貌为最高标准，还是以方便市民生活为最高标准？

（2010/08/23《新快报》）

广州城管在下什么棋

新版《广州市城市管理综合执法细则》（以下简称新《细则》）2011年10月9日起正式颁布实施，相比1999年的旧《广州市城市管理综合执法细则》，新《细则》将城管的行政处罚权从64项增至232项，这是继2001年、2006年后，广州城管历史上第三次大规模扩权——12年间，广州城管的执法权翻了4倍。

首先，城管扩权，不是因为人大赋予了它什么新权力，而是将本属于规划、环保、工商、水务等其他部门的行政执法权拿了过来，集中到自己手中。这从避免部门间扯皮、加大集中执法力度的角度来说，当然是合理的，但是，权力为何偏偏要集中到城管手中，而非其他部门手中呢？联想到城管部门留给大家的执法形象，其权力却不断扩张，这个问题实在让人忧心忡忡。

其次，城管扩权，相应地就是其他政府部门缩权，而缩权必然应该裁员，否则政府部门就有人浮于事的嫌疑。而缩权部门的冗余人员如何处置，目前不见政府部门提及。搜索相关报道发现，广州城管2011年6月间就在荔湾区开展扩权试点，将荔湾区文广新局、区国土局等12个单位行政执法权合并进城管执法局，且可能将这12个部门的上百人一起合并，“人财物都一起过去，将来也考虑统一服装和合署办公”。这些人最终到底有无被并入城管，目前没有相关报道，但城管扩权之后会否进一步扩人，缩权部门冗余人员如何处置等问题，值得关注。

再次，城管部门权力急遽扩张与城市的有效管理之间有无冲突？2008年广州有公务员编制的城管为3 196人，3年过去了，如今广州有多少城管？这些城管能否行使好这232项行政执法权？之前规模庞大的协管员的存在已经足以说明城管人数不足以完成部门所包揽的职责，如今城管继续扩权，城市有效管理恐成为奢望，倒是集中力量的运动式管理很可能成为常态。

从1999年只有64项行政执法权，到2008年全体城管华丽变身为公务员，到2010年亚运前夕动辄组织近万名城管、协管队伍上街劝导"走鬼"，再到如今扩权掌握了232项行政执法权，不得不叹服，广州城管真是在"下一盘很大的棋"。

下一步棋，会是什么呢？我们拭目以待。反正，新《细则》已经为城管继续扩权预留了口子——它规定市政府可根据实际情况增加执法种类职能。至此，我们只能感慨一声：人类已经无法阻止城管了。

（2011/10/11《南方都市报》）

化了妆的女城管还是城管

这个10月，广州城管可谓"喜事"连连。先是扩权——根据新版《广州市城市管理综合执法细则》，城管的行政处罚权增至232项，12年间翻了4倍；再是扩人——重组女子城管执法特勤大队，首批52名女子城管队员正式上岗。

城管扩权消息刚出来的时候，我曾撰文指出，"城管扩权之后会否进一步扩人，（规划、环保、工商、水务等）缩权部门冗余人员如何处置等问题，值得关注"。果不其然，扩人行动进展得很迅速，女子城管队伍已经组建起来了。

据报道，这次重组女子城管执法特勤大队，定编110人，均为公务员编制。此外，各区分局还可根据自身情况，增加一定数量的非编制女子协管员。好吧，除了之前已有的在编制男城管、不在编制男城管、不在编制男协管，如今又新增了在编制女城管、不在编制女城管，不在编制女协管……男城管、男协管，女城管、女协管，就这样生生不息地扩编下去吧！就是怎么没看出哪儿有纳税人插句嘴表示反对的地方呢？

之前城管扩权引发人们对其“管天管地管空气”的忧虑，而城管扩人，由于是从增加女城管开始，性别因素一下子转移了公众关注的焦点，模糊了问题的关键所在：城管扩权、扩人由谁说了算？新增城管、协管人数如何核定？城管一家独大的行政处罚权又由谁来监督？……目前似乎看不到有哪一方力量能够制约日趋庞大的城管队伍。

不得不说，城管扩权、扩人的口子都留得很大。新《广州市城市管理综合执法细则》规定，市政府可根据实际情况增加城管的执法种类职能；而增加非编制的女协管员，广州各区城管分局就能做主了。

据说女子城管要探索“柔性执法”，“拒绝当城市管理的‘花瓶’”，我倒觉得，法规若是因执法者换了个性别就能“柔性”起来，男城管们就该通通下岗了。与其寄希望于从末端改变执法者性别，进而改变城管暴力执法的形象，倒不如认真思索如何从源头改变执法理念，慎用城管的行政处罚权力。

要知道，化了妆的女城管也是城管，研究生女城管她还是城管，笼罩在男城管们已“打造”出的城管品牌光环之下，女城管们估计想当花瓶也是不得的。

之前我就撰文感慨，广州城管真是在“下一盘很大的棋”，行政处罚权 12 年间翻了 4 倍，城管队伍也顺利纳入公务员编制并不断扩编，而眼下，我依然看不到这盘棋有布局结束的迹象，人类真的已经无法阻止城管了吗？下一步棋，会是什么？

（2011/10/31《新快报》）

踢翻炒粉车的城管被处理了吗

2011 年 11 月 1 日，针对网上疯传广州城管女子特勤队刻苦练拳的图片，广州市城管局正经八百地回应媒体：练拳仅为防卫与强身健体。遗憾的是，发生在上周四的“城管飞脚踢翻炒粉车导致女摊贩被烫伤”一事，城管却至今保持缄默。两相对比，难道是想告诉公众：练拳有理，暴力无罪？

先回顾一下2011年10月27日发生在广州街头的这一幕：天河区先烈东路富丽女装城门口，22岁的女孩李丽在卖炒粉，五六名年轻城管队员巡查经过，其中一名城管猛地踢出一脚，炒粉车被踢翻在地，一锅滚水飞溅，李丽严重烫伤，城管扬长而去。

此事的后续是，城管部门垫付了医药费，沙河街派出所介入。既然派出所介入了，然后呢？然后就没有下文了。那飞起一脚踢翻炒粉车的城管姓甚名谁，有无受到处理，公众不得而知。脸、胸、腿都被烫伤掉皮，且很可能留疤的22岁女孩李丽将来命运又会如何，公众也是无从知晓。

在广州组建女子城管、宣称探索“柔性执法”的当口，男城管踢翻炒粉车的这一脚，实在“寓意深远”。不知道这一脚有没有踢醒领导们试图改善城管暴力执法形象的美梦，至少我等街坊百姓是借此看清楚了，“柔性执法”提法恐怕还为时过早。

让城管“柔”起来，应该是很多小贩的心声。其实，城管领导为此也没少费心。组建女子城管这一招是试图从性别入手，而2010年番禺大石城管中队则从改造“脾性”入手，让城管队员练太极，据说暴力执法从此大大减少。可惜，这一招没有在城管队伍中推广开来，不然，或能避免踢向炒粉车的这一脚。

说到底，试图通过组建女子城管、让男城管打太极来实现柔性执法，都只是末端，难有实效。唯有从源头上思考如何改变执法理念，尤其是通过严惩暴力执法的城管队员以儆效尤，才可能从根本上改变城管暴力执法的形象。

那个飞起一脚踢翻炒粉车的城管姓甚名谁？将受到怎样的处理？我们等待广州市城管部门的回应。

（2011/11/02《南方都市报》）

泥头车白天上路，街坊心惊惊

《广州市建筑废弃物管理条例》（以下简称《条例》）将于2011年6月1日起施行，《条例》授权有关部门在制定建筑废弃物运输时间时“适当放开日间运输”，这意味着泥头车白天上路开禁。对此，城管部门有关负责人表示，希望能借此减少泥头车因为晚间运营时间少而不顾一切超载超速的违法行为。

惯称为“马路杀手”的泥头车要在白天重出江湖，这消息不免让我等街坊心慌。须知，之前泥头车就是因为频酿车祸造成重大伤亡才促使相关部门出台了禁止其白天上路的规定，那么此次放开后，一旦泥头车又出事，相关部门有何应对方案？莫非再恢复禁止？

泥头车先禁止后解禁这事，或许反映出政府各部门各自为政的困局：交警部门想减轻道路压力，减少泥头车白天上路的安全隐患，就制定“白天禁行货车”的规章；市建委与市城管委为方便各自管理，也将工地施工时间和泥头车上路时间做了有利于各自部门管理的规定——也许正是由于有关部门之间的博弈，最终的结果使得泥头车在有限的运营时间里超载超速。

犹记得2009年11月广州市城管委正式挂牌时，时任广州市委常委、常务副市长的苏泽群说：“市城管委成立后，我交出的第一个任务就是管好泥头车。”如今已过去3年多，城管委如何评估其对泥头车的整治效果？对此次泥头车白天上路开禁，城管委准备好了吗？是否敢于对自己这些年的整治效果打包票？

有报道称，城管委准备在2012年下半年按新标准对泥头车进行改装，将泥头车的货厢容积从现在的18立方米左右减少到12立方米左右，装载量压缩30%——如此改装，必然导致泥头车每车运输的余泥少了，进而需要更多的泥头车奔跑在路上，即使泥头车白天上路开禁，这依然会造成不小的道路交通压力，对此，城管委准备好应对方案了吗？交警部门又有何预案？

2010年6月，时任广州市长的万庆良曾放“狠话”：“我不信管不住，（如果连泥头车都）管不住，还要市政府的牌子挂在这里干什么？还要各个区政府的牌子干什么？”此次泥头车白天上路开禁，或是检验政府管理泥头车水平的时候了，街坊们肯定不希望看到泥头车一出事就禁止、风头一过就解禁的政府管理水平。

（2012/04/24《羊城晚报》）

三问城管委斥资两亿元奖励考评

广州市城管委日前公布，广州今后每年将由市财政从市城维资金中安排2亿元作为奖励资金，把全市12个区市划分成3个区域，每年以明暗检结合的方式从11个方面进行综合考评，考评结果将决定各区市获得市财政统筹的“以奖代拨”奖金的额度。

广州每年拿2亿元财政发奖金？这消息可谓重磅，可是，谁来发？发给谁？财政当奖金发，合理吗……带着一肚子的疑问，我翻看了同城各家媒体对此事的报道，结果仍是一头雾水，只好在此提出几个问题，求教于发布消息的市城管委，盼解答。

一问奖金来源。报道称2亿元奖金来自“市城维资金”，这是否指“城市维护建设资金”？这笔钱的具体用途在市人大已通过的财政预算案中是否已有详细规定？如今将财政拨款改为“以奖代拨”，也就是说，以前各区市顺理成章获得的财政拨款，现在要打破头去争取才能拿到，这种变动，是否合理？是否需要市人大批准同意？

二问考评机构。报道称，考评工作由广州市城市管理工作领导小组全面领导，下设广州市城市管理综合提升考评办公室（简称“市考评办”），与市城管办合署办公。而市考评办则统筹组织市城管委、市交委、市林业和园林局、市公安局、市城管综合执法局等部门，组成10余个专项考评组。各区、县级市也相应设立考评办公室。

如此叠床架屋的机构设置，看得人头晕眼花。又有谁知道，这2亿元奖金中有没有相当多的一部分要用于支付这些新成立机构的人员和设施费用呢？且从市考评办与市城管办合署办公、市城管委发布消息等迹象来看，城管部门一家独大的趋势越发明显。

三问奖金去向。这分为两部分，一是扣下的奖金，一是发出的奖金。报道称，各区市如果不能达到规定的综合分值，“将每少一分扣发6万~10万元，扣完为止，得不到一定的分值没有奖金”——这很莫名其妙，扣下的财政资金交给谁？又准备怎么用？谁有权随意改动财政资金的用途？

再说发出的奖金。如果以区市为考评单位，奖金最后很可能落到各区市政府手中，那么有何机制保证它们不会扣下这笔奖金，而是将其合理、及时地分配给受考核的城管、林业、公安等多个职能部门？毕竟，这些部门才是真正需要财政拨款来开展工作的。

此外，考评内容既涉及多个职能部门，就存在着因某一部门的业绩不良而影响整个区市考评结果和所获奖金的可能。譬如，考评内容中既有对垃圾分类的考评，也有对道路交通的考评，难道可以因为某个区市的城管没搞好垃圾分类，就连累该区市的交管部门也拿不到“奖金”？这岂不是要影响各部门的正常工作，造成部门之间的矛盾？

市城管委称，采取“以奖代拨”方式激励各区（县级市）是广州城市管理工作的一次重大创新，对提升城市形象起到强有力的促进作用——且慢，工作都还没开展，成败尚未知，怎么就起到“促进作用”，怎么就成“重大创新”了？如此自信爆棚，实在荒唐可笑。

归根结底，对政府职能部门的工作进行考评、问责，应由人大来牵头组织，而非像现在这样，由政府自己另立机构来考评，拿着纳税人的钱玩奖惩游戏。况且，城市治理不是要奖励先进、淘汰落后，整个广州是一盘棋，对于其中落后的区市，在财政分配上可能要考虑倾斜投入更多，以帮助其尽快赶上来，而搞“以奖代拨”，反倒有拉大各区市间差距的危险。

（2012/05/10《新快报》）

规范市容就非得统一化吗

广州《城市容貌规范》（以下简称《规范》）从2012年5月1日起开始实施，有媒体归纳出其中几大“亮点”：重点维护区的标志性建筑每年至少清洗6次；公交车站台广告牌如果闲置20天，就要临时“充公”设置为公益广告；内街建筑遮阳（雨）篷要样式统一……市城管委表示，《规范》只是推荐性标准，不是强制性法规，暂时未作出执行方法或处罚措施的具体安排，相关的管理办法目前正由相关部门编制。

不得不说，权力之手对城市容貌的管理越来越具体了，如果这就是所谓的“精细化管理”，那不免让人担忧这样的“精细”最终将发展至何种程度。

举例来说，《规范》要求内街建筑如需设置遮阳（雨）篷的，在同一临街面应统一材质、样式，颜色要与周边环境相协调，以不妨碍交通、整洁美观为原则——且不从道理上批驳此规定的荒谬，即便从具体执行的角度来看，“统一材质、样式”的规定也让人无所适从。遮阳（雨）篷具体应该“统一”成什么样子？由谁来设计？城管委吗？城管委要不要索性连制作商家一并指定了，搞个团购价定制一批，以从根本上保证统一？

又如，《规范》规定“公交地铁站台广告牌闲置超过20日应设置公益宣传广告”，这真有“离婚后房子归国家”的幽默感。如果站台广告产权明晰，即使闲置，又干市容何事？打着公益广告的旗子就能随便要求人家“充公”吗？

此外，号称“注重可操作性”的《规范》中屡屡出现诸如“美观”、“协调”、“整洁”、“简洁”一类的形容词，颇让人摸不着头脑。譬如，《规范》提出公共汽车站台、地铁站台等广告牌位应保持整洁、美观；公共汽车、出租车等公共交通工具的车载广告应简洁明快，色彩与车辆底色相协调；车体严重破损变形、车容明显不洁以及排气装置不符合规定的车辆，不得在市区内行驶；内街建筑需要安装防盗设施的应在建筑物门窗内侧设置通透美观的防护设施……真不知道，“美观、整洁”这样的形容词究竟要如何体现，又由谁来评判是否达到了标准？

话说，亚运前夕广州“穿衣戴帽”工程对老城区店铺招牌进行“格式化”改造所造成的伤害尚殷鉴不远，如今非但不反思，反倒变本加厉，制定更为“精细”的市容标准，这不得不让人揣测，权力部门是否从“统一”的标准中获利颇丰？是否在制定了详细标准后，下一步更容易对违规者进行开罚？

其实说到市容规范，我倒是想善意提醒一下越来越忙的市城管委：广州沙井盖的数字信息管理系统建好了没有？进展如何了？和涉及城市容貌的遮阳（雨）篷相比，沙井盖更涉及城市安全，也是城市精细化管理最应该着力的方向。未来商家遮阳（雨）篷不统一都可能面临处罚，不知城管委如果自己没管好沙井盖，又该如何处罚？

（2012/05/14《新快报》）

城管答记者，要放松不要提防

《广州市城市管理综合执法操作规范》（以下简称《规范》）昨起征求意见。《规范》要求，接受媒体采访，要严肃认真，展示自觉接受媒体监督的姿态，语气平和有理，一般不发表带有个人感情色彩的言论，防止回答诱导性问题，采访过程可以录音、录像进行自我保护。《规范》甚至详细列举了应对正面和负面新闻采访的一般表述组合。

初看此规定，似有“防火防盗防记者”的意味，连一向威武的城管都要录音录像来自保哦，哈哈。城管对媒体的这种心理，潜台词是否在说，他们觉得自己的形象容易被媒体妖魔化，媒体的报道让自己百口莫辩呢？

其实城管倒也不必这样委屈的，不是有官方微博“@广州城管执法”吗？若觉得媒体报道有误，上微博解释就行了。这不，昨天城管微博就指出某媒体关于城管的报道“标题不严谨，容易引起误解”，这挺好的，媒体发布消息，城管自己也来发布消息，让公众来甄别。只要城管不像上次面对网友“厦门浪”微博追问公开出国考察报告时那样“憋了49天才回复504字”就行——那一次，完全是城管自己把自己搞得“负面”了。

话说时至今日城管仍将新闻区分为正面或负面似乎有点可笑，但也不难理解，大概凡是批评报道、有损头顶乌纱的，自然就是负面新闻。对负面新闻采访的回复，《规范》中规定的表述组合为：感谢媒体对城管执法工作的监督+媒体报道问题正在调查（或者调查情况）+假设问题属实依法依规严肃处理+进一步改进工作+管理好城市的决心。

看这“模板”，除了态度礼貌之外，内容并没什么“干货”。而对媒体来说，比态度更重要的是事实，是向受众提供有价值的信息，若只会说些礼貌的话，意义实在有限。譬如，城管若接受媒体采访时一律按模板回应“问题正在调查”，那就等于什么都没说，因为公众已见证太多事情以“正在调查”为借口，熬过关注热点期后，就没下文了。

归根结底，城管与其规范接受媒体采访的用语，倒不如花些心思，规范一下接受媒体采访的行为，譬如，对媒体发来的采访要求，应该多长时间内予以实质性的回复；对市民的微博问政，应多长时间内予以回复；对官方微博的消息发布，应有怎样的规范等。总之，建议城管以开放性而非防御性的心态去面对媒体，鼓励而非限制官员的个性表达，重塑城管形象。

（2012/09/12《羊城晚报》）

第八编

谁的路？谁的桥？

金沙洲“坑口大桥”桥面破损，投诉电话打不通，市民只好自行补路；丫髻沙大桥被超载车折磨得“体弱多病”，却发现守护大桥的治超点竟然是超载车的帮凶；鹤洞大桥十年八修，相关部门治超不力，维修积极；道路施工动辄围蔽，所谓统筹只是纸上谈兵……这一切，都让人不免追问：这是谁的路？谁的桥？

给金沙洲“坑口大桥”立个纪念碑吧

2011年4月1日，愚人节。是夜，白云区金沙洲路北环高速跨线桥上，金沙洲某小区的10多名物管和业主，将该桥由广州市区通往佛山南海方向的一条车道封闭。随后，身着反光背心的他们，拿出雪糕筒、警戒带、铁锹、水泥、石子和泥沙等工具和材料，开始修补破损的桥面。广州市民竟自行补路，这发生在愚人节的壮举实在让人笑不出来。这颇似行为艺术的市民行动，其实只是被某些政府部门无效承诺愚弄已久的市民一次自救行动罢了，而这显然不是第一次了。

这座坑洞遍布的大桥，是附近居民每天上下班必经之路，长期以来坑了不少居民的座驾，还因此得了个诨名叫“坑口大桥”。2010年2月《羊城晚报》就曾对此做过报道。随后市政部门对桥面进行修补，并留下投诉电话。谁知8个月后，桥面又有破损，投诉电话却打不通了，市民求助无门，才有了2010年10月和2011年愚人节期间两次由市民自行补路的壮举。

网络上有人感叹：多好的广州市民！是呀，这是多么善良体贴的广州市民！市政建设出了问题，导致自家财产受了损失，在向政府投诉无门、各方袖手旁观的情况下，市民们没有去静坐，没有去上访，而是利用自己的闲暇时间，自筹经费，自己行动，捋起袖子扛起铁锹，自己把桥面补好了！

在这样的情形之下，恐怕谴责市民自行补路的荒诞、质问市民是否有封路修路的权力、担忧这座用家用装修水泥修补的大桥会否留下安全隐患等问题要先搁置到一边了。我想更多的人会和我一样，首先会愤怒地发问：相关政府部门都干吗去了?!

要说政府部门闲得发慌，这话可能有失偏颇。他们也忙，但往往忙在领导看得见的地方。不妨设想，如果“坑口大桥”具有东风路那般显赫的地位，或者连接的是官员的住宅小区，这桥会拖延数月无人理吗？正如同德围，如果那里集中住着政府官员，那儿的交通会多年难以“突围”吗？“民生无小事”这句口号能否落到实处，我看关键还在于这“小事”事关什么“民”吧！

言归正传，若要追问“坑口大桥”到底该哪个部门维护的问题，大家就得做好看一场“扯皮”大戏的心理准备。果然，记者一番跑腿后，目前也只得出了这是“一条找不到维护单位的桥梁”的结论。

透过这些无聊的扯皮，我们必须追问：桥梁既已完成建设并投入使用，维护权责就该归白云区建设局，那么维护权为何至今迟迟不移交？既然维护权限尚未移交，大桥维护就该归北环高速管理公司，那为何去年媒体曝光大桥出了问题，来维修的又是政府部门？

既然白云区金沙洲路北环高速跨线桥尚没有名字，不如就沿用“坑口大桥”这个名字。且在桥旁立碑纪念，详解名字由来，以警示相关政府部门长期以来权责不清的现实。

（2011/04/06《新快报》）

丫髻沙大桥，你这苦命的“丫头”

广州丫髻沙大桥开通 11 年维修竟超 5 年的怪象近日再次引发舆论关注。这座曾一举创下 4 项全国乃至世界第一，且获得首届“中国十佳桥梁”奖项等众多荣誉的大桥，质量竟是如此不堪，以至于被市民质疑为“豆腐渣工程”。但相关部门近日出面否定存在腐败、偷工减料的可能，而将其主要原因归纳为“持续的车辆超载”。

丫髻沙大桥为何需要长年维修，其中原因我等普通市民不好下定论——这是一个常识斗不过所谓“专业”的年代，尤其是追究出了问题的市政工程的时候。普通市民掌握信息终究有限，如果不是像上海那样亲眼在高架桥的混凝土中看见塞着的布条，当场抓个现行，你再怎么怀疑人家也不会承认的。

丫髻沙大桥于2000 年6 月正式通车，但在2005 年的例行检查中就被专家查出诸多“病害”，自此开始了漫漫维修路。2008 年 7 月，《羊城晚报》曾刊发报道《十问丫髻沙大桥》，呼吁政府部门高度重视并及时采取有效措施，让丫髻沙这座“恐怖之桥”变为“阳关大道”。遗憾的是，这一切并没有挡住丫髻沙大桥“病情”的持续恶化。2009年，丫髻沙大桥被评定为四类桥，距危桥仅差一步。

很多人以丫髻沙大桥的荣誉等身来质疑如此先进的桥梁何以需要经常维修。其实在我看来，大桥建成之初荣获的“第一”、“十佳”之类的奖项本身就是值得怀疑的：大桥刚建好，尚未经过实践检验，仅凭数据上的破纪录就授予诸多荣誉，怎可能靠谱？数据上的第一并不意味着质量上的先进，这是经实践检验的真理——眼下广州城里那条世界第一的APM和国内罕见的超50万平方米的珠江新城地下空间，不就正被漏水搞得焦头烂额吗？

就拿桥梁寿命来说，知名桥梁专家黎宝松表示，一座桥梁的正常寿命在80年以上。但广州交投集团副总工程师尹浩辉却说：“丫髻沙大桥设计采用的《公路桥涵设计通用规范》（JTJ021－89）没有规定设计基准期，参照国外有关资料，本桥的营运寿命应大于50年。”尹工程师说话太绕，反正我是没看明白丫髻沙大桥当初的设计寿命是多少年。难道这勇夺4项第一的十佳桥梁没有设计使用年限？

尹工程师还表示，桥梁使用寿命一般都要在设计寿命的基础上打七五折。而且由于超载严重，也会影响使用寿命，此前认为修复后可按设计寿命使用已只是一个美好的愿望了。

有媒体曾将丫髻沙大桥作为广州的一张名片予以介绍，在那个感情色彩颇为浓厚的专题里，建筑学专家冯原这样说：“也许是因为它的名字，丫髻总让我联想到丫环，丫髻沙大桥可能是座命运多舛的桥。今天还如丫头一样年轻的丫髻沙大桥就出现了不少中年桥梁才会出现的质量问题确实不应该……”

丫髻沙，这个命运多舛的丫头，颤抖着的桥身仿佛在泣诉你的脆弱，这颤抖，让人揪心、哀叹。丫髻沙，会有人为你多舛的命运真正担起责任，许你一个更健康的未来吗？我们期待着。

（2011/05/31《新快报》）

乱象之下的丫髻沙大桥还有几年可“活”

2012年6月20日《新快报》独家报道了广州丫髻沙大桥三滘治超（载）检测站工作人员涉嫌收取高价帮助超载货车过桥一事。结合知情人爆料及记者调查可知，治超站工作人员使用多种手段造假，让超载货车顺利拿到放行条，且翻倍收取装卸费，帮助超载货车直接通过丫髻沙大桥，使大桥的55吨“限货令”沦为一纸空文。

报道中披露的治超站内情读来着实让人大吃一惊，难以想象，为治理超载而存在的治超站，竟然在事实上成为超载货车的帮凶，进而使自己从大桥的“守护神”变成了大桥的“夺命杀手”！记者进行实地调查还发现，治超站并非全天24小时运作，超载货车有可能侥幸畅通无阻地通过大桥；治超站工作人员往往宰一刀再放行，违背超载货车应分装过桥的规定，帮助货车绕开检测点再走丫髻沙大桥。

在这一系列令人震惊的事实中，最关键也最让人莫名其妙的是，为何治超站这样具有行政执法功能的单位会将其部分职能承包给公司，并任由公司层层转包给私人老板？难道这叫政府购买社会服务？政府购买社会服务何时这么积极了？尤其是，这种与行政执法、罚款息息相关的公权力岂能如此随意出让甚至出卖？还是知情人士一语道出天机：“指挥货车、装卸货物需要大量人力，交给公司运作对工人比较好管理。而且开设公司赚钱，不用上缴财政。”

据知情人士称，治超站的指挥过磅、装卸货物、安排分装车辆等业务都交由“丰豪”公司所负责，并层层转包给私人老板；而据查丰豪公司“获广州交通投资集团授权，管理广州市内东南西环高速公路的超限超载的治理工作”。那么再顺藤摸瓜，可查明广州交通投资集团是2008年8月成立的国有独资公司，集团出资人为广州市人民政府，授权广州市人民政府国有资产监督管理委员会履行出资人职责，注册资本为57.81亿元。

事实至此已经比较清晰：最初的最初，治超站中的过磅、装卸等业务都是交由国有独资公司——广州交通投资集团去运作，但该公司将业务层层转包，如今落到某公司及其私人老板手中，老板通过多种手段造假骗取超载货车的放行条以谋取暴利，治超站对此则是睁一只眼闭一只眼，最终倒霉的，就是早已脆弱不堪的丫髻沙大桥。

丫髻沙大桥为何如此脆弱多病早已不可考，因为有关部门2011年就出面坚决否认了大桥存在腐败、偷工减料的可能，而是坚称大桥“多病”是因为“持续的车辆超载”。多病的丫髻沙大桥一度连15吨以上的货车都不能通过，据报道，从2010年5月17日起，交通管理部门加大了对违规强闯丫髻沙大桥的15吨以上大货车的处罚力度，其间，15吨以上的货车不仅要卸载转运，还会面临最高2万元的罚款。统计称，从2010年5月至2011年5月，丫髻沙大桥累计查处违规超载超限大货车8 302辆，罚款1 731万元。

看来守着这样一座病桥，光是治理超载，就很容易来钱。只是谁去追问，到底是什么原因，让丫髻沙大桥建成没几年就如此弱不禁风，以致需要专门的防超载保护？又是谁，将本意为保护大桥的治超站，变成了自家敛财的小金库，却将垮桥的风险推至不可预知的深渊？

曾获诸多殊荣的丫髻沙大桥的设计使用寿命是多少年，公众一直不得而知。惜乎本就短命的丫髻沙大桥又遇上这样无良的治超站，其到底还有多少年可“活”，怕是不乐观了。

据称广州市交通部门已对治超站违规一事作出回应，称已成立调查组，初步确认丰豪公司存在违规操作，凡涉案人员一律开除、构成违法则移送司法机关，待调查结果和处理方案形成后将立即向社会和媒体公布（详见2012年6月21日《新快报》）。这种迅即回应的官方姿态无疑值得肯定，但有些问题还需要交通部门直接回应，将行政执法权层层转包给私人公司是否合法？相关部门在其中是否存在利益输送？丫髻沙大桥屡坏屡修，谁又该为此负责？这可不是一句简单的“管理漏洞”就能加以解释的。

（2012/06/21《新快报》）

四问丫髻沙大桥治超乱象

广州丫髻沙大桥三滘治超站内丰豪公司涉嫌高收费助超载货车过桥一事的处理结果为：丰豪公司一名主管和一名搬运工队长被开除，涉事叉车、分装货车司机被清退，另有多人受到处罚。市治超办责令丰豪公司退回所收“赣CG××××”司机服务费中多收款项，并在公司内部进行为期20天的整顿，如果在限期内未达到整改目标，将给予严肃处理。

这或许就是丫髻沙大桥治超乱象的最终处理结果了，开除几个“兵仔”，退回一些款项，内部自行整顿而已。如此轻飘的处理能避免治超乱象再现吗？相关的广州交投集团、三滘治超站，乃至市治超办等部门通通都一清二白吗？

一问丰豪公司暴利为何不彻查？调查显示，丰豪公司长期以来漫天要价，且不给收据、发票，记者暗访曝光了“赣CG××××”这一辆超载货车挨宰，处理结果就只要求退回这一辆货车1 178元，那其他挨宰的货车司机呢？为何不彻查丰豪公司几年来到底违规收取了多少费用，又流向何方？一辆车就多收1 000多块，这两三年积攒起来的违规收费，定不是小数目。

丰豪公司抱屈称如果按物价部门2004年出台的价格标准来收费就会亏本运营，但问题是，治超站是2009年底才设立的，如果那时物价核定标准已然偏低，丰豪公司为何还要承接治超业务？难道是已预知可以漫天要价来弥补亏损？

按丰豪公司官网所说，交投集团授权其管理广州市内东南西环高速公路的超限超载的治理工作，那么除三滘治超点之外，丰豪是否还承包了其他治超点的业务？其间是否也有违规？调查组能否彻查？因丰豪公司违规给丫髻沙大桥造成的长期“迫害”又该如何清算？难道不应该罚他个倾家荡产吗？

二问广州交投集团与丰豪公司之间有无利益输送？交投集团将治超点的装卸业务授权给丰豪公司做，丰豪公司每月需向交投集团交纳7 000元场地、设备等费用，这意味着交投集团利用自己国企身份获取市场地位后，再转包获利。那么，这种转包是否违规？其间有无利益输送？

对丰豪公司长期以来的违规行为，交投集团所获处理只是“作出检讨”而已，市治超办也只督促交投集团加强对丰豪公司的监管，这实际上默认了治超业务转包的合理性，将交投集团监管不力的责任撇得一干二净。而知名律师朱永平认为，企业参与治超，是将执法与经商获利形成了一个共同体，破坏了行政执法的公正性，有损政府形象。

三问治超站渎职为何不问责？丰豪公司在治超站眼皮底下如此胡作非为，治超站果真毫不知情吗？这种监管失职为何不被问责？莫非治超站的职责只是轻松开个罚单就了事？

此外，多名货车司机表示，只要治超点无人值守，开再重的车也能通过，运气好就不会被罚款；记者也几次撞见治超点无人值守的情况。这些明显的渎职行为说明治超站更多时候只是罚款敛财而已，并没有真正把丫髻沙大桥的安危放在心上。

四问市治超办：治理超载何以成为某些人的敛财工具？丫髻沙大桥“体弱多病”似乎成了治超点顺理成章存在的理由，只是相关部门从不去追问曾获众多殊荣的大桥为何通车几年就如此多病，更没有人因此被追责。守着丫髻沙大桥治超罚款成了某些人的摇钱树，但这罚款到底流向何方，是否用于大桥的维修，公众无账可查，任由公共财政无怨无悔地为大桥维修“擦屁股”。

最让人困扰的问题是，按规定，治超点对超载货车应先罚款，再负责将货物分装并送至目的地，但现实中有几家治超点能做到？丰豪公司是连丫髻沙大桥都不送过去的，其他负责分装的公司呢，做得如何？发生如此治超乱象恐不是三滘一家，治超办有必要在全市治超点展开调查。

不知上述众多疑问能否得到相关部门的回应，但愿他们不会都像市建委对“天价天桥”那样，霸气侧漏地说一句“不再作任何回应”后就死不吭声，进而让这些疑问都成为丫髻沙大桥乱象的“天问”。

（2012/06/25《新快报》）

鹤洞大桥十年八修，治超不力谁之责

鹤洞大桥又要维修了！据报道，广州市建设工程交易中心网站日前发布了鹤洞大桥维修工程施工总承包招标公告，要将主桥桥面沥青全部刨掉并重新铺设，而这会是自 2003 年以来的 10 年内鹤洞大桥第 8 次维修。

鹤洞大桥 10 年间 8 次维修，这维修记录与广州另一座开通 11 年、维修超 5 年的丫髻沙大桥有得一拼。事实上，细细比较一下，这两座大桥还真像一对命运多舛的“苦命鸳鸯”：

鹤洞大桥于 1998 年 7 月建成，2003 年开始维修，丫髻沙大桥于 2000 年 6 月通车，2005 年即被查出“病害”，开始维修——二者都是开通 5 年即开始漫漫维修路，是一对“老病号”；鹤洞大桥是当时广州市跨江大桥中技术含量最高、跨度最大、工艺最复杂的一座双塔空间索面复合斜拉桥，1999 年曾获得广州市改革开放二十年十大建筑提名奖，而丫髻沙大桥曾一举创下 4 项全国乃至世界第一，且获得首届“中国十佳桥梁”奖项等众多荣誉——二者都是刚“出生”时风头很劲，却不料几年后就要频频维修，桥梁的施工质量让人怀疑。

再者，有关方面早已指出导致鹤洞大桥与丫髻沙大桥不断维修的原因之一是持续的车辆超载，但让人不解的是，有关方面至今仍没拿出有效的措施来遏制超载现象，可谓治超不力，维修积极。

譬如，2010 年时即有统计数据显示每天有约 1 400 辆载重超过 30 吨（鹤洞大桥限重）的货车经行鹤洞大桥，严重影响大桥使用寿命，但至今，鹤洞大桥仍没有治超点。据说治超点要由大桥的业主方提出申请，经上级部门和广州市政府审议通过后，再由广州市政府向广东省政府报批，否则，交通部门无权在鹤洞大桥设卡拦车查超载。那么，鹤洞大桥的业主方是谁？为何不申请治超点？

不过话说回来，丫髻沙大桥倒是有治超点的，但一样摆脱不了被超载货车频频碾过的命运。2012 年 6 月 20 日，《新快报》独家报道了丫髻沙大桥三滘治超（载）检测站工作人员涉嫌收取高价帮助超载货车过桥一事。治超点从大桥的“守护神”变成了大桥的“夺命杀手”，有舆论据此呼吁相关部门对涉事的丰豪公司进行彻底调查，进而对全市治超点展开清查，但惜乎没有下文，公众并未看到有关治超点整治的相关行动。

可以说，鹤洞大桥、丫髻沙大桥沦落到如今需要频频维修的命运，和广州治超不力显然有着密切的关系。一方面治超点设置不足；另一方面已有的治超点形同虚设，沦为某些机构和个人敛财的小金库，治超罚款去向成了一笔说不清道不明的账，大桥维修却要由公共财政来埋单。治超乱象可谓已到了亟须整改的关键时刻，有关方面应立即对市内 9 个治超点来一次彻底的清查，遏住超载之风，明晰罚款去向，尤其要保证对超载货车不会一罚了之、任其上路，唯此，广州的苦命桥梁们才可能避免屡屡维修的命运。

（2012/11/19《新快报》）

“问题天桥”要纳税人埋单？

因挡住了广东省烟草大厦的通道，建成两年的广州珠江新城金穗路西侧天桥被迫进行改造，改造将以天桥二期工程的名义，拆除原位于烟草大厦正门前的楼梯，新加装两台自动扶梯，工程费用因此额外支出 285 万元。

业内人士称，天桥建成两年就要改造的情况比较少见，如果天桥在设计之初就避开周边大厦的用地红线，则改造完全可以避免。看来，这是一次因规划设计不当导致的重复施工，按道理应由当初的设计、施工单位乃至招标单位（广州新中轴建设有限公司）、项目业主单位（广州市城市建设投资集团有限公司）承担相应的责任和所谓的“二期工程”费用。

但让人费解的是，省烟草公司就天桥挡门问题向新中轴公司和有关领导反映后，“市政府表态愿意对天桥进行改造，并将此项工程交由新中轴公司负责实施”——天桥二期工程额外支出的 285 万元，是否就一下子变为由市财政掏腰包了呢？市民愿意吗？

珠江新城的规划问题已屡遭诟病。但谁也没想到，一座小小的天桥竟也如此不堪，如今再砸285万元用于改造，若还要财政埋单，真是“佛都有火”！这样用纳税人的钱为某个单位的规划设计失误“擦屁股”，我们不同意！

翻查之前的报道发现，这座天桥的改造其实“蓄谋已久”，只不过市民一直“蒙查查”罢了。《南方日报》2011年12月6日就简要报道了天桥将改造的消息，当时的招标公告美其名曰“景观天桥优化调整工程”；而上月13日南方电视台报道称，金穗路的天桥已经被拆了一半，市民要过马路只能横穿马路，天桥下没有人行横道，行人都不知道好端端的天桥为何要拆；直到2月7日，市民才从报上得知天桥被迫进行改造，要额外支出285万元……

眼下，天桥改造项目正处于招标过程中，可天桥早在20天前就拆了一半，如此运作是否存在程序上的瑕疵？金穗路这座天桥最初的设计、施工单位到底是哪一家？市财政为何要为他们的失误埋单？

（2012/02/08《羊城晚报》）

285万元天桥改造费该由谁负责

广州珠江新城金穗路天桥建成两年后再花285万元改造一事再起波澜。有当事方报料称，天桥改造的真实原因并非如公开文件中所称“挡住消防通道”，而是邻近的珠江城大厦业主单位省烟草公司嫌天桥挡在大厦门前影响“风水”，但此说法尚未得到省烟草公司高层回应；天桥的设计师也没有回应天桥设计是否存在失误的问题。

天桥改造究竟是因为设计失误挡了消防通道，还是因为影响风水挡了人家财路，目前尚未有定论。唯一可以确定的是，天桥改造额外支出的285万元是由市财政支付的，这在招标公告里是白纸黑字注明了的。

这实在让纳税人费解：若天桥改造系设计失误导致，那就该由设计单位支付285万元的改造费用；若只因影响了省烟草公司的风水就被迫改造，那就该由省烟草公司支付改造费用，无论如何，是轮不到市财政摆阔出钱的。

可蹊跷的是，政府公开文件中既承认“该天桥的建设对‘珠江城’的消防安全、交通组织、未来经营造成了较大影响”，却并不向天桥的设计单位——广东省建筑设计研究院追责，且再一次将天桥改造的设计任务交给广东省建筑设计研究院。此外，当初负责天桥施工和如今负责天桥改造的招标单位也是同一家——广州新中轴建设有限公司。

原来搞城建竟是这样旱涝保收的事情，即便政府承认天桥设计有失误，依然乐于支付 285 万元的改造费用，依然“初衷不改”地将改造项目交由当初的设计方和招标单位。这样乐当“冤大头”的行政运作逻辑自然让人费解，于是“风水说”就有了市场，更多的人宁愿相信天桥改造是因为影响了省烟草公司的风水，记者现场目测也证实天桥与珠江城大厦正门之间的距离在 10 米左右，超出一般情况下对消防通道宽度的要求。

当然，判断天桥是否挡住消防通道，不能仅靠记者目测，而应联系消防部门求得权威说法。如果消防部门确认天桥没有挡住消防通道，那么天桥改造的理由就是站不住脚的，285 万元改造费用就该由省烟草公司支付；反之，就该追究天桥设计方的责任。无论如何，天桥第一次修建时的费用已从城建资金里支出，市财政没有任何必要为天桥二次改造埋单。

金穗路天桥改造的真实原因不能成为“罗生门”，现存的“设计失误说”和“影响风水说”都有存疑之处，一方面有业内人士称天桥设计师一般不会犯不看地块红线图就开始设计的低级错误；另一方面“风水说”尚未得到省烟草公司的回应——话说省烟草公司已是垄断国企，不看风水都发财，当然，有风水助力可能发得更多，可惜这事没法摆到台面上讲。

不管怎样，天桥改造问题本是天桥业主单位——广州市城市建设投资集团有限公司和珠江城大厦业主单位——省烟草公司之间的矛盾，纳税人实在搞不懂市政府为何要插一杠子摆阔贴钱支持改造，285 万元岂能说花就花？

当务之急，还请省烟草公司对“风水说”作出明确回应。如果无关风水，还请相关部门拿出改造的依据，如果纯属设计失误，烦请追究设计方的责任。无论如何，纳税人都不该为风水或设计失误埋单。

（2012/02/09《新快报》）

天桥改造，建委还要再交几次学费

广州珠江新城金穗路天桥将花285万元改造一事大概就这样以市财政“交学费”的方式不了了之了。

广州市消防局证实天桥挡住了烟草大厦消防登高作业面，而天桥设计没考虑到周围建筑物的消防要求是长期存在的问题，因为天桥属于构筑物，无需报消防审批和验收，希望今后城市公共设施在设计时也让消防部门介入。广州市建委则通过微博表示，“今后将完善相关制度，力求做细做好”，并没有正面回答该由谁来承担责任的问题。

嗯，谁都没有错，财政来埋单，真是“皆大欢喜”。

如果说这是市政建设中第一次遇到这样的问题，让财政埋单、市建委和市消防等部门吸取个教训倒也未尝不可，但是，2009年7月，越秀区东风中路与德政北路交界处的德政北人行天桥因为影响粤财大厦的消防安全而被迫拆除一部分，这件事已经让财政埋过一次单了，市建委和消防等部门吸取教训了吗？

现在看来，没花他们自己的钱、没罚到他们肉痛就没可能吸取教训，否则如何解释2010年金穗路天桥建成时依然没考虑周围大厦的消防安全？进而导致时隔近3年后，市政建设在同一个地方第二次跌倒，要花285万元用于天桥改造。

更可怕的是，金穗路天桥改造极可能不是市财政最后一次为类似事故埋单。据市消防部门透露，2011年11月西塔消防演习时，由于存在一些构筑物，导致超高云梯车无法完成西塔附楼的人员救援工作——这个消息很恐怖，不知后续解决办法是怎样的，又要拆哪里？如何改造？否则西塔一旦发生火灾，怎么办？

市消防部门还介绍说，“消防车重达50吨以上，有些地方地下空间开发后，根本无法承受这样的重量”——我立刻联想到了珠江新城超50万平方米的地下空间，它能否承受消防车的重量？之前已经爆出这种超体量地下建筑在防水排水方面没有技术规范可遵循，如今若要再爆出其承受不了消防车重量的消息，这让广州如火如荼的城市建设情何以堪啊！

话说回来，对超高建筑、大型建筑的规划建设，消防部门一直有参与其中，如今西塔、烟草大厦都暴露出消防安全隐患，消防部门岂能完全撇清自身责任？而市政规划和建设等部门，在德政北人行天桥部分拆除的前车之鉴之后，为何没有吸取教训，主动与消防部门沟通？何时才能建立起相关制度，保证消防部门及时介入如天桥之类的城市公共设施的设计和建设过程中？

在广州主政者口中，“城市管理要精细化、要渗透到城市的每一个角落”的理念屡被提及，可现实却是，广州3年内两次因天桥影响消防安全而浪费财政用于改造，广州的城市管理恐怕不但算不得精细，而且是粗糙得可怕。而两次都不追究任何责任人、都让纳税人来“交学费”的处理方式，更是难以对今后的城市建设起到警戒作用。

如果说财政第一次为天桥改造埋单、由全体纳税人共同承担责任并吸取教训是情有可原，那么第二次依旧如此，难道犯错的依旧是全体纳税人吗？或许这一次纳税人最大的错，是任由财政为天桥改造埋单而无动于衷。或许，接下来等待纳税人的仍是一次又一次为相关部门的失误“交学费”。

（2012/02/13《新快报》）

单座天桥造价上千万，建委该给一个说法

广州市发改委一份关于人行过街设施建设的计划称，广州2012年新建人行天桥20座、人行隧道一条，改造人行天桥一座，并为BRT沿线24座人行天桥加装雨棚，整个计划总投资估算为4.47亿元，资金来源是市财政资金。但由于可能存在拆迁或利益协调问题，该计划目前仍属于城建部门内部安排，未来或存在不能完全实施的可能。

细查这份人行过街设施建设计划，条目非常粗疏，只列出了天桥或隧道名称及其投资额，但就是这样一份看似简单的计划，想要

看懂却也不是一件容易的事。

先说天桥造价吧，计划新建20座天桥，其中最便宜的需750多万元，最贵的“海联路跨马涌人行天桥”造价竟高达2 800多万元！20座天桥中16座是千万元以上级别的，而这种情况竟未能引起社会各界的广泛关注，难道一座天桥上千万元的造价在广州已是常态？

相比之下，2009年6月，大学城中环路广州大学段一座造价高达1 828万元的天桥曾引发舆论热议，当时负责天桥建造的广州市政园林局出面解释：天桥跨度大、宽度大、桥体加盖钢结构顶篷是造价高的主要原因；同时承认，单从造价来说，该天桥确实是近年来广州人行天桥投资最大的一宗。没想到不到3年的时间，这纪录就被打破了：造价上千万的天桥已成常态，甚至2 800多万元的天桥造价也不能迫使相关部门出面主动解释一下了。

再看BRT雨棚造价，仅师大暨大站的雨棚造价就高达504.94万元，并由此简单推论出沿线其他23站的雨棚造价总额为11 613.54万元。试问，师大暨大站的雨棚造价有代表性吗？对各站的雨棚造价为何不能具体评估定价？况且，BRT建设之初，有关部门曾表示天桥加建一个能够抗台风的遮雨棚需要100万~200万元，怎么如今一下子就涨至500余万元？

最后说说计划表中的金穗路—珠江西路交叉位置景观天桥优化调整工程，表中显示其投资为1 521.21万元，但在2012年2月该天桥改造引发舆论质疑时，天桥改造的花费一直被认为是285万元，那么这其间的巨大差距到底是怎么回事？要知道，1 500多万元的改造费用可是相当于两座天桥的造价呢，甚至新建一座天桥也没问题。

还有计划表中那条造价6 200多万元的“白云大道广外立交北路人行隧道”，据称已经按计划实施了。既已实施，为何这计划还不公开？6 200多万元的造价到底是贵了还是便宜了，有无经过招投标，这些信息难道需要对市民保密吗？

可以说，这份未公开的人行过街设施建设计划暴露出太多让人费解的信息，虽不能据此判断天桥建设就是笔糊涂账，但市发改委、市建委等政府部门实有必要出面澄清一下：新建、改造天桥动辄上千万元，这正常吗？

（2012/05/28《新快报》）

天桥预算砍一半，建委还得解释一下

广州2012年要斥资4.47亿元在全市新建、改建22座人行天桥（隧道）及搭建BRT雨棚，其中16座新建天桥造价超千万元一事引发舆论关注。在媒体持续追问下，广州市建委日前终于作出回应，称4.47亿元是投资总估算，并非实际支出；2012年广州将砍掉千万元天桥项目，仅建10座平价天桥，其中最贵的估算投资为750万元。

在舆论监督多数情况下陷入自说自话尴尬境地之时，广州市建委直面批评、迅速回应的态度无疑值得肯定，但愿这种良性互动能长期坚持下去，因此，我愿意就建委的回应再次作回应。

市建委称之前媒体报道的天桥建造计划表中仅保留两座天桥，即南洲北路跨瑞宝涌天桥（投资估算754.4万元）和华南理工大学北门东莞庄路天桥（投资估算798.89万元），但即便是这两座计划表中造价最低的天桥，现在的建造资金也分别被砍到了500万元和400万元。两次投资估算差额如此之大，甚至能砍去一半，让人难以想象那些超千万元的天桥若不被砍掉，它们的建造资金会降低多少？

更让人不解的是，以前的投资估算数字有零有整的，看上去颇像精心计算的结果，怎么这次回应的数字却是500万元、400万元这样齐整而模糊的数字？建委真的仔细核算了吗，还是仅为应付舆论追问而已？

对此次天价天桥的出炉，市建委只是轻描淡写为“此前估算的总投资略微有些松”，并没解释两次估算差额如此之大的原因何在，更无追究相关责任人的意思，这不得不让人忧心忡忡：倘若建委按之前那样宽松的预算去招标，天桥建设岂不成了大肥缺？有多少财政资金会因此白白流失，落入个别人的口袋呢？市建委相关负责同志对此有无认真反省？

超千万元的天桥不建了，改建10座平价天桥，天桥建设计划变化如此之大，市建委解释为编制过程有调整，称在前期确定初步计划后，有时会根据市民意见和人大代表、政协委员的建议进行调整。

这看似非常重视市民意见，但现实中，如果不是媒体偶然获得这份未公开的计划表，市民连天桥建设计划都无从得知，又如何能提意见呢？

即便是现在，市民期望建委继续公开天桥建设明细成本，建委能从善如流吗？还有BRT搭建雨棚一事，市民呼声如此强烈，建委拖了几年却仍不能在资金安排上优先考虑，导致搭乘BRT的市民仍要忍受夏天“晒崩头”之苦。

因此，将天桥建设计划的调整归于市民提意见之功，实在是高抬了市民。超千万元的天桥眼下虽然搁置不建，但它们以后建不建、再建的时候市民能否“有幸”窥见并监督其花费明细，都是个未知数。

还有珠江新城金穗路西侧天桥改造一事，早前媒体报道该天桥改造费用为285万元，而曝光的计划表显示其花费概算为1 521.21万元，这其间的差距到底怎么回事，还望建委继续回应释疑。

(2012/06/04《新快报》)

造价动辄报大数的灰色空间令人担忧

就“天价天桥”的造价问题，市建委最新回应称，发改委公布的是总投资，是概算，建委公布的是建造费，是估算，更准确一些。且每座桥梁的总投资包括建造费、征地拆迁费、管线迁改费等多项费用，有时管线迁改费会超过建造费。“还有就是因为财政投资的项目一旦出现意外情况，追加费用比较困难，所以当初上报的时候就将投资往上浮了一些”。

简而言之，建委就是“报大数以备不时之需”，把工程投资额估算得高一些，以防需要追加投入时麻烦。但问题的关键在于，这“报大数”的度该如何把握？预留的应对意外的费用到底上浮多少才算恰当？市建委对天桥及雨棚造价的估算是否有理有据呢？

不妨先以BRT师大暨大站的雨棚造价为例来分析一下。最初被媒体曝光的人行过街设施建设计划表里，师大暨大站雨棚项目的投资概算为504.94万元，经舆论追问，市建委改口称投资额为400万元，但我查询市建委官方网站上“师大暨大站天桥增建雨棚工程施工总承包招标公告”时发现，该项目招标控制价为314.04万元。

原来，300万元的雨棚招标价格，建委能预留到400万元甚至500万元的投资估算，可是，增建雨棚工程应该不需要管线迁改费、征地拆迁费之类的费用吧，它能遇到多大的意外情况以致需要在招标价之外增加100万元乃至200万元的备用资金呢？不得不说，建委真是财大气粗啊，资金估算上下浮动动辄都是以百万元起跳的。

又比如，金穗路—珠江西路交叉位置景观天桥优化调整工程的投资估算，在最初曝光的计划表里是1 521万元，舆论追问后，建委只重新公布一批平价天桥建设项目，却绝口不提金穗路天桥改造一事。查询天桥改造招标公告可知，该项目的招标控制价为285万元，总投资约960万元，那么，计划表中的1 521万元是怎么来的？它是依据怎样的理由将概算上浮的？现在天桥改造完工了么？工程结算情况如何？

必须指出，“天价天桥”先曝光后腰斩一事，让公众窥见了市政工程投资估算竟是如此宽松甚至随意的一件事，其留出的灰色空间让人担忧。但让人不解的是，工程估算既已如此宽松，为何耗资超出估算、需要追加投入的市政工程时有耳闻，但耗资低于估算的工程却罕有听闻？有多少工程是比照着宽松的估算大手大脚花财政钱的？

更讽刺的是，报道称市建委前不久刚召开了会议，研讨工程建设如何做到精细化管理，可试问，建委能将雨棚工程从300万元招标价估算到500万元，粗疏至此，谈何精细？雨棚造价估算尚且如此，其他天价天桥的造价能有多大水分可挤，可想而知。

此外，本地知名媒体人苏少鑫在微博上指出，新建天桥由广州城投集团投资才是问题的根源：“2012年财政安排给城投50亿城建资金已落实，建委安排的建设项目中60项归由城投投资。钱不这么花，能花完吗？”这确实指出了媒体接下来继续追问的方向：财政“安排”给城投的50亿元城建资金到底有没有被“报大数”漏花掉？“天价天桥”不建了，为什么不能在原址上建平价天桥？说好的BRT雨棚为什么只给部分站台安装？50亿元的城建资金到底是怎么花的？

（2012/06/07《新快报》）

天价天桥如何获批，纪委应介入调查

“天价天桥”事件又有新进展。报道称，最初出自发改委文件中的20多座人行过街设施项目只是市城投集团的建设提议，是最近3年的计划，不是铁定要建的；市建委公布的10座天桥才是2012年确定要建成的项目。

但是，“天价天桥”项目2012年不动工，并不代表项目被砍，毕竟人家已获得市发改委的批复，若不是文件被媒体意外曝光，“天价天桥”接下来一路绿灯获批年内开建并非不可能。要知道，城投集团已拿到财政安排的50亿元城建资金，不使劲花，恐怕都要担心花不完吧！

如今计划被曝光了就拿出里面最便宜的两座天桥出来充数，说要建“平价天桥”，但以其中的华南理工大学北门东莞庄路天桥为例，市发改委批复的投资概算是798.89万元，市建委公布的投资估算是400万元，生生砍掉了一半。若按建委的说法，发改委公布的是总投资数，那就意味着在广州建一座天桥，其额外支出几乎等同于天桥本身的建造费用。

那么，额外支出具体包括哪些呢？建委称主要是拆迁或管线迁移费用，这些是天桥造价的“大头”，但立刻有专家反驳称天桥用地几乎都属公共市政用地范围，且天桥占地面积不大，不需高额管线迁移费——双方说法截然对立，不知建委可有更好的解释？

其实，“天价天桥”曝光的最大意义在于它向公众揭示了市政工程建设概算是如何漫天要价，又是如何轻松过关的。原来，平常我们所看到的，仅仅是工程的招标价和建委公布的工程估算，是相对于“大头”的“小头”，而整个工程完全做下来，只要花费的资金不超过市发改委批复的概算价格就没问题。也就是说，额外费用等于或超出天桥本身的建造费用，很可能是广州天桥建设的常态。比如：金穗路—珠江西路交叉位置天桥改造项目，媒体一开始看到项目的招标价是285万元，但在发改委给城投集团的批复文件里，这一项目的概算竟高达1 521万元！城投集团到底基于怎样的理由将天桥改造的额外费用增至如此之多？纪委理应介入调查。

（2012/06/09《南方都市报》）

挖不挖马路领导说了不算，包工头说了才算？

苏泽群副市长那句“2011年一年广州都不准开挖马路”言犹在耳，越秀区新河浦路与合群一马路就“开膛破肚”了，这眼药水滴得未免太快太猛了些。

不过越秀区供电局以及越秀区建设和水务局已迅速回应市民质疑，称“开挖道路是因为供电部门要抢修故障电缆，属于抢修工程范畴”，且否定了之前报道中供电抢修施工单位黄先生所说的“亚运前，这里的电缆被一些施工队挖断了，等到亚运结束，我们才能来整修”这一说法。

不得不说，越秀区两局联合给出的解释还是挺“给力”、挺能堵住市民质疑的嘴的。抢修嘛，合理！再说了，当初苏副市长承诺之后，市建委主任侯永铨是作了补充和强调的，称“不开挖马路的区域主要是指老六区，紧急抢修的除外”。只是不知道市民是选择相信第一次报道中黄先生现场给出的说法，还是这一次越秀区两局共同给出的说法了。

好吧，就算2011年这“开年第一挖”是有章可循的，相信很多市民心中对苏副市长那句“2011年一年广州都不准开挖马路”的承诺已经开始打折扣了。毕竟，只要事后一解释是“抢修”，岂不是每次开挖都有理了？在信息不对称的情况下，市民如何判断这次挖路是抢修还是其他的什么缘由？又怎么可能有效监督呢？

这也就无怪乎有市民幽怨地发问“苏副市长不是说不挖路吗？”这可爱的问句很像谈恋爱的两个人，一个提出分手，另一个泪眼朦胧地问“不是说一辈子在一起的吗”？真叫人情何以堪呐！

其实，有“房价总理说的不算，总经理说的才算”这样的说法在先，广州市民也要学会认清形势，别太“装外宾”了。挖不挖马路这种事啊，在广州说不定从来就是“领导说了不算，包工头说了才算”呀，越秀区新河浦路也许会成为这话的一个例证。

所以说，类似“某某某（政府官员）不是说什么什么了吗”？这种句式您尽可以用来广泛造句，大多数政府官员的承诺都是适用的——以和现实完全相反的方式。我在这里不妨先抛砖引玉，举两个例子：“市物价局邱副局长不是说要在2010年内举行价格听证会，讨论取消1元燃油附加费吗？”“市环保局局长不是说擦不净‘两块玻璃’就辞职吗？”而现实呢，大家都看到了，燃油附加费涨五毛时被搅黄了，这回就给你涨一块！而南玻、澳联“两块玻璃”也并没有在局长承诺的两个月里处理好，还成了亚运期间首批被停产或限产的企业。

本来，官员把话不说得那么满，留点余地是明智的，因为城市治理搞一刀切终归是不合理也不切实际的，但如果这余地成了任意可以开的口子，成了可以任意装借口的筐子，那么前面那句狠话也就没必要说了。

（2011/01/04《新快报》）

“宽容”夜间施工：还要反思什么

报载，广州地铁六号线一德路站施工工地在一个月内5次遭遇深夜钢珠枪袭击。因工地周边居民楼众多，施工方怀疑枪击事件与工地深夜施工扰民有关。广州地铁公司表示夜间施工手续完备，且已采取降低噪音措施，呼吁“一时的阵痛希望能够得到市民的最大宽容”。

因深夜施工扰民而引发枪击事件，这在广州大概闻所未闻。暴力枪击行为应予谴责，但相关各方也亟须正视解决夜间施工扰民之害，毕竟，该地铁站预定2012年12月底才完工，这接下来9个月的噪音如何忍受，不是一句请求“宽容”就能天下太平的。

广州地铁称一德路站拆迁拖延了近6年，工期已严重滞后，适当延长施工时间，早日开通六号线，是沿线多数居民的期望……这都是实情。但拖延拆迁是谁的错？是这些受干扰居民的错吗？如果没被拖延，他们不是本可以照样享受到地铁开通的益处吗？虽然就全局而言，目前只是“短暂阵痛”，但对受影响的家庭或个人来说，却可能是“挺不挺得住”的考验？在周围居民中，是否有某些街坊，因为身体或工作原因，不是不想“宽容”，而是确实无法忍受，甚至未及等到地铁建成，他们的身体或工作就毁掉？对于这部分街坊，一句“恳请宽容”是否足够？是否应考虑短期异地安置，并给予经济补偿？

在这次事件中，“夜间施工许可证”被施工方一再亮出来，引为合法合规的“护身符”，对此，也不妨追问：相关部门批准夜间施工，到底依据什么标准？批准的程序是怎样的？有没征求受影响居民的意见？可曾考虑补偿方案？夜间施工的噪音控制有无规范？现场监督是否足够？若遇投诉有无及时的解决机制……总之，前前后后的协调是否充分到位，而不是像这次事件，一再遭遇抗议，以致酿成极端行为。

不可否认，城市建设中存在部分需要日夜赶工的工程，但批准夜间施工的考虑因素除了工期，至少还应包括“尽量少扰民”，而该工地附近有众多居民楼，有关部门当初是出于怎样的利弊权衡，才批准其夜间施工的呢？政府既已规定城区禁止夜间（22 时至次日 6 时）建筑施工，又留下了一道这样的口子，那么，这个夜间施工的审批就应慎之又慎。否则，工地有夜间施工许可证护身，周围居民的权利又如何保障？

周边居民尽量“宽容”，这是应该的，但施工方和建设部门对街坊的诉求也需拿出实质性的回应举措，“一人行一步”，这才是和谐之道。

（2012/04/06/《羊城晚报》）

天河东围蔽：市民只被知会，还未置喙

广州猎德大桥北延线工程于 2012 年 6 月底复工，为配合该工程天河北路节点工程施工，天河东路至天寿路路段全长约 500 米范围

内两侧部分车道进行围蔽施工作业，围蔽期将长达两年。

在天河东路这样涉及上百万人出行的交通拥堵黑点围蔽施工两年，这一公共决策波及面不可谓不广，但是，从6月26日市建委和工程业主单位广州市新光快速路有限公司共同发布消息，到6月29日就开始试围蔽，只留下不到3天的时间让市民接受并适应这一决策——摆出这样一副“不容市民置喙，只需知会市民”的架势，怕是道路还没拥堵，市民心里已经添堵了。

据报道，为了缓解围蔽所带来的交通压力，新光公司和市交委、市交警经过多次协商，最终确定了多项交通疏解方案，如周边多个十字路口都将允许左转，建5座临时钢便桥解决行人过街问题，车流引导向体育东路，临时分车道放行等，这些措施确实可看作基于以往围蔽施工导致民怨沸腾而总结出的教训，有关方面事先能有此预案，自然值得肯定；但问题的关键是，由工程业主单位和政府部门协商出的这些疏解交通措施是否能够真正有效地缓解交通压力？

话说“知屋漏者在宇下，知政失者在草野”，对如何缓解交通压力最有发言权的莫过于对道路围蔽有切肤之痛的出租车司机和围蔽工地附近的私家车主。譬如不少的哥、车主建议，“如果能像亚运前一样，开通华快黄埔大道至广园路免费，那天河东路施工造成的影响肯定可以大大降低”。呵呵，关于“免费开放”之类的建议向来最一针见血，就是不知政府肯不肯“出血”支付这部分花费？

其实在“天河东围蔽两年”的决策已经敲定的前提下，市民再提如何进行交通疏解的建议未免显得很天真，尤其还是要求“免费”的。但是，市民完全有权质问：新光公司和市交委等共同提出的交通疏解方案若不能疏解拥堵怎么办？不事先听取市民意见就打算围蔽两年已经很糟糕了，在缓解拥堵方面难道也不“屈尊”听听市民建议？

另外，有相当多的市民质疑道路围蔽两年是否合理，这问题其实很难回答，实因市民没有渠道了解工程施工的全部信息，只能依据已有围蔽工程带来的诸多恶感而倾向于认为道路围蔽时间过长并不合理。君不见，“最牛工地”海珠广场地铁工程围蔽5年，洲头咀隧道工程围蔽4年“围而不建”，康王路延伸穿行流花公园隧道超期围蔽……工程超期围蔽历来如此明目张胆且免于处罚，未免让市民心有余悸，听见围蔽就条件反射地反感，遑论还要围蔽两年。

因此，未来两年，面对因天河东围蔽而可能带来的诸多问题，政府部门绝不能当“甩手掌柜”，而应切实负起责任，做个尽职尽责的“监工”：首先要核实的，就是工程业主单位是否对围蔽工期“报大数”，想围多久就围多久；其次有必要督促工程业主单位就工期立个军令状，声明在何种情况下的延期是可以理解的，在何种情况下的延期又是应予处罚的。

（2012/07/02《新快报》）

围蔽若不征询民意就须直面质疑

经过为期 4 天的试围蔽和交通疏导调整，天河东路 2012 年 7 月 5 日起开始了为期两年的正式围蔽和施工。对市民普遍关心的围蔽工期如何计算、围蔽为何不征询民意、为何不能免费借道华快等问题，新光公司和市建委作出了回应。

事先不征询民意，事后就要回应质疑，无论如何，与民众沟通、征询市民意见都是城市治理中不可或缺的一环，这一次新光公司和市建委采取事后解释的做法，明显被动很多。

新光公司解释称，“现在的工程管理没有要求就工程围蔽范围和交通疏解措施征询民意，这涉及非常专业的工程技术，很难用民意的方式来决定围蔽范围的大小”，“我们是完全按工程的法定程序审批的”。我相信新光公司的解释，即按既有程序，围蔽无需征询民意；且此工程早在亚运前就通过了环评，只是因为亚运后不准开挖马路的原因耽搁了两年，现在复工，市民觉得突然。

可即便新光公司所为符合程序，又有受行政命令影响这样不得已的苦衷，但时移世易，如今再复工围蔽，依然可以做得更人性化一些，尤其应重视围蔽工地附近居民和商户的意见。可以想象，如果新光公司不是 6 月 26 日发布消息、6 月 29 日就开始试围蔽，而是预留充足的时间征询民意，特别是让围蔽工地周边的居民和商户做好相应的准备，那么现在受质疑的火力绝对要轻很多。

如果征询民意不是现有申请围蔽程序所强制要求的，那么新光公司是否愿意开个先河？市建委等政府部门又是否可以从现在起，推动所有围蔽工程的业主单位在施工前就工期、施工注意事项、交通疏解措施等问题与周边居民做个沟通？凡事都有第一次，道路围蔽征询民意一事，以前没有，现在就应该有。

而以事涉“专业”为由，鄙夷民间智慧，认为市民对如何围蔽、如何疏堵给不出有效建议，未免有些轻狂。仍以免费借道华快为例，新光公司回应称“施工主要影响的是天河东附近居民的出行，而借道华快方便的是其他经过天河区的车主”，“所以放弃了”。这说法实在可笑，城市交通牵一发而动全身，借道华快如果能疏导部分车流，就能缓解围蔽工地附近的拥堵，天河东附近居民自然间接受益。说到底，新光公司和市建委等部门不过是舍不得给华快一些“买路钱”而已，不信，开放免费借道华快一个星期看看效果如何？

至于工期是否“报大数”的问题，新光公司回应称，“报工期后，如果工程超期，要向市政部门交付占道费”，“因此肯定是希望越快越好地做完”。这解释其实逻辑不通，因为市民会认为，企业正因为怕交占道费，所以才将工期尽量“报大数”；而且，占道费为什么要交给政府呢？因围蔽而被堵在路上的、生意惨淡的、房子住不安宁的都是市民啊，工程延期占道的罚款应该回馈周边居民才对；占道费交给政府部门，占得越久交得越多，政府部门还有动力来督促工程抓紧完工吗？

（2012/07/06《新快报》）

道路施工统筹几时能落实

广州市海珠区工业大道变成了“施工大道”，每隔数公里就有一个围蔽的工程，要么是电力工程，要么是电信工程，要么是地铁工程等。虽然这些工程大多手续齐备，但如此多的工程在一条路上同时施工，噪音、道路堵塞等问题令不少市民大呼“伤不起”。

工业大道变成“施工大道”所反映出的多头施工、频繁施工等问题，其实一直存在于广州的市政建设过程中，成为摆脱不掉的“顽疾”，而针对这种“顽疾”所开出的药方——统筹道路施工，却一直难以落实到实践中去。

犹记得2010年4月，广州市政协十一届四次会议上，政协委员朱国麟提出了一份“加强道路施工统筹管理，还市民良好的出行环境”的建议，其针对亚运前夕广州多处地段因道路施工导致交通拥堵、环境脏乱的现状，提出了一系列切实可行的建议，如市区内道路施工统一归口管理、完善道路施工有关管理规定、建立道路施工管理网上信息公开制度、强化道路施工监管等。

遗憾的是，两年多过去了，至少从工业大道变成“施工大道”的现状来看，很难说广州的道路施工统筹工作有何进步，部门之间依然是各自为政，想挖就挖，罔顾民生感受。区一级的管不了市一级的工程开挖，市一级的工程也不会和区一级的协商后再施工；电力部门不会和电信部门协商后一起开挖，电信部门也不会和地铁公司沟通后同时施工……

虽然报道中海珠区市政建设局投诉热线的工作人员表示，会尽量跟多方单位协调，看是否能够更科学合理地安排施工顺序，但可以想象，这种协调会是多么无力。只要没有市一级乃至更高层面的统筹管理，没有指定的统筹部门，道路施工中多头施工、频繁施工等乱象就不会彻底杜绝。

其实这一切最终指向的问题就是，道路施工统筹问题为什么长期以来难以落实？政府部门当初是如何回复朱国麟委员的建议的？如果认为其建议合理，那这两年多来，政府在落实其建议方面采取了什么举措，取得了哪些效果？如果认为其建议不合理，那又有何高招解决道路多头施工、频繁施工等问题？

对于经历了亚运前夕满城道路开挖乱象的广州街坊来说，“拉链路”噩梦似乎并没有随亚运结束而远去，道路施工并不存在“痛苦一阵子、消停一辈子”的好事，当然，“一辈子”有点长，可是，哪怕消停几年不挖也行啊！只是，消停几年往往也成了奢望，道路总是免不了时不时“开膛破肚”的命运。或许只能期待，广州实现道路施工统筹那一天不会太遥远。

（2012/05/18《羊城晚报》）

道路依旧各挖各，统筹意义何在

广州市中心城区2012年有279项道路挖掘项目将集中在9月至11月实施，挖掘道路总面积约占中心六区道路总面积的6.3%，其中，中山路、广州大道、广园路、东风路等城市主干道都有挖掘计划。

广州市交委此次将全年279项道路挖掘计划提前向社会公布，这可看作是对2012年2月出台的《广州市城市道路占用挖掘许可管理试行办法》的第一次演练，意味着广州在道路施工统筹方面终于迈出了姗姗来迟的第一步，值得肯定。

但在肯定之余，也需注意到，距离亚运前的全城道路施工高峰不过3年的时间而已，为什么广州一下子又涌现出如此多的道路施工项目？施工之前，恐怕相关各方实有必要先检讨一下，亚运前的"满城挖"在施工设计上是否过于短视了？

报道称，2012年广州市中心六区共计有40家单位上报1 426宗道路开挖计划，涉及30余个项目类别，如地铁建设、电信、供电、燃气、路灯改造、供水等，最终批准了279项——从1 426项砍到279项，施工总量倒是控制住了，但问题是，余下的一千多个项目怎么办？要分几年才能完成？今后每年又有新增道路施工项目又该如何协调？

仔细查看此次市交委公布的《中心城区2012年城市道路挖掘计划》可发现，广州的道路施工统筹似乎依然处于非常浅表的层面，并没有体现出统筹的精髓。现在的情形，依然是供水的挖供水的，供电的挖供电的，各挖各的，一次挖掘只完成一项任务，没有哪一项挖掘是由2家或以上单位协同挖掘以同时完成多项任务的，施工统筹中最为关键的内容——对不同施工单位之间的统筹，未能在此次挖掘计划中体现出来。

不得不说，如果按照现在这个思路，施工统筹的意义可能大打折扣，市交委即使控制住每年的道路挖掘总量，控制住施工时间、施工区域，却无法从根本上避免道路的反复开挖，事实上，这不过是将“拉链马路”再次拉开的时间拖长了而已。

一直以来，“拉链马路”的出现都被归咎于地下管线权属单位之间施工方面的难以协调，而从此次披露的数据来看，1 426 宗挖掘计划也不过涉及40家单位而已，那么，市交委等政府部门能否在这40家单位间做更多的统筹工作？譬如说，供水公司挖掘的路段，供电、燃气等其他单位有无施工需要，能否借此机会，与供水公司合作完成施工？须知，不同施工单位之间的协同合作，才是道路施工统筹的关键，也才能最终避免“拉链马路”的出现。

（2012/07/16《羊城晚报》）

你挖你的，我挖我的，马路就成了“拉链路”

广州市交委和市城管委近日联合公布的道路挖掘计划显示，2012年9月至11月，广州中心城区共有279项道路挖掘项目要实施，广州大道、中山路、广园路、东风路等城市主干道都被包括其中。而在这279项之外，还有数量未知的8类可直接办理挖路许可的“计划外挖掘项目”正在或即将实施。

有媒体综合分析了2012年计划内与计划外的挖路项目，发现有一些项目是属于反复开挖的“拉链马路”，如长堤大马路，它在迎亚运环境整治、民间金融街建设中已两度被整治，但2012年11月又要因供电配网项目再度开挖。

其实为破解“拉链马路”这一难题，广州一直以来都有心借鉴国外发达城市的“共同沟”设计，以期改变各类管道各自为政的凌乱局面，避免道路被反复开膛破肚。但在实践中，即使是不同管道的共同施工改造也难以协调，市政协委员韩志鹏举例说，“同德围地区要上马地铁项目，供电局找到广州地铁公司，希望电力工程和地铁隧道工程能够合并进行，但地铁公司拒绝了”。

看来，道路施工统筹在现实中举步维艰，从此次公布的279项道路挖掘计划来看，也是各挖各的，没有哪一项挖掘是多个单位协同挖掘以同时完成多项任务的，城市治理中的道路施工统筹能力依然有待提升。

那么，道路到底该怎么挖？道路施工到底该如何统筹？政府部门或应从以下三个方面予以改进：

一是应有计划地弥补老城区管线改造的历史欠账，做好“共同沟”铺设。有记者梳理279宗挖路计划项目时发现，市自来水公司、供电局、电信公司、燃气公司这四个单位的道路挖掘项目占了总数的99%，由此看来，在这四个单位之间进行道路施工统筹，避免各挖各的形成“拉链马路”，是相对容易操作的。那么接下来政府部门能否对2012年申报的1 426宗挖掘项目进行“合并同类项”，统筹不同单位之间共同施工呢？

二是平衡好计划内和计划外的道路挖掘工作。虽然计划外道路挖掘项目多为省市重点建设工程，享有挖路“豁免权”，但这些项目如果过多，必然会冲淡了道路施工统筹的意义。对于广州每年的挖路项目，无论计划内外，还望相关部门通盘考虑，否则，管得住计划内，管不住计划外，有可能导致越来越多的挖路项目挖空心思寻求计划外的挖路“豁免权”，架空道路施工统筹的作用。

三是政府部门之间应加强对道路挖掘工作的协调。据报道，在大部制改革前，排水、煤气、绿化、道路抢修和建设等所有涉及挖路的部门都集中在市政园林局管辖，有利于内部协调挖路计划；而大部制改革后，排水划给了水务部门、绿化划给了林业和园林局、道路抢修划给了市交委、道路建设划给了市建委、人行道管理划给了市城管委，多部门之间的协调成了难题。对于施工统筹而言，如果有关部门自己都存在协调困难，那么寄希望于它们统筹、协调好施工单位，怕是难上加难。

总而言之，对已公布的279项挖路计划，希望政府部门能根据舆论反馈作进一步调整，提升道路施工统筹能力；对计划外的道路挖掘项目，也应有进一步的规范和约束措施。

（2012/07/18《新快报》）

挖路计划疑团多，麻烦开发布会解释一下

2012 年 7 月 19 日，距市交委和市城管委于 7 月 13 日联合公布“2012 年广州市中心城区道路挖掘计划”已经过去了 5 天，在此期间，城中各媒体、部分代表委员及广大市民对挖路计划提出了不少质疑，遗憾的是，至今未见有政府部门予以正面回应。

莫非挖路计划向社会公布后就算完事了？市民只能坐等 279 项挖路项目按计划从 9 月开始轰隆轰隆地挖到 11 月，而全无半点办法？社会各界对挖路计划所提的诸多建议，市交委和市城管委是没听到，还是准备不予采纳？

或许将板子完全打在市交委和市城管委身上也不对，据知情人士透露，早前所有挖路事宜都归市政园林局管，而大部制改革后，挖路事宜变为水务、园林、交委、建委、城管委等多个部门共同管辖——若知情人士所说属实，就意味着广州对挖路的治理事实上陷入了“九龙治水”的尴尬局面，进而导致没有哪个部门愿挑头出面回应公众质疑也就不奇怪了。

但话说回来，政府部门之间的协调不力不能作为漠视公众舆论的借口，既然已向社会公布了 279 项道路挖掘计划，那么听取民意、对挖掘计划进行释疑和调整，就是题中应有之义。

梳理各方意见，发现公众对挖路计划的质疑主要集中在以下四个方面，在此建议市交委、市城管委等部门不妨开个新闻发布会，集中回应一下：

其一，2012 年广州市中心六区共计有 40 家单位上报 1 426 宗挖路计划，最终批准了 279 项，那么余下的项目要分几年才能完成？这是否意味着今后每年 9 月至 11 月广州都会有几百项挖路工程同时进行？在已批准的挖路项目中，是否有铺设“共同沟”的设计，以最大限度避免“拉链马路”的出现？难道马路年年挖、日日挖，注定是广州的宿命？广州城市治理中的规划与协调到底体现在哪？

其二，在这 279 项挖路计划之外，顶着“省市重点工程”等 8 大名目而享有挖路“豁免权”的，已完工的、正在或即将动工的挖

路工程共有多少项？它们到底基于怎样充足的理由而能冲破法规中关于“大修后未满3年不得开挖”的规定？这些“想挖就挖”的计划外项目所带来的交通拥堵等问题该如何解决？广州今后对这些计划外挖路项目又有何约束措施？

其三，公众何时才能对挖路的必要性、挖路的时间安排及其交通疏解措施有真正的话语权？须知挖路涉及公众利益，听取民意这一环节乃题中之意，而从目前来看，不但计划外的挖路项目“想挖就挖”，而且计划内的挖路项目也没有听取民意这一环节，民意缺位导致民怨无处抒解，因此，征询民意亟须纳入挖路项目审批的正式程序中来。

其四，2011年，广州曾要求“一年都不准开挖马路”，这一规定虽未被完全一板一眼地遵照执行，但也确实在一定程度上抑制了遍地开挖的乱象。现如今几百个计划内外的挖路项目集中上马，是不是对2011年不能开挖的报复性反弹？经历2010年前那样的大中修也不过保证了“一年不开挖”而已，那这一次审批的挖路项目，又能保证多久不再开挖呢？“拉链马路”常被审批通过，谁该为此负责？

（2012/07/19《新快报》）

道路即将密集开挖，说好的民意征询呢

广州即将进入密集的道路施工挖掘阶段。按照2012年7月市交委公布的《广州市中心城区2012年城市道路挖掘计划》（以下简称《计划》），从9月起到11月，全市将有279处道路需占道施工。而《新快报》昨日对《计划》中的部分施工道路实地走访发现，有些施工地附近居民尚不知施工一事，有些则忧心施工所带来的噪音、拥堵、生意减半等问题。

该来的总要来。那么，面对未来3个月的密集道路开挖，施工方、市民、市交委等监管方是否都准备好了？从目前来看，情况恐不容乐观，至少在事前征询民意、通过媒体发布消息等方面，这279

宗挖路项目并没有严格按规定操作。市交委相关负责人在 8 月 10 日召开的广州市 2012 年城市道路占用挖掘管理工作会议上明确要求，279 宗道路开挖项目在开挖前须充分听取施工路段周边市民的意见，合理调整施工组织方案。对于那些施工工期在 5 日以上（含 5 日）等对交通影响较大的项目，除按规定在施工现场张贴通告外，还要在占用、挖掘 10 日前，通过本市电视台、报纸、广播电台等方式公布占用、挖掘项目的名称、范围、期限、负责人及投诉电话等信息，向社会发布通告，接受社会监督。

到 2012 年 9 月 6 日，《计划》中 9 月上旬开工的项目应该已征询完民意、开始施工了，9 月中旬开工的项目也早该通过媒体发布施工通告了，那为何记者采访中却发现不少居民对施工情况一无所知呢？施工方都通过本埠媒体发布施工通告了吗？这些施工项目的民意征询工作到底是怎么做的？

道路开挖前应征询民意，这既是媒体反复论述的观点，也是市民的强烈要求，这一次，更是市交委的明确规定，那么，这 279 宗道路施工项目中，有多少项目是按要求操作、进行了民意征询的？市交委除了制定规定，是否有派人监督检查规定的落实情况？制定规章总是容易的，难的是落实，市交委有必要及时向市民通报这些项目的进展情况，跟进检查其是否严格执行了相关规定。

如之前论者所说，这 279 宗道路施工计划，是广州在道路统筹方面的第一次演练，虽然它天然存在许多不足，譬如，对享有挖路“豁免权”的计划外挖路项目没有约束力，缺乏对不同单位在同一路段的施工统筹等；但同时也应该看到其积极意义，毕竟这是广州市相关部门开始有意识地对道路施工进行计划，说明政府部门意识到“拉链路”给民众生活带来的不便，力图有所改变。

进一步来讲，如果这 279 宗挖路项目能够如市交委所要求的，在开挖前进行民意征询，如期开挖并如期结束，根除以往围而不建的痼疾，那么，这次演练应该说仍有可取之处，仍能为广州今后的道路施工积累经验。现在最担心的就是这 279 宗项目依然我行我素，对交委规定置若罔闻，让道路统筹施工的努力成为一纸空文。

（2012/09/06《新快报》）

道路施工统筹应注重科学性和严肃性

2012 年 7 月间，广州市相关部门曾联合公布一项道路挖掘计划，称 9 月到 11 月广州中心城区共有 279 项道路挖掘项目要实施，但《新快报》记者连日调查却发现，不少计划内项目并没有按照计划时间表开工。对此，市交委回应称，279 个项目中仅开工了 29 项，其余项目因审批、资金等问题无法开工。

279 项挖路计划至今仅开工一成，且相关部门承诺 11 月不会出现挖路井喷的突击现象，这让当初忧心广州 9 月到 11 月间可能出现“满城挖”的街坊们或许可以略略放下心来。只是，“虚惊一场”对受够了“拉链路”、渴求宁静的街坊们是件好事，对制订挖路计划的相关部门却是一件尴尬的事——人们会问：项目开工仅一成，当初制订的道路挖掘计划科学性何在？严肃性何在？

相关部门解释称，未开工项目中有一些是因为施工单位不急于开工，只是先申报纳入计划“霸位”。项目施工竟可以“霸位”？要知道，当初共有 40 家单位上报 1 426 宗道路开挖计划，最终仅 279 项获准，这些“霸位”不开工的项目不仅挤占了今年的施工名额，还会影响下一年度的道路施工计划。那么，对这种“霸位”行为，相关部门是否应采取相应的惩罚措施？譬如限制该单位申报下一年的挖路计划、限定其必须在计划时间内完成施工等，如此，才可能保证道路挖掘计划的顺利推进。

之前曾有评论批评道路挖掘计划中统筹施工层次太低，依然是“各挖各的，一次挖掘只完成一项任务，施工统筹中最为关键的对不同施工单位之间的统筹未能体现出来”，而如今从项目开工仅一成的情况来看，统筹层次低的问题不仅存在于施工单位之间，更存在于行政部门之间，比如相关部门称，计划中的部分未开工项目在审批时遇到了一些问题，主要是规划部门不予发放建设工程规划许可证——这很奇怪，既然项目已纳入相关部门的挖路计划，为何又会遭遇不发许可证的难题？这让施工单位如何是好？还有一些项目各种审批都没有问题，但项目使用资金还未获得下放，导致无法开工，这其中，是否也有这些部门的责任？

另外一个值得关注的细节是，相关部门审批的挖路项目工期仅仅包括挖路这一个工序，而一个项目的完整工期除了挖路这一工序外，还包括修复、观测、养护等工序，后面这些工序也是需要工期的，且时间不固定，有时还不是由同一家施工单位做的，这很可能导致有些挖路项目超过了审批工期仍在施工。这个细节之前一直没有向公众解释清楚，导致公众一厢情愿地认为批准的工期就是全部占道时间，现在看来真是错得离谱了。但问题是，如果相关部门只能管住挖路这一个工序的时间，其他工序时间都管不住或者说不想管，那对整治那些长时间围蔽占道却不施工的项目还有多大约束力？也未免会让人怀疑制订挖路计划的工期及其严肃性。

总而言之，从当初 279 项挖路计划公布，到如今计划仅开工一成，围绕这一挖路计划有太多需要反思和改进的地方，这不仅涉及之前讨论的如何规制计划外的挖路行为，更包括如何严格执行计划、用制度保证计划内挖路项目的按时开工和完工。但愿这些问题在制订明年的挖路计划时能够得到改进。

（2012/11/08《新快报》）

“麻坑脸”马路，问题又成了老天的？

台风暴雨过后，广州多处马路出现“麻坑脸”，不仅难看，而且容易导致车辆陷入其中，引发追尾等交通事故。事情经媒体曝光后，除个别路段外，新港路、下塘西路、昌岗路、中山大道等路段的“麻坑脸”已基本修复。

暴雨过后，广州集中出现“麻坑脸”马路，其中不少还出现在不久前刚大修过的路面上，这实在有些匪夷所思。对此，相关部门解释称，暴雨天气是罪魁祸首，因为沥青路面怕水，遇雨黏度降低，经车轮碾过会出现坑洼。而道路专家则表示，这可能是道路本身原因，也可能是施工方面的原因。

嗯，凡事一说到原因，就复杂了。在我们这儿，想追究人的责任基本没戏，凡事能推给老天的，就推给老天了，反正它又不会张嘴辩白。话说这一次的台风暴雨没少揭城市建设的“脸面”，先是把“盆栽树”吹倒，后又把沥青路弄成“麻坑脸”，很是不给面子。广州几乎每来一次台风暴雨，就掀一次城市光鲜的“脸面”，早前的“黑漆路”、水浸街等，都已证明了这一点。

说回这一次的“麻坑脸”马路，首先，政府部门既然声称原因是沥青路怕水，那么，早些年的沥青路是不是也这样每逢暴雨就成“麻坑脸”呢？还是唯有不久前翻新、大修的这批路出现的坑洼尤其多些？政府部门能否拿出更有说服力的历年详尽数据来证明自己的观点，以示将责任推给老天不算冤枉它？

其次，“麻坑脸”马路全部由政府部门维护，也就是由纳税人埋单，那么，这些道路在施工的时候有无问题？道路是否仍在保修期内？政府部门若完全不去追究施工单位的责任，而是一味不分青红皂白地帮忙“擦屁股”，既冤枉，也很可疑。

最后，2011年6月市交委已经公布市、区两级城市道路养护责任单位和破坏投诉监督电话，但是这一次有记者按图索骥拨打电话投诉，却仍遭到推诿。譬如天河区与白云区的相关部门都表示沙太南路不归自己管，天河区建设和水务局的工作人员更是错误提供某家庭号码给记者……对这种推诿和不负责任的行为，涉事部门有何检讨及追责措施？

市交委主任冼伟雄曾表示，广州城市道路维护必须做到“三要”（面要平、坡要顺、沿要齐），“三无”（无坑洼、无破损、无沉陷），并实施道路定时巡查制度，“不要等到媒体报道了，我们才发现哪段路、哪座桥出了问题”。但此次“麻坑脸”马路一事，还是先由媒体曝光，政府部门才跟进的，政府部门的工作仍有懈怠之处。

必须指出，从早前被大雨冲洗掉色的“黑漆路”，到如今被暴雨冲刷出“麻坑脸”的沥青路，广州的道路似乎越来越脆弱了，其间，天灾人祸究竟各占几分？

（2012/08/06《新快报》）

施工能挖成“拉链路”，种树却挖不得一个坑?

台风“韦森特”过后，广州海珠区南田路、东晓南路与昌岗路交界，天河区翠华街，越秀区达道路与中山一路交界等地都出现了倒伏的“无根树”。所谓“无根树”，就是说这些树的根部竟像盆栽一样被禁锢在水泥桩内，无法长到土里去。对此，海珠区园林部门解释，居民呼吁种树防晒，但路面下的钢筋混凝土结构又挖不进去，只好想出“无根树”这个折中办法，并希望记者能帮忙收集市民意见以解决两难困境。

呵呵，“无根树”被台风刮倒了，“面子工程”暴露了，园林部门开始做左右为难状，想到“收集市民意见”了。问题是，早干吗去了?！当初种树遇到困难，怎么没想到要向市民说清状况，收集市民意见？台风来临之前又为什么没想到就这些“无根树”向市民发出预警？这次“无根树”好彩没有砸到人，真要砸到了，会有人为此负责吗？

专业种树的园林部门竟用盆栽的方法种树，这听起来简直匪夷所思，但专业的行政部门干出如此不专业的事情，倒也不独园林部门一家，类似骑楼弄个玻璃顶、马路刷黑漆之类，不都是经某些部门首肯的“创新”吗？若不是此次“韦森特”台风掀起了“无根树”的秘密，天知道盆栽种树法会不会一直流传下去？

事情的关键在于：城市硬底化果然已逼迫得树苗都无处在广州扎根落脚了么？钢筋混凝土的路面到底能不能开挖种树？有园林专家称，在水泥路面上开挖种树，需考虑路面具体结构，若路面是一整块水泥板，开挖会造成结构隐患。而另有从事绿化工作的人士则以东风路开挖50多厘米厚的混凝土路面种树为例，指出“无根树”很可能是施工单位嫌成本太高，偷工减料所致。

按理说，钢筋混凝土的路面到底能否开挖种树是个专业问题，外行不方便插嘴，但现在出现两种截然不同的说法，就颇耐人寻味。

作为一个彻头彻尾的外行，我直觉“挖路种树会造成隐患”一说不靠谱，试问广州多少道路反复开挖得都成“拉链路”了，真要破坏什么一整块的水泥板、造成结构隐患，怕是早已成事实了。凭什么埋管线就可以反复挖路，种棵树却挖不得一个坑呢？

必须指出，用盆栽的方法种“无根树”，园林部门长期以来都是知情同意的，他们完全清楚这种做法可能带来的隐患，却依然心存侥幸地采纳了，且从未向社会公开说明过。

现在亟须追问的是，全市的“无根树”到底有多少棵？具体分布在哪里？对它们未来可能造成的安全隐患，该采取怎样的预防措施？此外，钢筋混凝土路面到底能否开挖种树？若不能，园林部门为何不早早向公众解释清楚，避免这显而易见的浪费？若可以开挖种树，那为何没开挖，反种成了如今的“无根树”？当初负责种树的单位以及园林局的相关负责人，必须站出来向公众解释清楚。

（2012/07/26《新快报》）

第九编

BRT & APM & LPG

BRT，APM，LPG，即使是生活在广州的街坊，对这些英文字母背后代表的意义也未必完全了解。其中，BRT是快速公交系统，APM是旅客自动输送系统，LPG是液化石油气，被广泛使用于广州公交车上。

这些应用于城市建设和生活中的新事物，究竟是否应该被采用？又该由谁来决定它们是否要被推广？城市如何避免沦为新事物的试验场？带着这些问题，我试着对它们进行观察和解读。

仅以快慢评价 BRT 并非科学态度

BRT 于 2010 年 2 月 10 日终于投入试运行接受市民检验，“丑媳妇终于要见公婆了”。市民搭乘 BRT 感受如何、对 BRT 有何评价，很快就会有结论。

BRT 快，那是应该的，因为这是它未“诞生”前就肩负的使命，加上正式运营前各方保驾护航，市民演练配合，可以说“集万千宠爱于一身”，BRT 想不快都难。

BRT 慢，就比较麻烦，社会各界除了继续给它支招、让路，使它快起来之外，自然免不了要追究、反思 BRT 上马的整个过程，给胸中压抑已久的闷气找个出口。

无论如何，随着 BRT 工程收尾并开通试运营，对它进行盖棺定论的评价一事就会被提上日程。之前有评论认为，评价 BRT，要“以实事求是的态度来看待”，要“以市民意见为最高标准”，这些都是有道理的。

总之，评价 BRT，不能局限在“木已成舟”的基础上仅从其开通后的速度快慢来评价，而应从 BRT 酝酿、决策、施工、成效这一完整的过程来评价，这就需要建立一个科学的、各方认可的评价体系，否则 BRT 快了就“既往不咎”，慢了就继续“找辄”，决策者和公众从中吸取的经验必然是非常有限的。

那么，这个科学的评价体系应该注意哪些方面？

一是不要急于几天内就下结论。BRT 开通的日子选在春节前夕，很多人已回乡过年，减轻了 BRT 的运载压力，因此，这段时间的运行效果不能算对 BRT 真正的检验。要看 BRT 到底成效如何，起码要在春节后再观察一个月。

二是不能由官方一锤定音。之前 BRT 的设计单位自评 95 分，我们尊重其自我评价的权利，同时也要求给予市民相同比重，甚至占更大比重的评价权利，毕竟，BRT 的使用者才最有发言权。

三是 BRT 造价问题必须审计。昨天有媒体爆出 BRT 实际建设费用可能比概算多花 3 亿多元，那么，此说法是否属实？BRT 到底造价几何？有必要给市民一个清楚交代。

四是决策过程必须反思。之前媒体曾报道，BRT征询会走过场，人大代表询问遭讽刺，5年多时间仍有市民没搞明白什么是BRT……这些问题如果仅归咎于“宣传失败”是不够的，政府相关部门需要反思的真问题应该是，决策如何从“为民做主”向“与民协商”转变，如何从“公布结果”向“公开过程”转变。

五是BRT带来的其他损失必须予以考虑。为了“木已成舟”的BRT能够快起来，中山大道沿线的公交线路作了调整，私家车主的车道使用权受到挤压，沿线居民忍受了长期塞车之苦和施工不便……这些代价事实上都该算在BRT的“造价”之内，在评价BRT时这些代价不能忽略。

虽说市民最关注BRT开通后能否快起来，但速度问题其实只是整个评价体系中最不重要的一环，因为如果在BRT酝酿、决策过程中早就做好严密的论证，BRT能否快起来根本就是个伪问题。

对BRT进行评价，目的不仅是讨论BRT本身的功过得失，而是希望能借此推广至对政府整个决策体系的思考，探讨市政决策该怎样建立机制保证市民的充分参与，彻底避免类似BRT工程“边建设边论证”的尴尬。

（2010/02/10《新快报》）

BRT终归要造样板路

年前引发热议的“BRT沿线建绿化带将花10亿元”一事，年后换了个“马甲”又出现了。这次的信息发布可谓软硬结合，一边示好“征地距离从50米改为30~50米，总投资比原来减少了3亿元”；一边又铁面表示“这是6月30日前要完工的‘死任务’”。

尽管市政建设部门曾经急赤白脸地解释，沿线绿化并非BRT的“美容工程”，不过是借BRT这个项目一起开挖而已。但从市民感受来说，这就是在把BRT当“样板路”打造嘛！可如今BRT尚未盖棺论定，很多细节问题都还在调适解决中，此时又要在沿线拆迁、建绿化带，交通问题怕是要雪上加霜。

不难发现，BRT沿线的绿化工程很有当初BRT上马时的风范：低调，不争论，干起来再说，反正问题都是边发现边解决的，有那么多部门跑前跑后地“护航”，事前周密的论证反倒显得多余了。当然，市政建设部门早就强悍地回应了，“10亿元的整饰工程计划在2009年已经敲定，程序上绝对合法”。让项目符合程序其实一直都不是问题，合不合民意才是大问题。当初BRT上马不也是“走”了程序的吗，可为什么还是带来那么多的民生痛感呢？如今，BRT带来的疼痛尚未完全抒解，绿化工程又来凑热闹添堵，这中山大道还让不让通行了？

不能忽视的一个问题是，市政投入如此大手笔地投向一条BRT，原因何在？背后有没有“打造政绩工程”的考虑？毕竟，市政交通亟须投资的地方多了去了，把大把资金都投到BRT沿线，合适吗？打造“样板路”可能是官员“政绩观”的冲动，但不应该披上“程序合法”的外衣而成为市政建设的思路。

（2010/03/04《南方都市报》）

广州建第二条BRT已是板上钉钉？

广州市交委主任冼伟雄在前日率先体验18米长的BRT“巨无霸”公交车后“感觉很好”，并表示具体哪一条道路会建第二条BRT，目前正在论证，会征求社会意见，这项工作会在亚运后进行。

又见“领导试乘”，又见“感觉很好”。说实话，我还没见过哪个领导主推的项目建成后领导体验感觉不好的。当然，做人不能太诛心，有些项目可能确实不错，再者，领导“亲自”体验，也算是亲民的一种表现，虽然“试乘”不是天天乘坐，虽然领导“感觉很好”不代表群众也“感觉很好”。

世间难有十全十美的事，市民对“巨无霸”有赞有弹是正常的，市交委对是否推广“巨无霸”的表态也算谨慎得体——“需要进一步论证”。但我更担心的是交委对第二条BRT的表态，因为从目前来看，建第二条BRT已是板上钉钉的事，只是需要论证建在哪里罢了。

其实广州要再建几条BRT的新闻并非今日才空穴来风，之前早有市领导坚决表态，“实践证明，BRT就是好”，“我们还要选择其他可行的地方继续搞BRT，希望大家理解，正面宣传”。

第二条BRT建在哪里，有关部门正在论证，且会征求社会意见，因此不能说政府不尊重民意，不过要知道，第一条BRT能建起来，也是经过“论证”的。如今凡是政府需要先“论证”再动工的事，几乎没有论证不成功的。因为这种论证往往带有先入为主的意见，即论证的前提是“我要建BRT”，然后再找各种方法来论证BRT为什么“就是好”。

而事实上，严谨的论证应该不预设前提，应该考虑除了BRT外是否还有更优的出行方式选择？否则，这样一叶障目的论证已经有了“顶硬上”，甚至是“夹硬来”的架势，最终也将政府绑架到了一个很尴尬的位置上：你不是一定要论证BRT好吗？那么好，BRT所有不完善之处你都要担责挨骂、给它“擦屁股”——谁让你一定要建BRT？

于是乎，以前市民大热天等车不会怪政府，只能自己找个树荫凉快去，现在则不行了，你得给我装风扇喷水降温，谁让你把站台建到马路中间，还顶着个玻璃棚？

其实，类似这样的问题如果当初经过广泛地征求意见和自由充分的讨论是可以避免的，只要政府不自我设限，不顶硬上要建BRT，而是将所有改善交通的办法的利弊都论证好，交由公众来选择，政府“擦屁股”的责任就轻松多了。

另一个值得探讨的问题是，即便多数人承认中山大道BRT是成功的，是否就意味着BRT这个模式值得推广？要知道，再好的“模式”也不能放之四海而皆准，甚至换条马路，这个模式都未必适用。因此，BRT的经验教训可以总结，却未必值得推广。我们的政府应该有具体问题具体分析、不怕麻烦、不自我设限的勇气和能力，不要死守着一个模式妄想“一招鲜、吃遍天”，那是典型的懒政思维。

最后我还想不厌其烦地提醒一句，不管第二条BRT建还是不建，第一条BRT的修建费用，至少得先向公众有个交代吧。

（2010/08/04《新快报》）

还记得给 BRT 天桥建雨棚的承诺吗

广州天河区岗顶 BRT 天桥 4 部露天手扶电梯开通一年多以来，每逢大雨就“罢工”停运，给市民出行带来不便。维修人员称，电梯故障多因雨水灌井引起短路导致，“装上遮雨棚或可避免”。

岗顶 BRT 的露天电梯逢雨就罢工，想来 BRT 其他站点的电梯也是如此，上网一搜，果然已有市民投诉 BRT 师大暨大站的电梯也是逢雨就停运。没有雨棚遮挡的 BRT，不仅乘客伤不起，电梯也一样伤不起呀！

而眼下羊城阴雨绵绵，BRT 电梯要是这样下一次雨就停一次再修一次，那还有恢复运行的可能吗？依我看，索性等雨季过了再来修吧，还能省点维修费。

每每此时，舆论总是会很自然地追问：装雨棚这事该由谁负责？很遗憾，在“踢皮球”功夫了得的政府部门，想“找人负责”难于上青天。别说多少年前的烂摊子难以找人负责，即便像 BRT 这样开通不过一年多的新生事物，找人负责也是不容易的。

这不，经记者多方打探，发现 BRT 手扶电梯的建设方是广州市建委，电梯建成后由市建委移交给业主单位，即广州市交委负责管理、营运。目前具体负责电梯维修、养护的管理企业则是广州市城投新三桥管理有限公司。但建设方、业主单位以及管理企业在设备上权责界限模糊，导致改进措施至今未取得实质性进展。

我总是纳闷，为什么每次公共事务需要有人负责时，总是需要媒体发挥福尔摩斯的精神来条分缕析、层层追问呢？APM 线漏水该谁负责不清楚，BRT 雨棚该谁搭建也不清楚，每每看着各相关部门在媒体上推三阻四地卸责，真是让人忧虑：若是政府部门在这些小事的责任承担上都很糊涂，我们又如何能相信他们会对整座城市的大事负起责任来呢？

不知相关部门核算过没有，BRT 电梯加装雨棚的费用与维修费用相比，孰高孰低？为何你们能够心安理得地看着电梯日晒雨淋加速折旧，心甘情愿地支付维修保养费用，而不愿加装个雨棚呢？是怕维修企业——广州市城投新三桥管理有限公司揽不到活计吗？

犹记得2010年9月万市长曾提出，BRT沿线要同珠江新城的连廊一样，建设遮雨棚连接到过街隧道或是天桥上。广州市建委主任侯永铨当时也透露，BRT沿线的天桥准备建设遮雨棚，方案已经完成，正等待批复。但当时由于临近“9·30”的施工大限，遮雨棚或亚运结束后才开始实施安装。

如今亚运已结束半年多了，BRT天桥的雨棚还没影儿呢，电梯加装雨棚的问题又暴露出来，不知在这要么烈日炎炎要么阴雨绵绵的广州夏天，BRT每日七八十万的客流，几时才能等到雨棚的庇护？

（2011/07/01《新快报》）

扮靓有“时花”，BRT无绿化

广州将动用9 000多万元财政资金用于17条主干道和花城广场的时花布置，消息甫一曝出就招致舆论普遍质疑，可质疑归质疑，那边厢时花布置项目还是从机场高速路上“按部就班”地开始了。

用花来扮靓花城广州，这自然没有问题，但我想不通的问题是，为什么不在需扮靓的地段直接种植落地生根的花花草草，却要搞流动性很强的时花？难道花草都喜欢流浪不喜欢落户？可到处游走不是花草的本性，且很多花草没有等到再次流浪就死掉了，相比之下，倒不如就地生长活得长久。

我觉得唯一说得通的解释就是盆装的时花方便摆造型，也方便“调配作战”。这些时花本身就是为各类盛会而存在的，恣意生长不是它们的命运，它们必须按行政指令的要求，在需要的地方摆好造型、齐齐绽放。哪盆花闹情绪蔫了，立刻有候补盆花顶上。

有歌唱道：“爱情不是你想买，想买就能买”，但对肩负扮靓广州使命的时花来说，时花必须“让你开就得开”。至此，无所不能的行政权力终于达到了控制花期的程度，可以随心所欲让时花为盛会而开，摆着造型地开，五彩斑斓地开。对比之下，那些原地生长的花花草草哪有这么听话，盛会开了它不开的话，想移走它还得挖土刨根的。

其实“时花”这词本身就揭示了自身的命运和奥秘，它是应时而开的，这个“时”，不是大自然的时节，而是有关部门要求它盛开的“时机”。所以说，市林业和园林局一开始就很坦白，扮靓广州用“时花”，不是“鲜花”，也不是其他。

查询了一下摆放时花的17条主干道的位置，发现样板路BRT竟不在其中——悲催的BRT，既无绿荫遮头，也无时花养眼，挤公车的人果然很没有福气。不过转念一想，BRT确实也不适合摆放时花，为了挤上车，人都挤伤几个了，再放花的话，那还有人下脚的位置吗？

可紧接着要追问的问题就是，这9 000多万元为什么不能拨出一些来给BRT种树？BRT沿线的树当初移走时是承诺要种回来的，结果三个夏天过去了，BRT还是光秃秃要把人“晒甩一层皮”的野蛮模样。

广州市林业和园林局为投入9 000多万元摆放时花找到的理由之一就是很多市民来电来信希望市林业和园林局“保住亚运绿化成果”，即便这是部分市民的真实意见，那三天两头见诸报端的“BRT太晒、应该搞绿化”这类市民呼声要不要重视？两者相比较，又孰轻孰重？更何况，BRT绿化是比亚运绿化还早的欠账，理应先还上。

更有市民担心这9 000多万元的时花布置只管一年，以后会不会年复一年都来个9 000多万元的扮靓工程？我觉得这取决于盛会召开的频率，如果盛会一年一次，那可能就一年9 000多万元；如果盛会一年N次，那一年9 000多万元必然是不够用的。

（2011/08/11《新快报》）

怎样的BRT规模才匹配6层的调度中心

广州市交委下属站场中心日前发布招标公告，将自筹6 000万元在珠江新城马场西侧建设一座6层的新办公大楼，用作BRT新调度中心。广州市交委解释称，原调度中心为临时租用，每年需支付租金几十万元，考虑到BRT运营时间很长，故需新建一个永久性办公场所。

不知道BRT原调度中心的面积有多大？和即将兴建的6层高楼相比，想必算是简陋的，如今一下子“鸟枪换炮”，步子迈得不小啊！况且，跑到珠江新城那样寸土寸金的市中心地带建BRT调度中心，而非选在BRT沿线，这种胸怀广州的全局视野颇让人浮想联翩。

是的，6 000万元建6层大楼作BRT调度中心这个举动，很难不让人联想——要有怎样的BRT规模，才能匹配这6层的调度中心呢？目前广州仅有的中山大道BRT全长不过22.9公里，为此却要兴建6层调度中心，难道是为将来继续兴建BRT埋下伏笔？接下来广州会再建几条BRT？

其实关于广州将继续兴建BRT的消息并非空穴来风，早在2010年5月，就有广州市领导对才开通3个多月的BRT高度评价，称“实践证明，BRT就是好！除了中山大道搞BRT，我们还要选择其他可行的地方继续搞BRT”。

2011年1月，也曾传出广州下一条BRT可能选址广州大道，且经过洛溪大桥横穿番禺至南沙的消息。当时广州市政工程设计研究院已经就此提交了项目建议书，一旦通过广州市建委立项，就将建设全长超40公里的全国最长BRT。

可以说，希望广州继续兴建BRT的声音一直存在，但有关BRT的各种信息披露并不算充分，至少在中山大道BRT的造价问题上，就一直没有准确的说法。犹记得2010年2月BRT刚开通之时，建设部门曾表态BRT即将开始工程结算，其投资不会超过7.23亿元的概算，即平均每公里造价不会突破3 157万元；而一般工程结算快则半年，慢则两三年。如今距离BRT开通已过了两年多，不知结算得如何了？BRT每公里造价有个准确的数字吗？

更值得注意的是，谈及BRT造价，不能不包括它“独特”的监控调度系统所需的花费。目前BRT全线26个站点、南北52个站台、103个子站和19个重点路口都安装了视频监控摄像枪，进行24小时监控；语音调度集群系统可调度单台车辆或整条线路车辆，司机也可通过系统及时上报路况和突发事件。我好奇的是，这样的监控调度力度需要多少人力物力？和全市的交通调度相比，单独为22.9公里BRT所投入的调度力量是否过于倾斜了？BRT的“先进”、“快捷”

背后，是否意味着不计成本的投入？

尽管诸多疑问待解，但兴建BRT新的调度中心一事已然箭在弦上，虽然兴建资金由广州市交委下属站场中心自筹解决，一副无需外人操心的样子，但我总担心，为了这6层的调度中心，广州不知要“匹配”几条BRT呢？

（2012/05/21《新快报》）

BRT天桥加装雨棚别再是一场“忽悠”

记者日前从广州市发改委一份关于人行过街设施建设计划中了解到，广州计划2012年新建人行天桥21座，改造人行天桥一座，并为BRT沿线24座人行天桥加装雨棚，整个计划总投资估算为4.47亿元，资金来源是广州市财政资金。但由于可能存在拆迁或利益协调问题，该计划目前仍属于城建部门内部安排，未来或存在不能完全实施的可能。

计划有变数、未必完全实施，这可以理解，毕竟计划赶不上变化嘛；但同是计划，旧城改造那么宏大的计划都公开了，怎么这方便街坊过街的小计划反倒扭捏不愿公开了？竟要记者通过内部非正式文件了解内情？这其中究竟有何不便公开的隐情？计划又会存在多大程度的变数？

单说计划中给BRT天桥加装雨棚一事吧，这无论如何不应该再有变数了吧？遗憾的是，报道称，鉴于之前计划在BRT师大暨大站加装雨棚的先期试验并未如期在4月实施，因此加建雨棚的工程能否在8月施工仍存在变数。

给BRT加装天桥雨棚为何如此之难，已是我等民众不能理解的问题。不妨回顾一下政府部门对加装雨棚的种种承诺吧：

早在2010年9月，万市长就曾提出，BRT沿线要同珠江新城的连廊一样，建设遮雨棚连接到过街隧道或是天桥上。市建委侯主任当时也透露，BRT沿线的天桥准备建设遮雨棚，方案已经完成，正等待批复；但当时由于临近“9·30”施工大限，遮雨棚或亚运结束后才开始实施安装。谁知亚运结束了，雨棚依旧没影儿。转眼到2011年8月，广州市建委又发布消息称，已计划陆续对BRT试验线具备安装条件的人行天桥加装顶篷，并以师大暨大站人行天桥作为试点，力争在2012年春节前完成师大暨大站雨棚的加装工作。结果呢？大家都看到了。之所以不厌其烦地罗列政府部门对BRT天桥加装雨棚的一次次承诺，其实只是想向广州街坊完美地诠释一个词："忽悠"。这词在北方很常用，在广州不常见，但相信经过BRT加装雨棚一事，广州街坊也能深刻领会"忽悠"一词的精髓了，并恍然大悟其实政府部门早已使用得很纯熟了。

另外值得注意的是，计划显示，BRT师大暨大站人行天桥增建雨棚工程计划投资504万元，这一价格甚至相当于该计划表格中不少天桥造价的一半——作为建筑外行，我想怯怯地求教一下：雨棚的价格将近于天桥造价的一半，这正常吗？另外，雨棚的造价到底是如何算出的？加装雨棚工程是否已经经过了招投标程序？BRT天桥加装雨棚如此拖延的原因到底是什么？工程何时才能真正展开？

不过，问了一堆问题后我又沮丧了：要是广州市建委给出的回答又被证明是忽悠，我要这答案的意义何在呢？

（2012/05/24《新快报》）

"花景"工程锦上添花，BRT依旧无绿化

广州计划2012年投资3 516万元在全市范围建设21处"花景"，其中13处将在年内建成，其余8处在2013年建成。此外，临江大道的"花景"工程早在2011年11月就已获得发改委单独立项审批，近日已开始施工招标，招标控制价高达472万元。

细查这21处"花景"项目的所在地，除3处位于新滘路、阅江路和白云路等道路旁，其他18处竟都位于公园、景区、绿地、广场等感觉上绿化已颇完善之处，譬如珠江公园、宏城公园、花果山公园、流花湖公园等，如此"锦上添花"的选址标准实在让人诧异。

而据广州市林业和园林局负责人介绍，花景工程中打造的多处

花景堪称五星级。呵呵，五星级，这与之前广州评选10座五星级厕所的思维何其相似！一边是老城区部分家中无独立卫生间的居民如厕难，出租车司机、外来工为解决内急不得不在街边便溺；一边是远在白云山上建有4座五星级厕所。而这一次，一边是部分公园、景区在已有绿化的基础上继续升级为"五星级绿化"；一边是BRT沿线无绿化无雨棚，行人几乎"晒崩头"。

是的，又拿BRT出来对比了，也许是因为自己曾有搭乘BRT"晒甩一层皮"的经历，我总是能不合时宜地想起BRT至今没有绿化这件事。犹记得2011年8月间，有媒体披露广州将动用9 000多万元财政资金用于17条主干道和花城广场的时花布置，消息一出即引发舆论强烈反弹，我曾撰文感慨"扮靓有时花，BRT无绿化"。不想一年过去，广州再投资近4 000万元在全城搞绿化之时，BRT又一次被遗忘了。

此刻再来翻旧账，提醒有关部门之前对BRT绿化的承诺，似乎意义已非常有限——承诺毕竟只对言而有信者才有意义可言。但我还是想提醒一下，BRT沿线的大树当初移走时是承诺要种回来的，现在都忘脑后了吗？

BRT绿化之事，市民、媒体喊破嗓子了也没人搭理，让人想起市建委前些日子对建天桥先后顺序的一个经典说法——"不是谁喊得急就给谁建"，话听上去倒也没错，毕竟天桥建设要考虑选址、可行性、环评等因素，但是，对群众呼声高的项目，优先给予考虑和论证，不是为人民服务的政府部门所应该做的吗？市民喊得急的BRT绿化，为什么不能纳入"花景"项目中？

最后还要提醒一下花景工程的造价问题。报道称，临江大道的花景工程招标控制价为472万元，21处花景项目中位于二沙岛传祺公园、宏城公园、会展公园、金沙洲滨江公园等处的花景工程造价也都超过了200万元，花费不可谓不高；而联系到最近舆论重点关注的市政工程习惯"报大数"、工程结算价远不止招标价那么低廉的现实，对花景工程的最终花费，有关部门需打起十二分精神来做好监管才是。

（2012/06/12《新快报》）

BRT 三年建不起雨棚，建委失信于民到何时

连日高温，BRT 至今无雨棚遮阳的问题再度被媒体揪了出来。有记者手持温度计巡街，发现类似番禺市桥石天桥那样有顶篷的天桥，温度一般在 32℃～33℃，而类似 BRT 岗顶站这样无顶篷的天桥，温度则高达 40℃。

每逢高温质问广州市建委，这是自 BRT 2010 年开通后连续 3 年夏天广州媒体的“保留曲目”，概因 BRT 无片瓦遮头，街坊们乘车难耐高温，可负责搭雨棚的广州市建委却颇有“死猪不怕开水烫”的架势，一直不为所动，更不曾道歉。

BRT 建个雨棚为何比登天还难？以 BRT 师大暨大站天桥增建雨棚工程为例，还未动工就早早地被广州市建委定为“样板工程”来打造，并屡次传出要动工的消息，结果每一次后来都被证明是“忽悠”：从承诺亚运结束后就安装，推迟到 2012 年春节前完成雨棚安装，后又推迟到 2012 年 4 月，然后又改口称最快 6 月动工——喂，市建委，现在已经 8 月了，这次到底动不动工？

查询相关资料可发现，师大暨大站增建雨棚工程的招标公告 2011 年 9 月就挂上了网，按说应该早已完成招投标程序，可以施工了，那么，究竟是什么原因导致工程拖延至今也开不了工？到底哪家单位中标了？不开工是中标单位的责任还是建委的责任？

广州市建委 2012 年 5 月底曾表示，BRT 天桥雨棚迟迟未建，其中有资金安排的问题。资金安排具体有什么问题，广州市建委没有明示，公众只能猜哑谜。仍以 BRT 师大暨大站雨棚为例，招标公告中明确写着“招标控制价约 3 140 427.68 元”，但在发改委批复的、被媒体曝光的“人行过街设施建设计划表”里，这一工程的投资概算为 504.94 万元，后经舆论追问，广州市建委改口称投资额为 400 万元。300 万元、400 万元、500 万元，这真是一串难以解读的数字，一个雨棚工程到底需要多少钱？广州市建委的估算又为何前后相差如此之大？这背后有怎样的玄机？

遗憾的是，2012 年 5、6 月间媒体对广州市建委发起的“天价天

桥”和BRT雨棚造价等诸多未竟之问，最终以市建委一句“今后都不会再作回应”而收场。广州市建委如此霸气侧漏，舆论纵愤慨，竟也不能再从其口中问出一句话，只能偃旗息鼓。

BRT雨棚到底何时能建起来，屡次失信于民的广州市建委即便再出面承诺，其可信度怕也要大打折扣了。事情至此，舆论能说的，已经说尽了，倒是那些安坐如山的人大代表们，你们是不是都不坐BRT？为何不出面问责广州市建委：BRT雨棚到底是怎么一回事？

（2012/08/02《新快报》）

BRT天桥玻璃雨棚会不会成“黑漆路第二”

BRT师大暨大站人行天桥加装雨棚工程已经基本完工，但市民发现部分玻璃已经开裂，且忧心透明玻璃顶不防晒。对此，广州市建委解释，BRT天桥雨棚采用了最优质的防晒玻璃，有关部门可以应市民要求用相关的检测仪器实地检验玻璃的防晒效果；至于玻璃开裂，是因为广州第一次试用这样的玻璃材质，安装时玻璃“爪”和安装“孔”对不上，工人不小心将玻璃敲裂，并非玻璃质量有问题。

天桥雨棚用玻璃顶，这是广州的第一次。唉，又是“第一次”，广州市建委为什么这么热衷在城市建设中搞新花样啊？话说广州近几年城建中尝试的第一次，如中华灯、黑漆路、玻璃顶骑楼、BRT玻璃顶候车棚，有哪个是成功的？广州市建委屡试屡挫之后，怎么还试上瘾了？况且，哪一次尝新广州市建委不是开始时信心满满，出问题后就变得支支吾吾的？

现在玻璃顶的雨棚还没完工就开裂，广州市建委说是工人安装出了问题，也就是说，虽然玻璃本身的各项指标可能如广州市建委所说，是“最优质的”，但玻璃雨棚的施工工艺，却因工人缺乏施工经验而未必达到“最优质”——万一今后行人走在天桥上，头顶的玻璃雨棚突然碎了怎么办？到时街坊就不只是拿肉身检验玻璃是否防晒，更是在拿肉身检验玻璃安装是否牢靠了。

城市建设并不排斥创新、尝试“第一次”，但像广州市建委这样如此热衷“第一次”，和纳税人招呼也不打一声就屡屡拿财政资金交“学费”，是否妥当？这并非小题大做，话说广州市建委在失败的“黑漆路”上最保守也交了4 920万元的“学费”，这笔账还没给个说法呢，现在又来搞玻璃雨棚，万一失败了成了“黑漆路第二”，纳税人是不是依然只有默默为建委“擦屁股”的命？

据称市建委对师大暨大站人行天桥的雨棚工程十分重视，因其会作为BRT其他23座天桥雨棚的“标本”。恕我实在不能理解城建中搞样板、搞标本的逻辑，它除了使建委有理由重金砸向一个项目外，意义究竟在哪里？所谓“标本”，至少应该指其工程质量过硬、经得起时间检验，进而有推广的价值，可事实上，没等师大暨大站雨棚接受实践检验，BRT沿线其他23座天桥雨棚工程8月已经发出施工招标了。

市建委在天桥建设问题上的厚此薄彼，真心让人看不明白：一方面不惜砸重金在BRT天桥上搞玻璃顶篷尝试（仅师大暨大站雨棚造价就达400余万元）；另一方面，不少地方的天桥拖延多年仍建不起来，如媒体近日报道，位于大金钟横路与白云大道相交的白云大道—盈翠华庭人行天桥，附近数万居民已苦等4年了，天桥依然不动工；此外，荔湾区西华路尾，一座横跨铁路的人行天桥已经建成五六年了，却一直没有夜间照明和监控摄像头，并发生过抢劫案，街坊过桥很紧张，苦盼天桥增设照明设施。

（2012/09/20《新快报》）

BRT雨棚纷争虽歇仍需反思

广州市建委相关负责人透露，BRT师大暨大站天桥的玻璃顶雨棚已经完工，其他23座天桥雨棚则听取市民意见，将原方案中拟采用的半透明钢化玻璃全部改为不透明的铝塑板，工程预计2012年底前完工。

市建委在选取大桥雨棚材质问题上所表现出的倾听民意的姿态，

让这场持续近3年的有关BRT雨棚的诸多纷争或可画上一个句号了。但依然令人疑惑的是，一项看上去并不复杂的雨棚搭建工程，为何能惹出如此多的争议？BRT雨棚是建还是不建、为何迟迟建不起、该花多少钱建、用什么材质建……3年来，围绕着雨棚建设的每一个细枝末节，市民都有这样或那样的质疑乃至反对意见。那么，在一片争议声中建起的雨棚背后到底隐藏着哪些问题？市建委或需更多反思。

2012年9月，师大暨大站玻璃顶雨棚搭建过程中，遭市民吐槽"不防晒"，媒体随后跟进曝光。对此，市建委却斩钉截铁地声称，玻璃顶雨棚采用的是最优质的防晒玻璃，有优异的隔热效果和良好的透光性。

但上述说辞并不能让市民信服，有市民质疑市建委将城市建设搞成了"试验场"，总是不打招呼就高价尝试"第一次"，像黑漆路、中华灯，非但不成功，还落得个需高价维护的烂摊子。尤其是花了近5 000万元的黑漆路，最后落得一句"试验失败"就不了了之了，进而有市民忧心玻璃顶雨棚会不幸成为"黑漆路第二"。

或许是民间反对声音过大，市建委随后发出了征询民意的通告，让市民选择雨棚该用何种样式和材质。这一举动固然值得肯定，但同时也要质问，为何市建委在师大暨大站搞玻璃顶雨棚之前没有想到征询民意，而是一意孤行采取更为昂贵的玻璃顶？再者，BRT设计之初是有雨棚的，而后以"避免天桥成为走鬼天堂"为由又取消了，当时作出不建雨棚的决定，为何也没想到征询市民的意见？

城市建设并不天然排斥"第一次"、"前卫"、"创新"，市民所反对的，是市建委在拿纳税人的钱去搞建设的时候，并没有对纳税人的意见表示出足够的尊重，纳税人似乎只有默默为建委搞试验埋单的命。有关部门应该明白，他们现在之所以要面对越来越难被说服、习惯性地不买账的市民，正是在为他们自己之前所流失的公信力埋单。

现在市建委似乎也不大提要将师大暨大站雨棚作为"样板"了，因为这所谓的"样板"造价既高，防晒效果也遭质疑，质量安全更是未经检验。现在最可担心的还是以后师大暨大站玻璃顶雨棚会不会返工，毕竟有黑漆路、中华灯的教训在先，对城市建设中的这些"第一次"，市民实在已不敢过于乐观，一切只能"且听下回分解"。

（2012/10/19《羊城晚报》）

18亿APM与同德围：脸面与民生的较量

前两天去“小蛮腰”附近玩，特意尝试坐了一下APM，即珠江新城旅客自动输送系统，感觉确实很好很强大：全自动无人驾驶的两节车厢，据称是世界上第一条在盾构结构内、全地下的APM系统，车厢内干净整洁，而且和地铁比，车厢内人少得可怜，以致空旷得任由一群观光的小孩子兴奋地从车头迅速奔到车尾。

亚洲第一高的“小蛮腰”，配上世界上第一条无人驾驶的APM，广州的先进与繁华真是在珠江新城内体现得淋漓尽致。可我在乘坐APM时总是不合时宜地想起同德围的“华山一条路”，惦记那些曾为广州建设作出牺牲的近40万街坊，他们何时能享受到这样的出行利好？

APM开通之初就预计客流主要以区内观光旅游为主，日均客流在5万人次左右，这与我那日所见基本吻合，很多人包括我在内，是以观光体验为主的，但日均客流是否达到5万人次，我表示怀疑。

我并不是要全盘否定APM建设的必要性，毕竟，那里也有出行需求，加之地处CBD，旁边林立着广州急于集中展示给外地游客的诸多新建筑，在那里建设一个世界第一的APM，实在太符合行政运作的逻辑了。

可是，说到底，APM也只是个为少数人观光存在的项目，与近40万同德围街坊的出行需求相比，天平两端孰轻孰重，不是显而易见的吗？同德围出行难，街坊忍受了十几年，媒体年复一年地热炒，可问题至今未解决。倒是这世界第一的APM，就这么悄无声息地横空出世了。

有资料显示，这个APM系统工程总投资估算18亿元，再加上包括地下空间市政配套设施的18亿元以及地下空间商业配套的16亿元，则高达52亿元。这不能不让我联想，这大笔资金里哪怕是拨出点零头，同德围街坊也就不必挤那“华山一条路”好多年了吧？须知，一座城市的资源毕竟是有限的，市政资金拨给哪不拨给哪，背后往往是城市脸面与民生艰难的较量。

城市资源的集中与分配不公总是让我不解：我不能理解40万同德围街坊十几年的出行不便PK不过日均5万观光客的出行需求；不能理解治水工程树了个东濠涌的样板，甚至建起了东濠涌博物馆，而自家门口的河涌还是臭不可耐；不能理解海心沙附近绿化需要将那么粗壮美丽的景观树移过来，给它“挂点滴”伺候着，而自家小区附近的道路绿化只是用最普通的小树苗……

关于APM，我还有个问题：APM后期的维修保养成本不会比BRT更烧钱吧？须知BRT已经从全市本不宽裕的9.1亿元票价优惠补贴里占去了1.1亿元，那2元任坐的APM恐怕又瓜分了一部分补贴。要是公交优惠都偏向于补贴某些重点线路而非普惠所有线路，对部分市民来讲未免有些不公平。

（2011/01/25《新快报》）

什么工程都要等到暴雨来验收？

世界上第一条无人驾驶的APM在广州运营不过半年时间，全线9个站中竟有5个存在天花漏水的情况，真是令人汗颜。经网友报料和媒体曝光，地铁公司和代建方新中轴公司终于出面回应，称报道属实，已责成施工方进行抢修，漏水不会影响车站结构安全，市民可放心乘坐APM。

必须承认，这次相关方面迅速回应的态度，比之前很多部门面对公众质疑时“死不回应”的傲慢有了很大的改进，值得赞赏。但是，漏水原因尚未彻查清楚，相关方面就敢拍胸脯保证“市民可放心乘坐APM”，我真不知这底气从何而来。

须知，若不是网友报料和媒体曝光，地铁方面对APM漏水的处理可谓相当淡定：有拿桶接的，有拿抹布擦的，也有摆个“小心地滑”提示牌的，还有站务人员贴心安慰，“没事的，漏下来的水没有腐蚀性”。和地铁方面的淡定比起来，舆论的担忧与哗然倒显得小题大做似的。可是，恕我乌鸦嘴地预测一下，一旦APM因漏水引发事故，承诺“市民可放心乘坐APM”的责任人，会为此承担责任吗？

尽管地铁公司和新中轴公司均已责成施工单位中建八局和市建筑集团对已经出现的渗漏点进行维修，但对“漏水是否会影响 APM 运行安全”这个关键性的问题，还没能给公众一个满意的交代。

而正是在这个关键性的问题上，记者采访的专家——中国工程监理大师张原，与新中轴公司咨询的语焉不详的“有关专家”出现了分歧。张原认为，漏水容易造成电器设备的短路，从而影响列车的行驶；而且漏水容易锈蚀钢筋，会影响工程的使用以及工程的寿命。但是新中轴公司咨询的“有关专家”认为，“大型地下空间工程防渗漏工作是业内公认的施工难点，需经历约两年才能趋于稳定，以至完全根治渗漏现象”。

其实，即便是新中轴公司咨询的“有关专家”，也没敢断定漏水不影响 APM 运行安全（至少没有见诸报端）。更讽刺的是，“有关专家”只是说防渗漏是施工难点，“难点”难道一定是不可攻克的吗？想必不是，否则一条漏水的 APM 线如何有颜面称自己是世界第一、国际最先进呢？

另据报道，“地铁公司方面表示，APM 线开通前已通过了政府部门的多项验收”。我好奇的是，漏水的 APM 线是如何通过政府部门验收的？说来也奇妙，在广州这座城市，一项市政工程通过政府部门验收往往容易，通过暴雨的验收却难上加难。不信，你去看看一场暴雨后就臭了的几条样板河涌……所以我强烈建议，以后政府部门验收工程必须借助老天的力量，专赶暴雨天去，暴雨比啥专业验收设备都管用！

（2011/05/16《新快报》）

APM 漏水能给个靠谱的解释吗

广州这个世界上第一条无人驾驶的 APM 真是不让人省心！开通仅半年就被曝出全线 9 个站中竟有 5 个站漏水；匆匆维修后新中轴公司刚表示漏水修复工作已基本完成，次日又被一场大雨打回原形。这回市建委出面撂狠话了：月底必须解决漏水问题！

不知相关部门表态前有没有问过气象部门6月初有没有暴雨?您说万一5月底刚表态漏水问题已解决,6月一场暴雨又把APM弄漏了,脸上多挂不住呀!不是说了吗,广州的市政工程,通过政府验收不算什么,经得起暴雨验收的,才是样板工程!

APM线漏水,这个原本极为专业的施工问题如今虽成为舆论热议的焦点,但市民多数也只能就专业之外的程序公正问题提出质疑。而本应就此给出专业解释的相关政府部门和施工单位,竟频出雷语。

如新中轴公司在向市建委提交的报告中指出,"因为APM线站点靠近珠江,所以地下工程难免有渗水的现象"。结果马上有网友质疑,二号线、三号线也从珠江底下穿过,为何这两条线路就不曾出现渗水现象呢?

又如珠江新城地下空间的设计人员指出,包括APM在内的珠江新城"地下空间出现的漏水现象已经超出当时设计期间的预期。珠江新城地下空间的体量超过50万平方米,这在国内都是罕见的,对于这种超体量地下建筑,国家都没有什么防水排水的技术规范,只有一些施工参考"。这话糊涂!又是世界第一的APM,又是国内罕见的50万平方米地下空间,相关的技术和标准都应遥遥领先才对,难道没有关于"第一"的规范和标准等于降低规范和标准吗?若当"第一"意味着不受原有标准的制约,甚至落后于基本的标准野蛮胡来,这"第一"要来何用?!

再如建委方面分析APM线漏水的部分原因是因为施工作业,"整个花城广场的地下部分还在施工,水利疏导系统可能遇到施工材料相关阻塞,使部分地段形成积水。积水形成以后会通过混凝土渗透到下面去。施工完成后就不会出现这个问题了"。施工阻塞排水,这不是典型的野蛮施工吗?这是水务局深恶痛绝的给排水系统"打毒针"的违规施工行为啊!市建委如何能泰然处之?

总是这样,关于广州公共领域中出现的诸多原本极为专业的问题,市民的质疑越来越专业,权威部门给出的解释倒是有越来越雷人的迹象。

君不见,广州讨论垃圾焚烧问题已将一批市民逼成专家,讨论公交是否该用LPG能源又逼出一批专家,我看讨论APM线为何漏水也会逼出一批专家。为什么?市民出于对广州深沉的热爱,出于对切身利益的关注,都使得他们更关心公共财政使用的效用。

相比民间舆论对APM线漏水问题讨论的沸反盈天,政府部门的反应始终很淡定，广州市建委相关部门负责人表示，“这个（APM线）出现漏水是不应该的。但是出现问题，采取措施把它解决了，这是可以的”。看看，领导已经表态了，漏水不应该，能解决就行，就还是好同志。问责？恐怕不会有了。

（2011/05/26《新快报》）

只要“高端客人”有需求，就大笔再挥一条 APM？

广州市规划局局长王东透露，正在规划建设一条 APM 线，连接广州北站和新白云机场。因武广高铁开通后，大量湖北、湖南的“高端客人”搭乘高铁来到广州北站，再转乘前往机场，而非抵达广州南站再行中转。有专家呼吁，广州北站与机场之间需形成一个专用快捷的通道。

乍看此消息，一下子就被“高端客人”的说法雷到了——若湖北、湖南坐高铁来的就是“高端客人”，那么哪儿的客人是“低端”呢？抑或，本地市民相对是“低端”的？鉴于同城两家媒体在报道中都采用了这样的说法，看来“高端客人”一说很可能出自政府部门的通稿。政府部门“阶层”意识如此分明，让人情何以堪？

再上网一搜，发现“广州北站拟建 APM 供高端客人直达机场”的消息原来 2010 年 11 月起就开始“吹风”了，而那时，距离 11 月 8 日世界上第一条无人驾驶的 APM 在广州开始运行还不到半个月。

第一条 APM 运行效果尚未经实践检验，第二条 APM 竟已箭在弦上列入规划，看样子政府部门对新鲜事物是很热衷、很自信的。但谁也没想到，APM 开通仅半年就被曝出全线 9 个站中竟有 5 个站漏水；而包括 APM 在内的珠江新城地下空间尚未验收，还面临着排水问题和罕见暴雨来袭时的漏水问题；至于 APM 列车造价远高于地铁车厢、与现有交通系统不兼容等问题，更是备受争议。无疑，在这样的情形之下，仓促上马第二条 APM 无论如何是不合适的。

更让人不解的是，即便广州北站与机场之间确有建设专用快捷通道的需求，这通道就一定要选择造价高昂的 APM 吗？为何不选择系统兼容、造价低廉、技术成熟的地铁？必须承认，APM 是很“高端”，第一条就建在了高端的珠江新城，以外地游客观光旅游为主；这拟建的第二条，则要供湖北、湖南的“高端客人”换乘至机场。我有时不免怀疑，广州的官员都是外地游客选出来的吧？为什么他们总是那么体贴地考虑外地游客的感受，却年复一年地无视同德围、金沙洲等地街坊的出行艰难呢？因为本地街坊“低端”吗？

之前我曾撰文指出，造价 18 亿元的 APM 与同德围的“华山一条路”之间，凸显的是城市脸面与民生的较量；那么这一次，拟建的第二条 APM 与仍旧出行困难的广州街坊之间，会是“高端客人”与“低端市民”的较量吗？

而在“高端”、“低端”的争论之外，更为核心的问题则是：第二条 APM 最终也会像第一条那样“横空出世”吗？它的必要性论证、建设资金来源等诸多问题能否经得起公众审视？更退一步说，公众有没有参与讨论的机会？

(2011/09/28《新快报》)

交委不宜为 LPG 公交安全背书

5 月 20 日晚，荔湾区龙溪保养场一停场过夜公交车自燃，导致邻近的另一辆公交车起火，有居民接连听到爆鸣声，不少人以为 LPG 钢瓶发生爆炸，忧心 LPG 公交车的安全。

广州市交委对此回应称，现场的响声主要为公交发动机舱装设的 4 个自动灭火弹自动爆发灭火和车辆轮胎着火爆炸，车辆的 LPG 气瓶和管路保持完好，没有发生泄漏和起火。另有媒体引用不具名的公交业内专家说法称，“即使将 LPG 气瓶从三楼往下扔，也不会爆炸”。

有了市交委和相关专家的表态，市民或许可以暂时松一口气了。但是，市交委作为 LPG 公交的力推者，是否适合出面为 LPG 公交安全背书？据称公交自燃调查的结果是电路线路短路，这就让人觉得奇怪：停在停车场、已经关了电源开关的公交车，怎么会无端端出现电路线路短路导致起火呢？

因此，在没有第三方权威机构佐证市交委的事故调查结论的情况下，让市民完全认可 LPG 公交的安全恐怕是很难的。就像市民至今仍对 LPG 公交的环保性和经济性存疑一样——因为之前的每一次争议，出来力挺 LPG 的永远是市交委这个利益相关方。

之前就有人提出，LPG 安全性比油料差，常温下带压，容易泄漏，泄漏时会造成较大的影响。几千辆公交车都载着几个高压储气罐在城市内穿行，一旦撞车非常危险。但市交委认为，目前市内 LPG 公交车的钢瓶都安装有防撞保护架，撞击钢瓶会先撞在架子上，此外钢瓶是国内最大的钢瓶厂生产的，安全系数高。还有某公交公司相关负责人也表示："广州目前因车祸而导致 LPG 气瓶爆炸的个案尚为零起。"

无论如何，市交委能够迅速回应市民对 LPG 公交安全的焦虑，安抚人心，这种做法必须予以肯定。但回顾 2004 年以来市交委在每一次有关 LPG 风波中的表现，我对市交委的这种"迅速回应"又有些疑虑重重。

对推广 LPG 公交一事，2004 年时任广州市委书记林树森曾表示"应该暂缓"，2005 年时任广州市长张广宁批示"慎重考虑"，2006 年市人大代表朱永平建议"先停下来"，2008 年众多公交企业负责人则质疑 LPG 推行之后"公交行业由微利转为亏损"，2009 年 5 位市人大代表调研发现 LPG"既不经济又不环保"……可这一切都没能阻止市交委坚定不移地推行 LPG 公交车。

这不免让人不揣恶意地推测，市交委每次急于为 LPG 公交背书的背后到底有怎样的原因？按说，公交车选择什么能源应由企业自主决定，市交委作为政府部门不宜插手太多，而应更多地做好监管工作。如果市交委和 LPG 公交没有那么深的渊源，或许这次"LPG 钢瓶没爆炸"的说法就很容易让人信服，但正是因为之前市交委容不得外人说 LPG 半句不是，所以，它如今再出面解释 LPG 钢瓶安全也就让人存疑了。

LPG 引发的争论自 2004 年以来已有几波了，但每次都不了了之，草草收尾。这一次争论将向何处发展，且拭目以待。LPG 公交到底安不安全，我们希望能有第三方检测机构给出公正、信服的说法，毕竟，广州亚运期间运营的9 000多辆或新购或翻新的公交车，都是使用LPG的。

（2010/05/24《新快报》）

公交推广新能源当以LPG为鉴

媒体报道称，2011年起，珠三角地区所有更新或者新增的公交车都要采用电动、油气混合等新能源汽车，各地将加快建设新能源汽车的充电、充气设施。

新能源汽车利弊几何，不是我这样能源行业的非专业人士所能评价的，但新能源汽车是否该在珠三角的公交行业大力推广，则不仅仅是专业的技术问题，更是公共决策问题。

鉴于之前同样打着新能源旗号推广的LPG（液化石油气）公交在广州引发的一系列争论至今余波未了，我觉得很有必要在2011年新一轮推广之前，将“公交行业是否应该推广新能源”这一问题提交公众予以广泛讨论。

以广州为例，我以为，相关部门在推广新能源公交之前，应首先回应以下三个质疑。

第一，广州公交行业2011年要推广的新能源汽车中，除使用LPG能源的以外，是否还有其他新能源汽车？一个城市的公交行业是以推广某一种新能源为主，还是多种新能源公交一起上马？

而不管怎样，推广新能源公交都意味着可能又有一批充气站、充电站需要投资建设了，那么这笔投资值不值，会不会造成不必要的浪费，进而影响到广州已经很寒酸的公交票价优惠投入，需要相关部门审慎考虑。

第二，是否需要对LPG公交在广州推广几年来的得失予以全面考核？LPG公交几年来争议不断，从环保效果到安全性能，都不能让公众完全放心，前段时间还被舆论批评LPG定价虚高、企业借此牟取暴利。在此背景之下，若任由以往LPG问题乱成一团糨糊，不管不顾地借行政之手，继续大力推广所谓的新能源公交，必将引来舆论的新一轮反弹。

须知，所有公共决策都理应接受考核，理应有人负责，否则，新一轮新能源公交的推广极易重蹈LPG公交推广的覆辙——不停地被公众质疑，而政府作为大力推广者，只能无条件为之背书，缺少客观中立的第三方给公众一个可信服的解释。

第三，新能源汽车是否足够安全、适合在公交行业推广？由于事关公众安全，这一问题就不能仅仅被视为技术问题来考虑。2010年5月广州就有LPG公交车自燃爆炸，进而引发市民担忧LPG公交的安全。安全无小事，新能源在公交领域的推广应用尤其需要慎重。

曾有评论指出遍布工地的中国成了各种造型怪异的建筑的试验场，而在我看来，公交行业似乎也有沦为新能源汽车试验场的危险。公交行业理应安全第一，节能环保第二，这一点，相关部门在大力推广新能源汽车时也应时刻铭记在心。

（2010/10/18《新快报》）

广州LPG成败未论，LNG不宜强推

广州市环保部门近日宣布，全市2.4万辆使用LPG（液化石油气）的公交车、出租车将逐步替换使用LNG（液化天然气），但LPG具体退出时间表尚未确定。

由环保部门而非广州市交委来发布LPG将被淘汰的消息，这多少有些意味深长。要知道，以往每一次关于LPG的争论，广州市交委总是当仁不让地站出来为之背书，这一次，交委方面的声音怎么听不见了？

报道称，广州自2003年下半年起，由市交委牵头，推广使用LPG公交车。此后共计投入24亿元，使广州成为全球LPG公交车保有量最大的城市，全市2.4万辆LPG车辆占公交出租车总量的95%以上。目前，广州已建成近40座车用LPG加气站及相关配套设施。

8年多之久、24亿元之高、95%之多……这些数字想必当初都是被作为LPG推广的“政绩”来使用的，如今LPG忽然要被淘汰，广州市交委、市环保局是否应该给公众一个交代呢？广州的LPG推

广自2004年起历经数次争议而初衷不改，甚至在珠三角其他城市都使用LNG时广州依然推广LPG——当初既敢如此与众不同摒弃LNG，如今态度为何来个180度的转变？

虽然现在广州已决定公交车、出租车使用的能源将从LPG过渡到LNG，但这并不意味着这些年关于LPG的争论就此可以尘埃落定了，相关各方反倒应以此为契机，全面检讨广州推广LPG的得失成败。公众有必要知道，广州市有关部门花了纳税人24亿元“学费”推广LPG，到底吸取了怎样的经验教训？对当初推广LPG的公共决策，应如何“盖棺论定”？

尤其值得注意的是，此次决定推广LNG，竟和当初推广LPG一样，依然没有将公众意见纳入决策过程中去。诚然，到底是推广LPG好，还是LNG好，抑或其他能源，公众很难给出专业意见，但公众完全可以参与到决策过程中，评判政府是否在公开、公平、公正的环境下综合考虑各方意见，否则，公众有理由担心，推广LNG有可能重蹈当初推广LPG的覆辙，使得未来一旦LNG出现问题，有关部门不得不一次次出面为其背书。

而更为根本的问题是，市交委、市环保等部门一次又一次以行政之力在公交车、出租车行业推广某一种能源，使这些行业沦为新能源的试验场，这种做法是否妥当？公交企业、出租车企业是否有自主决定使用何种能源的权利？犹记得2008年众多公交企业负责人曾质疑LPG推行之后“公交行业由微利转为亏损”，那么，这个损失谁来负责？今后推广LNG会不会出现类似问题？

要知道，广州淘汰LPG转而推广LNG，涉及2.4万辆公交车和出租车的改造、近40座车用LPG加气站及相关配套设施的废弃或升级，必然是个耗资巨大的工程，做此决策不可不慎。在市交委等部门没有解释清楚由LPG转向LNG的背后原因到底为何、没有反思检讨当初推广LPG的成败得失之前，LNG至少不宜强推。

（2012/04/13《新快报》）

第十编

关注地铁安全与服务

广州地铁，其实是我出行最常用的交通工具，我喜欢它的舒适、干净和便捷。但“爱之深，责之切”，对地铁运行中出现的种种问题，我会给予更多的关注和批评。地铁应急处置的不力、厕所设置的缺失、羊城通押金的不合理……诸如此类的问题，都是评论的热点话题。希望通过这些话题的讨论，能促进广州地铁服务的进一步改善。

电梯故障处置不力，地铁应急预案须检讨

2012年8月20日22时13分，广州地铁五号线文冲站，17名乘客乘坐专用电梯出站时被困电梯中，半个小时后获救，其中4名乘客感觉不适。广州地铁公司对此次事故的应急处理时间较长深表歉意，并承诺将进行全面检讨，进一步优化、完善相关的应急处置程序。

在评论广州地铁对电梯事故应急处置不力之前，我首先想提醒的是，地铁专用电梯是供残疾人、推婴儿车或搬运大件行李者搭乘的，从新闻图片中也可以明显看到出事电梯旁标有残疾人设施标志，而这17名乘客并不属于上述三类人群中的任一种，所以其搭乘专用电梯的行为或有不妥之处。

但无论如何，即便这17名乘客搭乘专用电梯的行为确有不妥，这依然掩盖不了地铁方面对事故应急处置不力的过失：其一，从22时13分发生事故，到22时45分电梯门自动打开，其间除被困乘客家属呼叫的119赶到现场外，地铁方面联系的维修工一直没有到场，行动可谓迟缓；其二，被困者出现呼吸困难时，有乘客拆下扶手准备敲碎玻璃逃生，但地铁保安称“不能砸，砸坏了要赔偿损失”，如此答复不但不利于被困者平复情绪，反倒有火上浇油之嫌。

昨日广州地铁通过官方微博再次对电梯事故表示歉意，并重申“非专业人员在非极端情况下盲目自救，容易使电梯失去保护功能，引发次生伤害，建议大家保持镇定，等待专业人员救援最安全”——道理自是不错，但这前提是地铁方面能够迅速找来救援人员，同时安抚好被困乘客情绪，可事实上地铁方面恰恰没有做到及时的救援和安抚。

查看以往新闻报道发现，地铁方面的应急预案演练主要集中于站内乘客疏散、公交接驳疏运等方面，类似电梯故障这样的“小事故”，并未见相关的演练。而事实上，这一两年，关于地铁电梯（尤其是手扶电梯）的事故时有发生，可地铁方面是否有这样的应急预案，公众不得而知，更别说演练了。

比如，发生电梯事故后，应急预案要求地铁救援人员必须在多长时间内到达现场？预案有无要求地铁方面同步召集120、119的救援人员？对受困乘客如何进行安抚和赔偿？地铁方面应如何加大力度宣传手扶电梯靠右站立、专用电梯如何使用的规定等等。

保障地铁安全的重要性毋庸赘言，而广州地铁显然还存在诸多漏洞。2012年初，广州地铁曾在一个月内密集发生9起大大小小的轨道故障，加上这起电梯故障暴露出的处置不力，地铁方面实应认真检讨。针对电梯故障这类“小事故”，同样应当制订详尽的应急预案，并对救援不力的失职行为作出问责。

（2012/08/23《新快报》）

地铁故障频频，应急却屡屡不到位

2012年9月17日上午早高峰期间，广州地铁五号线因列车故障停运40分钟，造成大量上班族迟到。这是近一个月内五号线的第二次停运，地铁公司对此表示歉意，承诺乘客凭车票7日内可办理退票，并将加强列车及各种设备设施的检修力度，尽量把故障影响降到最低。

又是地铁故障，又是乘客怨声载道。话说地铁每年都有故障演练，再加上运行这么多年里发生的多起真实故障，应该积累不少应急处置经验了，怎么每次发生故障后的应急处置仍然遭到乘客的不满和诟病呢？广州地铁到底有没有认真从每次故障处置中吸取教训？

不妨回顾一下17日当天的地铁故障处置情况。上午8：25列车出现故障，而直到8：44，“@广州地铁”才发布微博通知，其间有19分钟的迟滞，今后地铁官方微博在发布此类消息时能否更加及时？

按广州地铁的说法，故障发生后就紧急启动应急预案：积极组织后续载客列车救援；及时安排备用车上线运营；通过地铁电视、车站和列车广播、微博发布延误信息，并把情况通报交通电台，发送手机短信及时通知乘客；加派工作人员支援，服务乘客，引导客流。

上述应急措施看上去井井有条，但从微博网友留言及接受媒体采访的乘客反馈情况来看，地铁停运后的应急处置仍有诸多不足之处。

有乘客反映，“地铁广播一直在播什么‘高峰限流’，进去后排了半天队才知道是线路故障”；另有乘客反映，地铁停运后站台已经滞留了大批乘客，但地铁方面并没有及时关闭入闸口，导致大量乘客继续入闸等待，极易发生危险；还有乘客称，地铁停运后，员村站地铁工作人员禁止乘客进入，让乘客去坐公交，但“公交车站挤得就像沙丁鱼罐头”，其质问地铁方面“为什么不能组织公交车来支援”……

综合比较广州地铁与乘客双方的说法可以发现，地铁方面认为自己在故障发生后已经做了应急预案中的各项规定动作，是合格的；而乘客却认为地铁方面发布信息不够及时，也没能很好地控制和疏导客流，应急处置工作仍有相当大的改进空间。

这之间的落差值得广州地铁深思：如果完全按照应急预案操作仍导致乘客怨声载道，那么应急预案是否应作进一步改进？具体来讲，应急预案是否应有更为详尽的规定，譬如故障发生后应在几分钟内发布消息，几分钟内关闭入闸口，几分钟内调动公交到位……将这些措施精确到分钟以内，并把应急预案向社会公布，接受公众监督，可能更容易得到公众的理解，也更能感受到公众的监督力量。否则，地铁方面再怎么宣称预案执行到位，若公众不满意，也是没用的。

（2012/09/19《新快报》）

地铁故障频发，应急处置改进在哪里

广州地铁隔三岔五地出些小状况对广州街坊来说几乎已习以为常，但2012年10月27日上午地铁四号线列车在高架桥上“逆行”的一幕还是吓坏了不少乘客。报道称，27日9时25分许，地铁四号线新造至石碁段突发故障，导致双向列车运行受到影响，大批乘客滞留地铁站。司机随后与指挥中心取得联系并将列车往回开，11 时 30 分许四号线恢复正常运行。

对地铁列车“逆行”的说法，广州地铁官方微博作出了澄清，称“推进≠逆行”，“在确保安全的前提下，推动故障车至前方车站放下乘客，再继续推离退出服务，恢复正常运行——这是处理地铁故障时的一种应急办法，以避免因列车故障而导致全线路停运”。

地铁方面的这一澄清确有必要：对媒体来说，这是新闻写作更需专业化的提醒；对公众来说，这是避免今后发生类似事件时产生恐慌的“定心丸”；而对地铁公司自己而言，这警示着在未来地铁列车发生故障之后，地铁方面若采取类似“逆行”措施，要向乘客解释得更为清楚，要向媒体交代得更为准确和专业。

更进一步来说，地铁方面其实应该将故障处理应急预案向社会公布，让公众熟知预案内容，譬如多长时间内即可获知故障消息，多长时间内接驳车到位等，这既有利于公众自行判断采取相应措施，也有利于公众监督地铁方面的预案执行是否到位。否则，每次一发生故障，地铁方面总是声称自己采取了应急预案，但乘客又总是觉得应急处理毫无改进。

仅从信息发布速度这一点来看，9 月 17 日 8：25 地铁五号线发生故障，8：44“@广州地铁”发布微博通知，其间迟滞 19 分钟；而 10 月 27 日 9：25 地铁四号线故障，9：51“@广州地铁”才发布微博消息，其间迟滞 26 分钟，相比上次竟有退步，这让人如何相信地铁方面落实了每次故障后承诺的“进一步优化、完善应急处置程序”呢？

况且，9 月 17 日五号线故障；10 月 26 日一号线故障，网友斥现场疏导如“春运”；10 月 27 日四号线故障……多条地铁线路频繁出现问题，究竟是怎么回事？广州地铁所谓的改善应急处置又体现在哪里？

此外，地铁发生故障后的公交接驳问题一直没有得到很好的解决。这次发生故障的“新造至石碁段”地段偏远，交通不便，地铁方称向市交委紧急申请启动新造—金洲公交接驳，但应急公交到达故障地点需要较长时间，在等待接驳车到来期间，列车故障已排除，随即取消了公交接驳。

一个多小时的时间里接驳车竟到不了故障现场疏散乘客，这样的应急处置显然不能让人满意，毕竟越是偏远的、交通不便的地方越需要接驳车，地铁方面此次处理不尽如人意，那么今后若在此地段再发生类似故障，地铁方面敢拍板保证接驳车迅速到达吗？还是依然要乘客苦等？

（2012/10/29《新快报》）

除了道歉，广州地铁应急处置还要改进什么

2012 年 11 月 19 日晚，广州地铁八号线鹭江—客村区间隧道内，一辆开往万胜围方向的列车在行驶过程中车厢内突然冒烟起火花，列车临时停在隧道距车站 200 米处，惊恐不已的乘客自行打开车门，进入隧道疏散，事件导致 4 名乘客轻微擦伤，目前已无大碍。据地铁公安分局通报，故障原因为列车受电弓瞬时接地短路导致产生烟雾及响声。

从此次事件中乘客隧道逃生的混乱场面，确实可看出乘客安全疏散知识的缺乏，乘客自行解锁进入铺有大量带电设备的隧道，存在极大的风险，没发生人员踩踏伤亡等意外事故实在是万幸，因此广州地铁官方微博昨日连发多条微博，反复提醒乘客在紧急情况下不要慌乱，要听从工作人员的安排，实在是很有必要的。那么现在问题的关键就是，在 19 日晚的紧急情况下，广州地铁是否做到了“及时的广播指引和派员协助”？地铁工作人员是否进行了有效的现场指挥？

从同城媒体的报道来看，受访乘客多数回忆起的都是当时的混乱，无人提及当时地铁广播是否有及时的指引，以及这些指引是否对他们的逃生发挥了作用；而人员协助方面，只有一名乘客提到自己在从车厢往隧道里跳时，有一位地铁工作人员在地上接住乘客。那么，面对 19 日晚那样的紧急情况，地铁方面对应急预案的执行情况究竟完成了几分？地铁希望乘客配合，那地铁自己是否首先做好了指挥？遗憾的是，这些公众都无从知晓，也没有第三方机构对地铁的故障应对表现给出相对公正的打分，只能听信地铁一方的说辞。

广州地铁官方微博表示：“是的，可能我们在突发情况来临时还

做得不够好；是的，可能我们无法很好地照顾到每位受影响的朋友；但是，请相信，我们一直陪伴左右，大家的配合就是对我们最大的支持！”如果这个态度就代表了地铁方面所谓的“诚挚道歉”，那实在是有些勉强，难道应急做得不够好、没照顾好每位乘客只是“可能”而非“事实”？地铁方面一直在呼吁“大家的配合”，但配合的前提一定是地铁方面首先将预案执行到位，对乘客给出明确的指引，展现出强有力的现场指挥能力，否则，一味埋怨乘客慌乱不配合，实在是有些强词夺理。

有网友粗略统计发现，从2012年开始，广州地铁大大小小事故已经有30次之多。从早前的信号故障到10月底的所谓“逆行”，再到19日晚上的隧道“逃亡”，虽不敢就此轻易得出地铁故障有升级的迹象，但这样的故障频率和严重程度确实让人忧心不已，地铁方面不能再有侥幸心理了，人们急切需要看到地铁方一再声称的“完善应急处置”取得实际进展。

目前唯一能看到的改进是广州地铁称“将进一步加大安全疏散知识的普及”，并在微博发布了“区间疏散”示意图，只是这示意图即使点击链接放大看仍然看不清，这让公众如何获取疏散知识？建议广州地铁在站台和车厢的显示屏上循环播放有关地铁求生的知识短片，宁可少赚一点广告费，也不要在类似紧急事件发生时手忙脚乱。

（2012/11/21《新快报》）

多少冒牌羊城通学生卡在吃财政补贴

媒体曝光网上有人以100元到150元不等的价格叫卖羊城通学生卡（含原卡30元押金），声称“绝对能用”，并提供躲避盘查的“使用秘籍”。记者体验证实，冒用学生卡坐地铁公交并未受阻，且单次地铁票价越高越省钱，两个月就能回本。

耐人寻味的是，记者购买的学生卡竟然是本月刚发行的新卡，使用期限从2010年5月至2015年5月；据卖家介绍，卡的来源主要有两种，一是低价回收毕业生的卡再转卖，二是通过发卡公司内部人员拿到那些申请了但未发下去的卡，因为部分学生申请卡时还在校，发卡时已经毕业了，卡就没人管了。

本月刚发行的新卡，显然不属于回收上来的毕业生的卡，更不可能是因学生毕业而未发下去的卡——5 月可不是学生的毕业时间，怎么可能有卡发不出去呢？这样就让人不得不怀疑，这更像是卖家为买主量身制作的学生卡！

读者诸君也许会有疑问，什么样的卖家会有这样大的本事？对羊城通公司来说，这可不是什么技术难题。当然，我们并不是说，羊城通公司利用虚假信息专门制作了这些学生卡，但是，我们相信，羊城通公司有自证清白的义务。

无论如何，至少目前看来，羊城通公司在学生卡管理上的疏漏是显而易见的。比如，羊城通公司在设定学生卡的使用期限时是否仔细核对并遵循了学生的毕业时间？对毕业生的学生卡，是否万无一失地回收并销毁了？为什么会存在已申请但未发下去的学生卡？学生申请卡时在学校，发卡却毕业了，这体现了羊城通怎样的效率？已经流进黑市的学生卡数量有多大？羊城通公司有何善后措施？

而最为关键的问题是，羊城通公司内部员工为何可以随意拿到那些已经申请了但未发下去的卡？这些新卡又为何可以被随意拿出去卖？学生卡的制作和审核随意至此，羊城通公司如何让政府和民众有信心，那些通过羊城通这个载体的交通补贴，是真正补贴到对应的人群中了吗？

其实，值得追问的还有很多。就拿学生卡押金来说，羊城通公司有没有按时足额在学生毕业时予以退还？如果能退押金，为什么会有毕业生愿意低价转卖？更根本的问题是，如果学生卡在学生毕业时自动到期失效，又怎会有转卖的价值？大胆猜测一下：是否羊城通公司在发卡时就有意延长学生卡使用期限，使其有转卖的空间，也使部分学生忽略了向羊城通公司索取押金？

必须指出的是，学生卡五折优惠是羊城通公司申请财政补贴的一大理由，学生卡数量越多，其申请大额补贴的理由也就越充分。媒体曝出的学生卡流入黑市或许只是问题的冰山一角，有必要吁请审计部门查清，目前市场上到底有多少冒牌学生卡在侵吞财政补贴。

之所以要对冒牌羊城通学生卡刨根问底，实在是因为民生多艰，大家都想出行少花点钱，可是折腾多次的公交优惠方案总是让市民感到“被优惠”，进而怀疑财政补贴是否真正被用在了优惠市民出行上。这次曝出的漏洞，更让人们觉得有必要问清楚：从6亿元提至9.1亿元的财政补贴票价优惠到底补给了谁？

其实说起来，羊城通学生卡的管理漏洞所导致的财政补贴损失，相比去向不明的五亿元羊城通押金，或许还只是小巫见大巫。唯愿学生卡的管理漏洞能引起相关部门的重视，彻查羊城通公司管理中的其他漏洞，为人民管好钱袋子。只有公交票价的财政补贴真正到位了，市民出行才可能享受到更多的优惠。

（2010/05/28《新快报》）

学生卡被叫卖，羊城通公司当真没责任？

针对媒体报道网上有人向非学生身份的市民兜售羊城通学生卡一事，羊城通公司迅速回应，否认了网上卖家所说的“通过发卡公司内部人员拿到那些申请了但未发下去的卡”，并称学生卡的“办理及使用均通过学校审批盖章及羊城通学生卡办理系统的严格把关”，网上叫卖的学生卡估计来源非法（偷窃或拾获），里面存在陷阱，奉劝市民莫帮衬。

在肯定羊城通公司迅速回应的同时，我们仍有必要认真分析其给出的说法是否站得住脚，毕竟，羊城通学生卡能享受五折优惠是因为有财政补贴，而监管财政补贴善用与否的重要性已经不需赘述了。

第一，在学生卡被叫卖一事刚见诸报端，羊城通公司马上就斩钉截铁地否决了内部人员作案的可能性，称“不存在申请了但未下发的卡片在市场上非法流通”。

这不免让人疑惑。我相信，在记者没调查之前，学生卡在网上叫卖已不是一天两天的事，连“使用秘籍”都有了——恐怕也不是一张两张的问题，否则也不至于引起记者的关注和重视。可惜的是，这样的事情，在没有见报之前，并未引起最该关注和重视此事的羊城通公司的重视。

但是，羊城通公司能在此事见报后迅速拍胸脯下结论，难道是因为公司之前早就对此事有所觉察，并已经在公司内部严格调查过？这个具体调查过程能否向外公布？这事情，依我看，要查清楚虽然不难，但也不那么容易。羊城通公司在事件见报之后，不到12个小时就下了结论，如此匆忙想撇清责任究竟意欲何为？而更让人费解的是，难道仅凭这一面之词，羊城通公司就可以置身事外了吗？

事实上，上网一搜就能发现，2010年4月下旬就曾有学生家长投诉：孩子都要高考了，羊城通学生卡却迟迟办不下来，办卡材料3月份就交上去了！由此看来，是否存在网上卖家所说的“申请时人还在学校，发卡时人却毕业了，卡就没人管了”的情况，羊城通公司理当开展更严格的自查自纠。

第二，羊城通公司称，如果市民购买的是过期的学生卡，在有效期过后，“学生卡功能自动失效，只能当做普通羊城通卡使用”。不过，报道中写明记者买的卡是本月刚发行的新卡，使用期限从2010年5月至2015年5月。况且，如果卡片上已经显示过了有效期，学生卡又如何兜售得出去呢？

第三，羊城通公司称，“如果市民在网上购买的是遗失的羊城通学生卡，当卡内余额使用完后，他也不能够再继续充值使用”。这是不是说，如果学生卡遗失了，即使及时挂失，也无法阻止拾获者消费卡内资金？为什么羊城通公司不能像银行卡、手机卡那样将挂失卡内的资金及时冻结，并在核实失主身份的情况下迅速为其补办学生卡？

更让人困惑的是，羊城通公司称，“当学生卡遗失后，当事学生将会重新申请补办新卡。届时，原有的学生卡将通过系统自动注销，已遗失的学生卡就不能再次充值使用”。难道只有在当事学生申请补办新卡时原有的学生卡才被注销不能使用？如果学生仅仅是挂失，或者干脆不理，原有的学生卡就可以被拾获者畅通无阻一直用下去？如果不办新卡就不注销遗失的学生卡的话，羊城通公司凭什么宣称拾获的学生卡不能继续充值使用？

(2010/05/31《新快报》)

打的难刷羊城通，该打板子的不是司机

广州的士上的羊城通收费终端基本白装，乘客想刷卡而司机嫌麻烦，“刷卡打的”在广州难普及。事实上，这是个老问题，从2004年初广州推广刷羊城通打的以来就一直存在。时隔7年后旧事重提，不是没意义，而是意义重大。

将“刷卡打的”推广不下去的原因简单归咎为“司机嫌麻烦”实在是思维懒惰，而像广州市交委和出租车公司那样一味鼓励乘客电话投诉司机甚至拒付车费，更是行政不作为的懒惰，且极易升级司机和乘客间的矛盾。试问，哪个乘客会因为司机拒刷羊城通而拒付车费并潇洒地一走了之？不打起来才怪！

与其鼓励乘客憋一肚子气投诉的士司机拒刷羊城通，广州市交委和出租车公司更应该考虑的是：怎样让司机愿意接受乘客刷羊城通，这才是解决问题的正确思路。问题继续追问下去就是：“刷卡打的”到底难在哪里？

翻看自2004年以来本埠各媒体的相关报道，其实问题的主要症结到底在哪里已经很明显了。

一是刷入羊城通里的钱，司机取出来很麻烦。找银行网点、找停车位、花时间排队，这些都要成本。而多数的士司机是宁愿用这时间多拉几个客人的。谁不知道，为了多拉两个客人，多赚一点钱，很多出租车司机甚至连上厕所、吃个饭的时间都舍不得啊。

二是市民普遍使用的不实名的羊城通无法挂失，导致市民每次充值羊城通时一般只充一百块，而打车一次动辄三四十块，“刷卡打的”一两次就得再充值，比较麻烦。

三是羊城通收费终端的租金让的士司机较难承受。综合媒体报道发现，2004年时，出租车租用羊城通刷卡终端的话每个月要交30多元；2005年时，司机若使用羊城通设备的话，须每月向羊城通公司交纳100多元；而2006年1月1日起，的士司机还要缴交不超过刷卡金额1%的羊城通交易服务费。那么现在出租车上的羊城通刷卡终端是否还要交租金？是否还要交易服务费？如果要，能否考虑

减免?

四是羊城通终端设备的维护问题。很多人觉得司机说“设备坏了”是找借口是撒谎，但是我们不能就此彻底排除有些出租车上的设备确实坏掉了。2007 年本埠媒体有报道说，有的出租车上的羊城通终端设备竟然连续 3 个月坏机，每个月都要修理，待到第四台设备也坏了时，司机已经不耐烦耗时间去修理了。另外，羊城通终端设备维修点不足也是值得注意的一大问题。

五是出租车司机每天交班、加油都需要一定量的现金，而给出租车加气的气站尚未开通刷卡服务。如果司机可以直接拿羊城通终端连接的银行卡刷卡加气，无须再去银行提现，就能大大提高司机接受羊城通刷卡付费的积极性。

综合上述五条原因可以发现，刷卡打的难归根结底可能要归咎于羊城通终端设备在各种配套服务方面的不完善，而“司机嫌麻烦”只是问题的表象而已。犹记得 2010 年 6 月广州燃油附加费上涨 5 毛时，因的士上羊城通终端设备调适滞后，“刷卡打的”还要另交 5 毛现金，导致不少司机和乘客之间产生矛盾。不知如今燃油附加费涨了 1 元后，刷卡打的能否直接扣费了?

2009 年广州市交委曾出台《出租汽车驾驶员服务资格证管理规定》，司机不得无故拒绝乘客使用羊城通支付费用，但现在看来效果不够明显，依我看，刷卡打的难的板子无论如何不能首先打在司机身上，与其用管理规定约束和惩罚司机，广州市交委和羊城通公司更应该反求诸已，先完善的士上的羊城通终端设备服务再说。

(2011/03/04《新快报》)

有请审计局公开羊城通押金审计报告

据报道，广州市交委与羊城通公司日前约见市政协委员韩志鹏和市民区伯，就羊城通押金一事作出解释，称在 2 500 多万张羊城通中，收取押金的卡只有 660 多万张，押金数额没有此前网友算出的 7.5 亿元之巨。

羊城通发行逾10年，代表委员对其押金的质疑也有6年，结果一路扯皮到现在，广州市交委和羊城通公司依然用不能精确到个位的数字来答复公众，真是讽刺。羊城通公司为何不能向公众出示一目了然的押金明细，像其“让我们轻松‘嘀’”的口号所宣称的那样，让公众都轻松地喘口气、放下心呢？

羊城通公司称，2 500多万张羊城通包括了“押金卡、优惠卡、联名卡、纪念卡、跨区域卡”五类，其中押金卡只有660多万张，其他四类卡不需押金。而记者调查发现，市内大部分报刊亭、便利店、地铁站书店等网点都只售卖羊城通纪念卡，其售价和普通押金卡一致，但市民购买之后无押金可退。

我手中持有的是2007年购买的羊城通纪念卡，卡面明确标示“售价50元（含20元充值金）”。也就是说，我购买时事实上支付了30元的押金或者说工本费，但羊城通公司称自己并没有收到。那么，这30元去哪了？

再者，即便如羊城通公司所说，押金卡只有660多万张，那押金也有1.98亿元之巨，纵然10年间市民退卡200余万张，押金加上其利息总数仍不是小数目。况且，不少市民反映，卡面有划痕、涂污、打孔都不能全额退押金，那200余万张退卡，想必不是爽快地都退还了30元押金吧？

羊城通公司又称，押金用于卡片采购、制作、发行、售后服务、税费附加等方面，这些想必市民都理解，但只见支出流向，不见支出明细，市民就不理解了。10年了，羊城通公司对数额巨大的押金竟然没有一本明晰的账目？那它是怎么通过审计部门审计的？

在1月8日的《羊城晚报》A4版，羊城通公司用了半个版面对押金卡的成本、使用及管理等问题作了说明。文中说，羊城通押金“定期接受有关主管部门的监督审查，同时接受市审计局的审计”。既如此，在羊城通公司屡屡因押金问题遭代表委员及公众的质疑时，市审计局又岂可置身事外？

羊城通公司自证清白的努力眼下看来并不成功，粗疏的支出流向堵不住悠悠之口，如果押金使用真的通过了审计局审计，审计局理应站出来为羊城通“平反”，否则公众有必要问一句：几亿元的押金没有支出明细，公众着急上火，审计局你凭什么稳如泰山？

关于羊城通押金问题，10年沉疴显然难以一朝治愈。羊城通公司有必要继续回应：纪念卡收取的不予退还的30元，哪去了？那30

元若不是押金，又是什么？纪念卡发行了多少张？纪念卡那 30 元不知名头的钱，累计起来恐怕是一笔比押金总额更庞大的数目吧？

（2012/01/17《新快报》）

羊城通押金，揭谜底要待何时

就羊城通押金问题，政协委员韩志鹏在 2012 年广州两会期间向广州市交委提出咨询，市民区伯也连续追问。日前，广州市交委和羊城通公司迅速联系两人作出解释，称在 2 500 多万张羊城通中，收取押金的卡只有 660 多万张，押金数额没有网友算出的 7.5 亿元之巨。

这次交委和羊城通公司迅速回应的态度自可称许，但其给出的答案并不能解开公众对羊城通押金去向的全部疑问，这从近两日的舆论反应也可看出。况且，公众并没看到羊城通公司有进一步回应的诚意，也没看到未来羊城通押金使用向透明化发展的可能。

这大概可算代表委员“被满意”的一个活生生案例。你看，韩委员提出质疑，有关部门就出面解释，态度好得让人没话说，但做法上依然我行我素，看不出有任何改进的意愿。反正你若不满意，就一直解释到你填写满意为止。

正巧，昨天，政协委员韩志鹏在微博上晒“广州市基层评议机关活动评议票”，称“对市发改委、市财政局表示不满意”。不知道被点名的单位看到微博后有没迅速去公关，但我想市交委肯定可以偷乐了：不管解释多么漏洞百出，只要有个好态度，委员满意就行啦！

是的，用“漏洞百出”来形容市交委和羊城通公司对押金的答复毫不为过，这也是为什么答复一出，就引出更多质疑的原因。在此我想就羊城通纪念卡再提几个问题。

羊城通公司称，已发行的 2 500 多万张羊城通包括了“押金卡、优惠卡、联名卡、纪念卡、跨区域卡”五类，其中押金卡只有 660 多万张，其他四类卡不需押金。羊城通纪念卡不需押金？那为何纪念卡上标示“售价50元（含20元充值金）”？另30元是什么？

如其所说，每张羊城通的成本已超10元，那除了押金卡之外，其他四类卡都是不计成本、“裸卡”售出的？1 800多万张“裸卡”哦，羊城通公司还不赔死？

其实，之前网友之所以用2 500万×30元得出7.5亿元的押金总额，也是基于多数人的买卡经验，市面上售卖的大都是纪念卡，而纪念卡要收30元不明费用且不能退还。那么就要质疑：纪念卡发行了多少张？内含的30元到底是什么名头？被谁收走，又用于何处？如今羊城通公司试图以押金卡只占发行总量的四分之一来撇清7.5亿巨额押金的嫌疑，实在不够聪明。

从2005年人大代表朱永平质疑羊城通押金开始，相关部门就是只简单答复，却无任何改进，这次对韩志鹏委员的询问，大概也就这样答复完了。羊城通押金问题持续无解，一声叹息！

（2012/01/18《羊城晚报》）

所有羊城通成本都靠押金卡承担？

羊城通可以退10元押金啦！刚听到这消息时颇激动了一把，但翻出自己的羊城通又沮丧了——我买的是羊城通纪念卡，无押金可退。问题是，我购买时确实额外支付了30元，纪念卡上也明确标示“售价50元（含20元充值金）”，那么，这30元若不是押金，是什么？去哪儿了？羊城通公司能给个答复吗？

羊城通公司称，截至2011年底，羊城通卡发行总量2 500多万张，包括押金卡、优惠卡、联名卡、纪念卡等六种类型，除押金卡外，其他五种卡不收取押金。而有记者调查发现，市内大部分报刊亭、便利店、地铁站等网点都只售卖羊城通纪念卡，其售价和普通押金卡一致，但市民购买之后无押金可退。

也就是说，羊城通公司自称没有收取纪念卡的押金，但市民购买纪念卡时却又支付了数额等同于押金、且不能退还的30元钱，再联系纪念卡发行数量584.4万张来看，呜呼，总共1.75亿元啊！这么多钱，羊城通公司一分钱都没收到？

据称纪念卡是“羊城通公司为了满足客户个性化需求，采用独特的设计，具有特定纪念意义或著名版权形象，由客户根据喜好自由选择的市场化产品”——既是市场化产品，其制卡成本就应由客户买单，再由客户负责销售，羊城通公司可以一次性从客户那里收取费用。

但现实是，满大街羊城通售卖点卖的几乎都是纪念卡，羊城通公司不但对制作纪念卡这样的经营性收入绝口不提，反而将所有类型羊城通的成本都一股脑推给押金卡来承担。审计结果称押金卡成本包括采购、制作、发行、退换及维护、税金及附加等费用，但问题是，像纪念卡、联名卡这样明显市场化的产品，它们不是也应该承担一部分采购、制作、发行等费用吗？更何况，羊城通公司通过发行这些市场化产品所获取的经营性收入，不是更应该多用于分担卡片的成本吗？

说到羊城通公司的经营收入，有记者问能否通过卡面广告形式彻底取消押金，答复是“广告界觉得不值”。事实果真如此吗？这到底是广告界的判断问题还是羊城通公司的市场营销能力问题？其实坐稳了垄断地位的羊城通公司，真该多想想如何通过创收弥补成本，而非光指望从市民那儿收取押金。

无论如何，从2005年人大代表朱永平质疑羊城通押金开始，经过媒体、代表委员、市民近7年坚持不懈的追问，羊城通押金终于降了10元，押金去向似乎也日趋明朗，羊城通公司积极回应舆论的态度值得表扬。希望能再接再厉，公布纪念卡、联名卡等卡片的经营性收入，并对羊城通成本核算作进一步的释疑。

（2012/06/08《羊城晚报》）

羊城通纪念卡1.75亿“不明费用”落入谁袋

同城媒体昨日报道了“市面上大卖的羊城通纪念卡无押金可退”一事，称羊城通公司以发行纪念卡的名义变相地收取了大量“押金”。事实上，纪念卡不能退押金这事儿舆论早有质疑，算不上新闻，但奈何羊城通公司一直不予回应。

按2012年6月羊城通公司公布的数据可知，截至2011年末，羊城通卡发行总量2 500多万张，包括押金卡、优惠卡、联名卡、纪念卡、跨区域卡六种类型，除押金卡外，其他五种卡不收取押金。呵呵，真以为叫“押金卡”的才收押金，不叫“押金卡”的羊城通就不收押金啊？那为何市面上卖的纪念卡也要收取30元费用且不能退还？这30元“不明费用”到底是什么名目？

要知道，羊城通纪念卡至2011年末已累计发行584.40万张，约占发卡总量的23%，以每张纪念卡收取30元“不明费用”来算，这笔“不明费用”总额竟高达1.75亿元之多！这么多钱，究竟落入了谁的袋中，又被用在了哪里？

而除了押金卡、纪念卡之外，羊城通公司发行的其他四类卡占了发行总数的40%，这些卡同样没有押金可退。那么它们在发行的时候，是不是也像纪念卡这样收取了30元不明费用呢？如果也同样收取了30元，那这笔“不明费用”的总额就更加可观了。

羊城通公司称，纪念卡是“公司为了满足客户个性化需求，采用独特的设计，具有特定纪念意义或著名版权形象，由客户根据喜好自由选择的市场化产品”——这真让人看不懂，纪念卡既是为客户量身定做的，那为何主要面向普通市民发行？况且，市面上卖的纪念卡图案多是麦兜、hello-kitty、叮当猫等各种动漫造型，难道这些纪念卡是这些动漫形象所有者要求羊城通公司制作的？

按理说，羊城通公司面向市民大量发行的，应是可退还押金的押金卡，纪念卡则应主要面向特定客户发行。结果现在市面上大量发行的是没什么纪念价值的纪念卡，市民很难买到押金卡，反而要支付30元不明费用去购买纪念卡，这是何道理？

尤其值得注意的是，纪念卡若果真是按客户需要制作的市场化产品，那就应该由下单的客户支付相应的制卡成本，羊城通公司从中是有利可图的。羊城通联名卡的发行也是同样道理。但现实是，羊城通公司绝口不提发行纪念卡、联名卡时的经营性收入，反倒向市民再收取30元不明费用，实在过于贪心。

最后必须指出的是，羊城通公司从7月1日起退还押金卡的10元押金之举确实算得上一个巨大进步，但它同时也在避重就轻，一直没有回应纪念卡收取的30元到底是何名目、用在哪里。希望羊城通公司这一次能直面质疑，解答公众疑问。

（2012/08/10《新快报》）

地铁飞站：应急措施不能漠视乘客权益

“五一”当天，由于广州火车站广场客流过多，地铁二号线、五号线被迫飞站，分别单向取消停靠广州火车站两小时及一个半小时。广州市交委对此回应称，地铁取消停靠是根据瞬间客流高峰决定的，类似春运期间的应急措施，具有不确定性，无法提前告知，飞站时间一般也就在一个小时左右。

广州地铁飞站并非第一次，据《新快报》报道，2009年“十一”当天，由于火车站广场人员拥挤，地铁二号线单向飞站，不停广州火车站。另外，2010年春运期间，广州地铁的一份应急预案也提到，当火车站地区滞留人数达到12万人以上时，地铁二号、五号线将在广州火车站采取飞站措施。

看来，春运期间没派上用场的地铁飞站预案倒是在“五一”、“十一”期间大显身手了。媒体报道称，2010年“五一”当天火车站的客流量可能多达11万人次，达到春运水平。如此说来，地铁飞站是“有章可循”的了。

不过，公交司机飞站，按《广州市公共汽车电车客运管理条例》的规定，其所在公司会被罚2 000～5 000元；而地铁飞站，《广州市城市轨道交通管理条例》中却无相关处罚规定。

当然，相比公交司机相对随意的飞站行为，地铁飞站必然要经过多级领导的指示才行得通，不会那么随意，且几率极低，再加上“属应急措施”这一护身法宝，应该是可以免于处罚的。

但问题是，地铁飞站毕竟会给部分乘客带来不便，耽误其行程，甚至造成诸如赶不上火车之类不小的损失。对于受影响的乘客，地铁公司没有最起码的道歉甚至赔偿是说不过去的。尤其在目前广州地铁运力与高峰期客流之间存在巨大缺口的时候，人们担心地铁将飞站作为应对客流过多的常态应急措施且不给权益受损乘客丝毫赔偿是不无道理的。

既然地铁飞站是为应对客流高峰而采取的应急措施，且已不是第一次采取，那么，我们就有必要讨论：地铁是否预见了客流高峰并采取了其他应急措施？飞站是最好的应急措施还是因未采取其他应急措施而不得已采取的“下策”？如何弥补飞站给乘客带来的损失？

事实上，《广州市城市轨道交通管理条例》中已有规定，在客流量激增、可能危及运营安全的情况下，地铁可以采取限制客流的临时措施。这一措施在之前三号线的运营中也屡次被采用过，相比飞站，它能更早地提醒乘客改乘其他交通工具，避免搭乘地铁可能带来的时间和经济损失，比较容易让人接受。

地铁方面必须明白的是，采取应急措施保障运营安全与做好善后措施保障乘客权益是两码事，不能顾此失彼，应急预案中应该也必须包括对受损乘客的赔偿问题，比如说，指引乘客免费乘坐回头地铁，帮助赶火车的乘客紧急上火车等，这些善后细节不仅仅是地铁提升服务水平的内在要求，更是乘客权益受到法律保障的应有之义。

（2010/05/11《新快报》）

肯德基成中国最好公厕让谁难堪

说来尴尬，日均客流量近500万人次的广州地铁至今未能很好解决乘客的如厕难问题。据报道，广州目前145个地铁车站中只有16个车站有厕所，比例只占十分之一，且大部分建在客流不多的四号线上。即便按地铁公司提供的“如厕攻略”去“方便”，很多乘客还是觉得不方便。

乘地铁想上个厕所还要煞有介事地靠“攻略”指引，听上去很搞笑却又让人笑不出来。按国人经验，出门在外内急时能够体面、方便地上个厕所并不容易，否则你难以解释这几日两则关于如厕的微博何以如此搅动人心。一则微博称“肯德基和麦当劳是中国最好的公厕”，获网友一片赞同；另一则微博讲的是演员刘桂娟直入台北市政府办公大楼如厕的经历，几天内被网友转发3万多次。

一座城市的公厕配置、卫生、服务等状况常被人从“城市文明”的角度予以解读，可是很遗憾，在广州已开通的地铁线路中，厕所的配置长期以来根本都不在规划要求内。如果说之前限于规划、技术水平、服务意识等原因没有配置公厕，那么广州地铁仍表示在今后新开线路上“客流较少的站点，会考虑隔一个站建一个厕所”，让人觉得过于小家子气。规划要有前瞻意识，不能仅参考眼前的客流量来决定是否配置公厕，况且，公厕设施总是有胜于无，能投入近一个亿翻新站台的地铁应该不差建厕所的那点儿钱吧？

至于现有地铁线路对公厕的迫切需求，地铁方面表示“再增加厕所很难”，“如果处理不好，异味还会跑出来”。这话有推脱责任的嫌疑，处理异味的技术问题可去北京、上海的地铁借鉴，甚至向同城的地下商场取经也可以，人家都能处理好的问题，怎么独独广州地铁要示弱呢？

从网络民意调查来看，多数人对广州地铁应配置公厕持肯定态度，对地铁方面不建厕所的理由也都逐条予以有理有据的反驳，那么，广州地铁在对客运量最大、年代最久远的一号线16个站台翻新的同时，能否考虑把“服务意识”也翻新一下，从近亿元的花费中拨出一些来，用于公厕改造工程？

如今一座城市的地铁，早已不止于完成乘客输送任务那么简单，它的设施服务、它的文化气息，诸多细节都体现着一座城市的文明程度和人文温度。如果说在有限的财力下，将地铁打扮得别具风格、容纳更多特色店铺、让各站点成为人们流连忘返的舒适所在都还是奢望，那么至少，在方便乘客如厕问题上，地铁应该完善最基本的相关设施。

肯德基、麦当劳成了中国最好的公共厕所，广州地铁难道没有感到丝毫的难堪吗？学习洋快餐内设公厕的服务标准，做好各站点的公厕服务，不算太难吧？毕竟现实来看，眼下我等纳税人显然还无法长驱直入政府机关内部厕所解决内急，那么，要求用公共财政投入的地铁配置公厕，还是可以的吧。

（2011/08/29《新快报》）

赤岗塔改得，西朗改不得？

广州地铁三号线及APM线的赤岗塔站将更名为广州塔站，APM线的歌剧院站更名为大剧院站，相关地名已经广州市人民政府批准并进行公告，具体执行时间待定。至于改名所涉及的花费，广州地铁发言人表示，“费用会很大”，但“政府的决策肯定要执行”。

说到地铁改名，很多人都会联想起之前媒体上关于“西朗”地铁站要不要正名为“西塱”的争论。西塱村民麦耀洪从2010年底起就开始向地名委员会、广州地铁、信访局等各方反映，直至上个月面见市委常委、常务副市长苏泽群，希望广州地铁为“西塱”正名，以示对当地历史文化的尊重。而地铁公司则表示，改名需要花费1 000万元，涉及面非常大，不宜更改。

“一字一千万”的说法虽只是地铁公司的一面之词，但也足以吓倒支持“西塱”正名的街坊们了——花那么多钱，有必要吗？可这一次，APM线两个站名要改，花费多少尚不可知，地铁公司竟要坚决执行了，两相对比，公众自然困惑：地铁站名改与不改，标准究竟是什么？

我分析，“谁出钱”或是其中的关键因素。“西塱”若要正名，所有花费只能地铁公司出，因为是地铁公司一错再错，在附近公交站牌、路牌都为“西塱”正名的时候，地铁公司却错失良机，甚至在2010年底广佛地铁通车时仍然使用“西朗”一名，直至今天积重难返，改一字竟要花费上千万。

而APM线的地铁站名更改则不同，当时因广州塔和大剧院的名字尚未敲定，市政府预计到将来要更换站名，于是下发“先定名后改名”的文件。市政府既有此决策，如今自然要为更名的花费埋单，地铁公司自己不必“拔毛”，也就乐于配合，改名就改名，有什么所谓？

可是，市政府预料到要改名，地铁站名就非改不可吗？政府支付的改名费用毕竟也来自公共财政，应听取人大代表和公众的意见才是。话说“赤岗塔”站作为地铁三号线与APM线的换乘站，站名早在2002年就确定了，如今只因旁边建起了更有名的广州塔，就要改名了。主政者有这样喜新厌旧的思维，弃悠久的历史文化于不顾，怎么可能搞好文化名城的建设？

即便是为了推广“广州塔”这个新地标，在地铁站名上也可以考虑同时保留“赤岗塔、广州塔”两个名称，让游客一下子了解广州古今两座塔，不也很好吗？喜新厌旧，只谈当下时髦建筑，对名胜古迹却弃之如敝屣，这实在是数典忘祖的表现。

至于“西朗站”正名一事，有必要督促地铁公司尽快给“朗”字加上“土”，否则一错再错，又拒不改正，这行径实在像个没文化的“土包子”。

（2011/12/26《新快报》）

第十一编

广州市井生活

爱广州这座城市，让我不局限于只是纸上谈兵地评说它，更喜欢通过行走，用自己的脚步去丈量这个城市，融入广州最市井的生活中去。我喜欢游荡在广州的大街小巷，看看“市花”木棉的生长，关注街头“西关小屋”的利用，瞧瞧店铺招牌的“改造”，查看河涌旁救生设施的添置情况……因为我希望这座城市的每一个生活细节都能更完美，更宜居。

请建筑工看歌剧，凸显广州人情味

即将完工的广州歌剧院4月9日起将举办3场试验演出，以便调试剧场舞台设备与声学系统。试演期间除留位给相关验收的工作人员外，还将邀请广大市民，以及为广州歌剧院建设付出艰辛劳动的800位建筑工人共同试看。

广州歌剧院邀请800位建筑工人试看歌剧之举，恕鄙人孤陋寡闻，起码在广州可以说是前所未有的，至少我没听说“小蛮腰”邀请其建筑工人免费上塔参观，也没听说武广高铁让建筑工人免票回家——2010年春节，为武广高铁的开通而日夜奋战的建筑工人，不就因为买不起高铁的高价票，而只能买廉价的火车票挤回家吗？比较而言，广州歌剧院邀请建筑工人看歌剧之举，充满了浓浓的人情味，多少弥补了广州长期以来对建筑工人欠下的“人情债”。

其实，城市对其建筑者的冷漠不独广州所有。君不见，那些身处社会底层的建筑工人为城市盖起了高楼大厦却无片瓦遮头，修通了高速铁路却无钱买票乘坐，体育馆、电影院、科技中心……一座座恢弘的城市标志性建筑都包含着建筑工人的心血，可他们却往往无缘在浇注了自己血汗的建筑里看一场《阿凡达》，听一场音乐会。

一场免费的歌剧或许不是建筑工人最想要的来自城市的礼物，但它至少能让建筑工人们感受到广州这座城市温情脉脉的一面，如果广州的政府部门也能纷纷效仿，对建筑工人这样的外来务工人员再多一些人性化的关怀，送一些更有“含金量”的大礼包就更好了。

（2010/03/23《南方都市报》）

五星级厕所羞煞广州富翁

广州首次对旅游景区的厕所进行星级评定，共评出10座五星级厕所，其中4座位于白云山。据介绍，评比的目的是为了优化旅游环境，提升旅游形象，做好亚运会的接待工作。

如今的广州，凡事一冠上"亚运"的名头，就很容易解释通了。这评比显然是做给来广州看亚运的外国人看的，给外国友人一个温情的"如厕提示"，不然，你以为政府部门费劲评个五星厕所是为了方便你一平头百姓没事跑去白云山上五星级厕所么？

说起来，五星级厕所也不是容易当的，那标准着实让人咋舌：感应式大门、防蝇风帘、面积150平方米以上、全年室温23℃~26℃……估计广州不少千万富翁看了都得暗自垂泪：自家豪宅竟比不过人家山上的厕所！

可和这豪华厕所共存于广州的，是广州老城区部分家中无独立卫生间的居民如厕难的问题，是来往旅客在广州火车站为了上趟厕所而"长途跋涉"的现状，是出租车司机、外来工为解决内急不得不在街边便溺的尴尬。

其实，景区为了吸引客流自然会完善其相关配套设施，不必政府操心评级，景区厕所也差不到哪去，之前不就曝出番禺某景区拿"六星级"黄金厕所做噱头吸引游客的新闻吗？倒是城市的日常配套建设，如果主政者不关心，不为民生投入，市民最基本的如厕问题就很难"痛快解决"，生活质量自然也就大打折扣。

说起来，城市的主政者似乎已养成了做"锦上添花"之事的惯性思维，常常将大量资源集中投入到一处去，而这种思维发展到极致，就产生了打造"样板"的冲动，东风路上4万元一盏的中华灯就是最新的一例。之前东风路反复折腾扮靓就不必赘述了，媒体报道好多回了不也没阻止住这次中华灯的"闪亮登场"吗？别看眼下灯刚安装就"失明"了，且不见有人来维修，人家那是先歇歇养足精神，等亚运一到，中华灯保证个个亮得晃花你的眼。

给景区厕所评星，在一条东风路上反复折腾，不仅仅体现政府部门"目光朝上"，喜欢将资源集中投放打造"样板"的毛病，也反映出政府部门已经习惯做一些类似"摘果子"的轻巧活，比如评奖：企业产品质量好，奖！纳税大户，奖！成功上市，奖！厕所豪华？挂五星！……却往往忽略了将目光朝下，问问出租车司机，问问外来打工者，看看城市哪里最需要建公共厕所？

我等市民不敢奢望城中遍布五星豪华厕所，可有如厕需要的时候，能及时找到一座干净、卫生的公共厕所的要求应该不过分吧？

(2010/03/25《新快报》)

当店铺招牌遭遇"格式化"……

随着广州丰乐路、黄埔东路、大沙东等临街店铺"穿衣戴帽"工程的结束，不少档主发现店铺的旧招牌不让挂了，新的招牌被限制在一个小框内，需要统一规格、统一大小。有档主担心清一色的招牌没有个性，会影响生意；有档主则抱怨自家店铺宽三四米，招牌却只有一两米宽。

这一问题绝非这几条临街店铺所独有，实际上我在老城区很多整饬后的骑楼街上都发现了这个现象。不管你是卖糖水的还是修电器的，店铺上头都是一块统一规格的大白板招牌，以往那些个性化的招牌通通消失不见，让人很难从招牌本身揣测一家店铺的特色和风格。

其实出现这种状况倒也不难理解，由政府部门出资统一进行的装修整饬，只可能按权力审美的标准来，那就是整齐划一，一个模子死磕到底。对于以往各家店铺悬挂的看似杂乱无章、大小不拘、字体各异的招牌，我等普通市民看到的是参差百态，是人间烟火，是招牌背后店家的特色和故事，而掌权者看到的则可能是乱七八糟，是影响市容，不便管理。

店铺的招牌好比一个人的服饰，用什么材质、选什么字体、配什么颜色，很考验卖家的心思，也是卖家招揽生意的一个重要手段。像我昨日第一次路过老字号的致美斋，忍不住跑过街去给它留影并进店转一圈，实在是那招牌上的书法和店铺两端的对联让人看着就赏心悦目。还有老字号的莲香楼，红底烫金字的招牌也是自成风格，在一众店铺中很是显眼。

你能想象卖酱油的、卖面点的和修脚美容的都使用一种招牌是什么效果吗？这和当年满大街人都穿成蓝蚂蚁、绿蚂蚁一样有何区别？这种担心已被证实并非杞人忧天，2009 年就有媒体报道，人民中路所有商店的招牌都被要求统一更换为“银灰色底板，电脑字”。试想，逛街时满眼看到的仿佛都是同一块招牌，你就算不头晕迷路，也会失去逛街的兴趣吧。

为了便于管理，权力往往极为热衷整齐划一的模式，而难以真正尊重民间杂乱的多样性之美，更难以理解这背后的人间烟火味。

（2010/08/12《羊城晚报》）

与其命名服务站，不如回归报刊亭

广州亚运城市志愿服务站点的昵称征集活动 8 月底将结束，寓意“发展运动情谊长，和亚运奥运齐名扬”的“红格窗”在网络票选中暂时领先。

北京奥运城市志愿服务站点叫“蓝立方”，广州相应地取个“红格窗”的名字倒也不错，毕竟亚运很多举措都是比照奥运和世博来的嘛，比如车辆限行，比如菜刀实名。

我个人其实很肯定“红格窗”这个名字，因为它实在很形象，一下子提醒了我，原来这些日子我在广州街头看到的有红格子装饰的、古色古香的报刊亭般大小的屋子就是亚运志愿服务站啊！

我曾在广州体育馆和天河颐高数码广场门前的主干道路边看到“红格窗”，但都是门户紧闭，我还纳闷这么漂亮的报刊亭怎么不营业呢？现在看了报道才“释然”，原来是亚运服务站，现在亚运还没到，本地居民自然享受不到什么志愿服务啦。

这设在主干道上的“红格窗”不能不勾起我对报刊亭的怀念。2010 年 6 月一纸政令就断了报刊亭进驻主干道的念想，并规划未来逐步取消露天报刊亭，引导其入室经营。而今与报刊亭相似大小的“红格窗”强势进驻主干道，难免让人怀疑之前对报刊亭的整顿是在为其铺路。

我想问的是，广州的主干道既能容下服务站，为何容不下报刊亭？若能引导报刊亭兼具服务站的职能，岂不省却移走报刊亭、移来“红格窗”、招募志愿者等这许多麻烦？

其实归根结底，我觉得与其花大力气为亚运志愿服务站征名，还送什么命名者免费出国游，不如干脆就把服务站改回为报刊亭，名字不用征，还叫报刊亭！广州电视塔花10万征来的“海心塔”名字不也是被弃之不用了吗？

再者，以我个人有限的驴友经验来揣摩外地游客特别是老外的心态，我觉得他们应该更喜欢原生态的广州，更本能地抗拒营造出来的欢迎姿态。专门设个服务站，尤其会让外国游客觉得很见外、不真实吧？试想一下，让迷路的游客有机会向广州市民问路，不正好是展示广州市民热情好客的雍容气度的大好时机吗？

除了指路，我还真想不出服务站还能提供其他什么特别的服务，我们那么多的政府部门，亚运期间的各项服务应该可以做到无缝覆盖、随时出动了吧？何必专门设这些个服务站呢？

不知政府部门对后亚运时代主干道上的服务站作何处置？依我看，不如就回归做报刊亭吧！服务站最该服务的就是广州市民，若亚运后能改作报刊亭，那不仅能解决不少低收入群体的糊口问题，也是文化广州在街头竖起的一道亮丽风景线啊！

（2010/08/26《新快报》）

幸福广州的“范例”与“特例”

中山大学的林教授以特快专递信件向市委书记张广宁反映家中财物因亚运“穿衣戴帽”失窃的问题，当天就得到市委书记的批示，海珠区委书记邓伟强则上门了解情况。这当天寄信、当天批示、当天上门的三个“当天”成了建设幸福广州的“范例”。

别说林教授自己“真的没想到”，相信多数普通市民街坊也想不到——原来给市委书记写特快专递这么管用呀？这让奔波4个月仍找不到沙井盖归属的街坊小刘情何以堪呐！早知这样，早写信给市委书记，不也早就过上幸福生活了嘛！

可稍稍动动脑子都知道，这三个“当天”注定成不了建设幸福广州的“范例”，顶多算个“特例”、“孤例”。一来，林教授反映的不过是失窃问题，且“丢的东西很少”，批示下去解决起来不是难题，而很多积弊已久、利益关联复杂的民生问题纵使拿着领导批示也未必得以痛快解决；二来，若以此为“范例”，广州街坊事无巨细地遇到麻烦就给书记写特快专递，张广宁书记的办公室怕是要被信件淹没的，而批示太多，下面的职能部门应付不过来，批示也就没意义了。

所以说，要想给建设幸福广州树“范例”，就不能从林教授这样的“特例”中找，否则难免凌空蹈虚，起不了模范带头作用不说，还有可能指错了方向，鼓励市民街坊都去给书记写特快专递了，最终导致“范例”沦为“孤例”。

不过客观地说，这“范例”也有点意义，它反映出的张广宁书记重视街坊意见、关心群众生活的精神，这也是值得那些把市民街坊当球一样踢来踢去的公务人员学习的，若是广州的公务人员都能以对待领导批示的热情对待上门投诉的市民街坊，至少街坊小刘不至于被沙井盖坑了之后还要在政府部门间奔波4个多月都难获悉沙井盖的权属了。

追根究底，为什么市民选择给市委书记写特快专递而非直接找相关责任人，为什么市民喜欢拨打市长热线而非各职能部门的投诉电话，为什么市民为大接访漏夜排队只为了见书记市长一面……回答并解决了这些问题，建设幸福广州就可按图索骥了。

（2011/01/15《羊城晚报》）

看这里的商铺招牌空荡荡

广州市荔湾区龙津西路的沿街商铺店主最近很郁闷，缘起 2010 年 10 月，作为整饬工程的一部分，有关部门答应为沿街商铺统一制作招牌，店主们就很配合地迅速把以前的旧招牌拆掉了，谁知有关部门给各店铺装了个统一的招牌框后，就不管店铺名了。

如今龙津西路沿街店铺的门楣上都是空荡荡的招牌框，惹来街坊好多埋怨：怎么过了三四个月，快过年了，你们还是“千牌一面”？也难怪街坊埋怨，这统一招牌都是深啡色木纹底板、满洲窗式的装饰条纹，高度、宽度、样式都一致，乍看上去沿街商铺貌似成了佩戴统一标志的连锁店，完全抹掉了街坊对店铺的熟悉感，若是招牌上再不写清店名，怕是几十年的老街坊也会搞糊涂这一家一家店铺都是卖什么的。

套用网络上那句流行语“凡是不以结婚为目的的谈恋爱都是耍流氓”来看，有关部门将龙津西路商铺招牌拆旧不装新的举动，也算是耍流氓了。想当初店主们那么积极配合，又是移电线，又是转管网，几天就帮着拆了旧招牌，不想换来的竟是这样统一“格式化”的招牌框，还成了“烂尾工程”，拖了几个月也不见来装店铺名。这不是耍流氓是什么？

我去年曾在《羊城晚报》撰文《当店铺招牌遭遇“格式化”……》，批评权力审美出于方便管理的目的，过于热衷整齐划一的模式，既看不到旧招牌背后的杂乱的多样性之美，也难以理解其背后的人间烟火味。

而从眼下新店铺招牌竟又遭遇“烂尾”的现实看，权力不但审美有问题，做事更有问题，轻佻点说，是对广州的店铺招牌耍了流氓，严重点说，那就是在拆广州文化的招牌啊！

广州市委书记前不久提出“广州要全力打造世界文化名城”，具体怎么打造当然见仁见智，可我想，不随便“格式化”店铺招牌，更不能拆旧不装新招牌，应该是基本的文化共识吧。文化广州绝不仅仅止于大剧院、新图书馆那样的宏大建筑，它更藏身于街头巷尾，藏在店铺的招牌里，在人的言谈举止中——不过，那些“格式化”店铺招牌，是嗅不出文化味的。

文化既是软实力，就不能像搞基础设施建设那样大干快上，要讲究巧劲儿，事关文化建设的事，如果拿捏不准，政府部门最好不要出手，而是给民间留有自由、恣意发挥的余地，否则，被拆的不仅仅是店铺的招牌，更可能是文化广州的招牌！

（2011/01/28《新快报》）

广州市花，还是木棉么

《新快报》头版刊登“寻找羊城市花”、“征集木棉花海照片”的启事，勾起新老广州人不少感慨。“木棉在哪里”这个让人尴尬又心痛的提问，直指木棉花在广州街头难觅芳踪、更难成景观的现实。以至于有专门寻花的老外打趣地问：“广州市花，还是木棉么？”

加之这两日微博上疯狂转发的一张摄于南海桂城海三路与桂澜路交界段“木棉一条街”的怒放胜景，更是让不少广州人艳羡不已。有网友评说：“广州的市花在南海盛放，抢晒广州的风头啦！”也有广州网友筹划着赶去一睹芳容，急问：“木棉还开着吗？广佛地铁通到那里吗？”

春意盎然的广州竟独缺赏木棉花的好去处，这股波及老广州、后生仔乃至洋街坊的焦虑其实在某种程度上是件好事，它让我们看到新老中外的广州人对广州这座城市的感情和文化认同，也说明木棉花作为广州的一个文化符号，其包装推广也取得了一定成效。

作为文化符号的木棉花，它是广州2010年亚残运会的吉祥物，是很多企业的标志或徽章，是政府网站上的标志性图标……但让人遗憾的是，政府部门在积极赋予木棉这样或那样的符号意义时，现实中种植的木棉树却越来越少了。这也无怪乎一路循着木棉标志来广州寻木棉景观的游客只能抱憾离去了。

据2011年2月广州两会期间民进广州市委员会递交的一份提案称，广州近200条道路（主次干道）30多万株路树中，乔木品种有近100种，而木棉在行道树中仅占行道树的0.7%左右，且全市没有适宜观赏、形成氛围的成片种植区域。

广州市林业和园林局在解释木棉稀少的原因时说，木棉花因花落砸人、飘絮过敏、遮阴不佳等原因遭到部分行人投诉，所以近几年园林部门在选择行道树种类时，已用其他树种代替了木棉。木棉不会说话替自己辩解，只因遭人投诉就被弃之不用，哪怕顶着市花的头衔，这真让人唏嘘不已。

试问，广州曾有人因私摘路边芒果而摔伤的事，是否芒果树也要因此被移出绿化树的清单？还有大王椰树遮阴效果更差，是否也该一并废弃不种了？至于飘絮过敏，过敏体质的人应该不独独对木棉过敏吧？

木棉自1982年经70多万广州人票选成为广州市花以来，被抽象成一种文化符号，赋予了诸多美好的象征意义。说木棉是广州的一个极具代表性的文化符号，恐怕没有人会否认，但它会不会最终沦为一个纸面上的符号而已，从现状来看，还真不让人乐观。木棉种植得越来越少，非寻常所易见，文化符号找不到实物依托，这叫怎么一回事？

正如2011年两会期间民进广州市委员会的提案中所建议的，木棉花的种植必须提到政府部门的议事日程上来了。无论是打造木棉景观路，还是木棉主题公园，抑或是举办木棉旅游节，公众对木棉的深厚感情需要有实实在在的木棉树来寄托，否则，木棉符号的过度使用只能激起更多公众寻不见木棉的失落感。

羊城广州的这个春天，因一朵木棉花，我们见证了广州人对这座城市的认同。但愿下一个春天，有更多的木棉，盛开在广州的春天里。

（2011/04/12《羊城晚报》）

不能以私家车主的错惩罚无辜的公交乘客

广州市交委日前在其官方网站上发布征求意见公告，称由于天河区美林花园私家车夜间停放严重影响公交站场运作，拟于近期将夜40路公交车总站调整至琶洲大桥北桥底，公交改行科韵路，并双向撤销停靠员村四横路站。

私家车乱停竟然逼得公交改线？若真如此，那将是广州市创纪录的头一遭。不由让人感叹：私家车真牛！公交车真怂！乘客真无辜！

是呀，私家车乱停本该被严肃查处治理，怎么公交车竟要乖乖撤走为之让路？更无辜的是搭乘夜班40路公交的乘客，没私家车开已经很悲摧了，如今难道连乘公交的方便也要被剥夺吗？真是“神仙打架，小鬼遭殃”啊！

当然，公交被逼改线，人家市交委也是一肚子苦水：美林花园总站和门前的那条马路，都是属于美林花园的物业，“是小区自己的路”，而交委对车辆乱停放没有处罚权，所以只能对公交线路进行

广州市交委这说辞真是把自己的责任推得一干二净，摆出一副两手一摊爱莫能助的小妾样，难怪媒体报道用了“私家车霸道，气走公交车”标题，这个“气走”，真是传神。

可公交改线涉及众多乘客的乘车便利，是广州市交委赌气一走了之就能解决的吗？遇见棘手的问题，广州市交委为什么选择了最简单的“绕路走”，有没有与相关各方协商解决？

我并不讳言夜40路被逼改线这一问题的复杂性：美林花园停车位远远不足，私家车主屡教不改乱停放，道路属于小区物业交委无权处罚……这些都是难题，但也都不是不能协商解决的问题。推广LPG那样有利可图的事情再难，广州市交委不也积极为之吗？

另外，夜40路改线说到底还牵扯到美林花园私家车业主和搭公交业主之间的邻里矛盾问题。美林花园物业也有义务召集相关业主，协商车辆停放与公交通行之间的矛盾。凡事好好协商，总有解决的可能。协商解决肯定比较耗时和艰难，比不上公交改线那样偷懒和

痛快，但却能尽量照顾到更多人的利益。

一路公交车是否要改线，一条公交线是否要停开，一座老楼是否要加装电梯……类似的琐碎问题都在考验着城市的精细化管理能力，如果遇事就喊难、就委屈、就甩手走人，那社会的治理和进步从何谈起？

无论如何，私家车乱停放有错在先，公交若因此改线，岂不是用私家车主的错来惩罚无辜的公交乘客？再者，如果私家车乱停竟能逼得公交改线，广州一旦开了这个先河，以后“公交第一”这个承诺能否兑现、公交乘客权益能否得到保障，都让人深深忧虑。

（2011/07/04《羊城晚报》）

农民工博物馆：苦乐都经不起陈列

广州打算在17个保留的特色城中村中选址建农民工博物馆。可惜博物馆选址的网上投票遇冷，参与投票的市民并不多。

博物馆选址网络投票遇冷，不知道博物馆建成后会不会也遇冷？在决计动用公共财政建一座农民工博物馆之前，这样的问题相关部门不可不深思，否则，建成后博物馆的日常维系和管理费用等一系列问题都会让人头疼。

提起博物馆，一般人都会很自然想到：那里展出的是文物，是历史，是记忆，是现实中不再延续、几乎绝迹的东西。但眼下农民工远未到“送进历史博物馆”的时候，出门随处就能看到农民工的年代，建个博物馆该展览些什么？说实在的，农民工那把子辛酸泪不进博物馆也能看到，那点儿幸福也经不起陈列啊。

官方的初衷是想通过博物馆展示农民工为推动广州发展作出的重要贡献，这一理念本身没错，但问题是，农民工的贡献不是汗珠子落地上摔八瓣、仅仅付出辛劳那么简单，农民工的贡献往往是伴随着城管驱逐、企业欠薪、上访讨薪等而来的，对于这样真实而残酷的历史，乃至仍在发生的现实，农民工博物馆是否有勇气将其全面展示出来？

所以说，农民工博物馆真正的棘手问题就在于其展品，到底展出些什么？有人说，广州可以向北京的农民工博物馆借鉴。我却觉得很难，因为北京的农民工博物馆是一个名叫“工友之家”的NGO组织创办的，非官方背景，其展品部分来自农民工的自发捐赠。如广东一女工就寄去自己的工卡，正面是她的照片和姓名，背面则印着工厂冷冰冰的规定：上班期间不准上厕所。这样一件展品，官方主导的博物馆有没有胸怀收藏？

把农民工博物馆搞成一屋子血泪史，显然“不合时宜”，但若一味展示农民工的幸福生活和时代进步，怕是会让参观的农民工产生巨大的心理落差——原来，自己混得连农民工都算不上了！如此反复权衡之后，我倒是想劝政府部门一句：先老老实实改善农民工的物质生活吧，建博物馆这事，交给民间去做好了！

（2011/08/20《南方都市报》）

供内地的“供港”蔬菜，呵呵……

继绿色蔬菜、有机蔬菜之后，这一次被媒体揭去“画皮”的是所谓的“供港”蔬菜。《新快报》记者调查发现，价格是农贸市场同类蔬菜两三倍的所谓“供港”蔬菜身份可疑，它们要么无法提供身份证明，要么包装上缺乏多种法定标志。更让人吃惊的是，抽检的“供港”菜心和普通菜心的农药残留量属于“同一级别”。

花大价钱竟然买了农贸市场品质的蔬菜？听到这样的消息，在菜市场买菜的人可能心中窃喜，在高端超市买“供港”蔬菜的人可能要气歪了鼻子。是啊，本想“花钱买安全”，谁知花钱也买不到放心菜，这怎不让人气结?!

但是，香港人看到这篇“供港”蔬菜问题多多的调查报道会担心吗？我猜不会。因为很多人都心知肚明，这种类似“出口转内销”的“供港”蔬菜和真正的供港蔬菜恐怕并不是一回事。很明显，一个是真的“供港”，一个事实上是供内地啊！

我觉得，调查中记者采访的那位销售商倒是说出了问题的关键：

“香港方面没检测过的菜也能叫供港蔬菜?”呵呵，是的，标签不过是障眼的浮云，谁来检测才是问题的关键。本来嘛，供港蔬菜也是内地生产的，保证其品质的不是产地，而是其一系列的监测标准。香港方面没检测过，你好意思说自己是供港蔬菜?

在食品安全环境整体堪忧的情况下，商家似乎只能花样翻新地贴各种名头的标签，以示自家产品与普通产品的区别，于是蔬菜有了“普通”、“无公害”、“绿色”、“有机”、“供港”、“特供”等N多种类，这些种类区分放在国外，可能仅仅是品质高低、口感好坏的区别而已，但在我们这里，却可能是有毒没毒、安全与否的天壤之别。通过这些分类，我们容忍了一部分人的食品先安全起来，且祈祷自己有朝一日富起来，能从吃普通蔬菜那一群，跻身吃“供港”甚至“特供”蔬菜那一群。谁知有钱后才发现，除了“特供”，市场上很难有真正的食品安全，什么绿色蔬菜、有机蔬菜，通通经不起媒体调查。也就是汉语博大精深经得起糟蹋，才能让这些商家糟蹋一个标签后，又巧立名目整出个新的标签忽悠人。

说来悲哀，食品安全的内外有别、上下有别在我们这里早就不是新闻。之前蒙牛公司就声称：发到香港的产品保证比内地的产品质量更好、更安全；北京海关等机关也被曝出自建蔬菜基地，那里为了杜绝化学污染，几乎只使用有机肥，且格外注重采摘安全期。中产阶层“花钱买食品安全”的幻想已渐渐被现实击得粉碎，而不得不认清“有钱未必吃得安全，有权才可能吃得安全”的残酷现实。

（2011/09/06《新快报》）

增设救生设施是对英雄最好的祭奠

2011年10月19日晚，珠江广州大桥段，31岁的退伍兵牛作涛为救一轻生女子，纵身一跃跳入江中，不幸两人最终双双被江水吞没。广州市领导与市见义勇为基金会向牛作涛的家属颁发见义勇为奖状并送上慰问金，多位热心市民也向其家属捐款慰问。

英雄牛作涛跳江救人牺牲，闻者无不扼腕叹息。据报道，目击者称，牛作涛曾成功将溺水女子拖住，尽力往岸边靠拢，江岸上站着的十几位市民想把两人从水中拉上岸，无奈身边没有任何器械。当附近餐馆的服务员找来一根长长的水管救人时，落水的两人已被江水吞没。

因为牛作涛的牺牲，细心的记者发现了珠江两岸紧急救生设备缺失的问题。目前珠江堤防两岸仅有的救生设施就是每隔几百米设立的爬梯，但这些爬梯与岸壁颜色相似，无明显标志，即使是白天也很难发现，更不要说事发在晚上，而且这些爬梯即使是经常在岸边锻炼的老人也不知晓。至于救生圈、绳索等救生设施，则更是没有。

去过香港的人都知道，在香港星光大道江边醒目地摆放着救生设施，一个橙色救生圈，连着几十米长的绳索，绳索的另一头被紧紧固定在岸边，旁边还有标语明示“此救生圈只供救生用途，禁止毁坏或拿走”。可以想象，一旦有人落水，施救者带着救生圈下水救人，自身的安全系数是比较有保障的。

这样人性化的设施能否照搬到广州来？广州市水务局的回答却是“暂不考虑”。据报道，市水务局相关人士表示，“在江边增设救生圈不便于管理，比如有可能会有市民取下游泳圈下水游泳，反倒增加了不安全因素”。

这种解释的荒谬之处毋庸赘言。相关官员不知道或者不愿考虑的是，救生圈有可能被挪作他用，但它同样可能用于挽救生命！难道仅仅能够因为损失一个救生圈或增加管理的难度就对落水者或救人者的生命置之不理了？难道一条生命还比不上只是可能增加的管理成本吗？如果以后再有人落水，是不是准备让救人的英雄继续赤手空拳毫无保障地跳下去吗？是的，我们呼唤英雄精神，我们赞扬牛作涛，但是我们总可以做些什么，尽量避免英雄的牺牲！

报道中另一个值得注意的细节是，救援人员称事发地点周边光线比较暗，对搜救行动造成了不少影响。要知道，这座城市有绚烂的灯光节、有耗资巨费的光亮工程，却没有一盏探照灯照向漆黑的珠江水面，帮助搜救落水的英雄和轻生的女子。

“广州永远不会忘记你”，可能是很多人想对英雄牛作涛说的话。是的，我们承诺“永不忘记”，但我们或许已经忘记曾对多少人承诺过“永不忘记”。善忘是人的天性，对英雄的祭奠不能仅仅止于口头的承诺。如果因为牛作涛的牺牲，珠江边能从此增设救生圈、绳索、探照灯等紧急救生设施，甚至将这些救生设施冠以牛作涛的名字以志纪念，我们或许才敢无愧于心地说：牛作涛，广州永远不会忘记你！

（2011/10/24《新快报》）

添救生设施何止珠江两岸

2011 年 10 月 19 日晚，珠江广州大桥段，31 岁的退伍军人牛作涛为救一轻生女子，被江水吞没。这起悲剧引发了公众对珠江两岸紧急救生设备缺失的关注。我为此在媒体呼吁："增设救生设施是对英雄的最好祭奠。"

媒体的呼吁日前得到了广州水务部门的回应：当局计划在珠江公共岸线中，特别是重要河段加密安装水上爬梯，基本达到每 100 米设置一个，且新爬梯有反光漆便于夜间使用。目前，这项工作已经进入安装阶段。

对水务部门这种从善如流的态度，首先要予以肯定，但很显然，仅仅增设爬梯还不够，无论对落水者还是救援者来说，爬梯的实际救援功能都很弱。市民普遍认为救生圈、绳索、探照灯等设施能够更好地发挥救援作用，理应在河岸边配置，对此，水务部门则表示，正在和有关部门论证，但主要担心被盗。

担心被盗显然不是不予增设的理由，正如市民建议的那样，水务部门可以选择商家代管、参投保险、发动市民监督等方法，做好救生设施的日常管理。都说"不怕一万，只怕万一"，相比可能丧生的生命，增设救生圈的花费及其维护管理的成本都显得无足轻重了。

广州水系发达，且随着治水显效，亲水已成为市民的一种生活方式。但记者走访发现，不独珠江河段，广州市内人流密集的河涌两岸，如石井河、荔枝湾涌、东濠涌等，都没有救生设备，甚至连安全警示标志也是欠缺的。因此，增设救生设施这件事，真正实施起来，也不独是珠江两岸要设，必然牵扯到很多方面，是个系统工程。

但是，不能因为实际操作的复杂就以“正在研究”敷衍过去，也不能因为救生圈容易被盗就干脆不装，香港等其他城市都能做到的事情，广州没有理由做不到，否则，我们何以面对牛作涛的英魂？

我们并不能保证增设了救生圈、绳索、探照灯就必然可以挽救生命，但是，只有增设这些设施，才可能让救援的群众增加安全系数，减少无谓的牺牲。我再次呼吁广州水务部门尽快将在珠江两岸及人流密集的河涌两岸增设救生设施一事形成详细的工作方案，同时广泛听取公众意见，将这件功德无量的好事尽早落实，有备无患。

（2011/11/19《羊城晚报》）

“不献血就不手术”，血荒将加剧！

日前，北京一网友在微博上抱怨：家人做手术要用血，自己和家属的“无偿献血证”却不能用，医院要求病人家属必须“互助”献血，否则不能手术。《羊城晚报》记者调查发现，由于缺血，医院要求病人家属互助献血在广州也是常态，且外地的“无偿献血证”在广州不被承认。

按说，“无偿献血证”的“使用说明”里白纸黑字地写着：“此证全国通用（含军人），终身有效。是您献血和您本人及直系亲属用血的法律证据。由中华人民共和国卫生部统一印制。无偿献血者凭证异地用血费用回发证地按规定报销。”

可惜，明明白白写着的规定在现实里却彻底失效，献血证既不全国通用，也不保证用血，真真让人见识了什么叫“一纸空文”！据报道，献血证不通用的原因是“没有联网，各地无法互相认证，有待于制度进一步完善”，这真让人无语，“无偿献血证”颁发多少年了，到现在还解决不了电脑联网、互相认证的问题？电脑联网有那么困难吗？是不能为之，还是不愿为之？既然献血证不能全国通用，又为何在证书上写着“全国通用”？印制发证的卫生部要不要打屁股？

至于互助献血问题，这在《中华人民共和国献血法》里有明确规定，“为保障公民临床急救用血的需要，国家提倡并指导择期手术的患者自身储血，动员家庭、亲友、所在单位以及社会互助献血”，因此医院的行为自然算不上违法，但在实际操作中，不少医院和血站打的却是“擦边球”，将本属于提倡、动员性质的互助行为变成了强制行为，滋生出“不献血就不手术”的潜规则。

医院和血站以用血紧张为名要求病人家属互助献血，无形中架空了“无偿献血证”所保障的免费用血“福利”，彻底抹杀了无偿献血者过往的付出，殊不知，正是这种看似呼吁、实则强制的互助献血进一步导致了血荒局面。想想吧，献血证不管用，真正要用血之前必须“互助献血”，有过如此冷酷遭遇的人，哪一个还会再去无偿献血呢？哪一个又还会为自己的“无偿献血证”倍感骄傲呢？缺血—“互助”献血—不愿无偿献血—更加缺血，这一已经形成的恶性循环，不知道何时能被打破？

值得注意的是，互助献血还引发了一系列问题：其一，互助献血者一般都没有“无偿献血证”；其二，一旦病人手术用血少于其家属的互助献血量，甚至干脆没用血，家属的互助献血就白献了，没有补偿；其三，一旦病人家属不方便献血，或是没有家属可献血的，只能花钱找人代替完成指标，进而导致血价被炒高。

上述种种乱象解决起来恐怕不是一朝一夕就能完成的，但“无偿献血证”既不保证用血，也不全国通用，彻底沦为“没有用”这回事，还请卫生部先出面解释一下吧！

（2011/11/15《羊城晚报》）

“同在蓝天下”只是环保局的幻觉

北京市环保局发布最新统计称：北京已提前完成“蓝天”目标，2011年空气质量二级和好于二级天数累计达到274天，达到2011年初确定的75%任务目标；其中一级天气72天，比举办奥运会的2008年全年多11天，创历史最高水平。

作为一名暂居北京的外乡人，我确定自己没有被空气中的

PM2.5 熏得头昏眼花之后，终于相信，这是官方发布的真消息，不属于官方要坚决肃清的“假新闻”。

可一个有趣的现象是，不少媒体的官方微博在报道这条“喜讯”时，配发的图片却是雾蒙蒙的北京城——其中深意，不言自明。

话说这一年微博上调侃北京空气差的段子不胜枚举，“PM2.5”这个专业术语也如当年的“三聚氰胺”般变得家喻户晓，在此情境之下北京市环保局不惧“拍砖”，公布如此骄人的“蓝天”统计清单真是“勇气可嘉”。

我不相信“网络舆情监控”在北京空气质量一事上出现了选择性失明，但北京市环保局敢于冒犯民意，一意孤行地发布“创历史最高水平”的“蓝天”报告，只能说明汹汹民意奈何不了它——对政府部门来说，完成预定的75%目标才是头等大事。

温家宝总理曾说过，“群众满意不满意、高兴不高兴、答应不答应是衡量政府工作好坏的唯一标准”。遗憾的是，在空气质量评价方面，群众纵然不满意 PM2.5 的监测报告迟迟不公开，不高兴自己亲眼看到的蓝天没有环保局统计的那么多，更不答应将此统计结果作为北京市环保局的政绩，但这些不满意、不高兴、不答应的小情绪归根到底都左右不了衡量政府工作好坏的标准。

其实，官方的空气质量评价与民众的切身感受相去甚远，不独北京一地；广州市环保局相关负责人近日称，2011 年头 11 个月，广州市的灰霾天数只有 34 天，空气质量优良率为 98.8%。

对此官方结论，有媒体发起网络投票，“赤裸裸”地问网友：“您信吗？”呵呵，政府部门的公信力沦落至此地步，夫复何言？空气质量如何本是事实问题，如今竟然扭曲成统计问题、信不信的问题。

曾有句很流行的、很煽情的话叫做“同在蓝天下”，惜乎如今虽同在一片天空下，对是不是“蓝天”这个判断也达不成共识了。网友们觉得，自己亲眼看见的蓝天，都是大风吹出来的；至于环保局统计出的“蓝天”，是谁吹出来的就不得而知了。硬要说一年里有 274 天我们都“同在蓝天下”，那大概只是北京市环保局的幻觉吧。

（2011/12/19《新快报》）

空气这么好，环保局可以歇业了

广州市环保局罗思源局长在环保局开放日活动中透露：按现行标准，2011年广州的空气优良天数为360天，比亚运年还多了3天，优良率达98.6%；按国家拟采用标准，只有22天PM2.5超标，34天有灰霾，“一年只有5天空气质量达不到‘优良’，我们工作都没有什么动力！”

广州空气好到环保局都可以歇业了，啧啧，2012年，还有比这更好的消息吗？

话说，2011年，既是PM2.5如三聚氰胺一般，从专业术语变为家喻户晓的生活用语的一年，也是各地环保部门取得骄人政绩的一年；既是环保局因空气质量过好而失去工作动力的一年，也是民间组织发起“我为祖国测空气”的一年。世事吊诡，莫过于此。

有报道称，广州从2000年就开始手工监测PM2.5等细颗粒物，而使用仪器的在线监测是从2009年开始的，目前10个国控监测点都在在线监测PM2.5。市环保局罗思源局长直言：“一旦国家确定标准，广州将立即对外公布监测结果，包括PM2.5的数据。”

不过，看了罗局长公布的2011年广州“只有22天PM2.5超标”的喜人数据，我忽然对官方何时公布PM2.5数值失去了兴趣。为什么呢？因为我已经“未卜先知”地猜到了答案：2012年，广州PM2.5超标的天数必然少于22天。

我的猜测并非全无根据，只要看看广州市环保局近年来公布的广州空气质量优良率的统计数据，相信大家就会和我一样，发现其中的“规律”：2009年，广州空气质量优良率超过95%；2010年，优良率达97.81%；2011年，优良率达98.6%。

我已经不敢想象2012年广州空气质量的优良率将达到多少了，我只是想善意地提醒一下罗局长：记得给继任者留点“进步”的余地啊，最高就是100%啊，您现在已经统计到一年只剩下5天不优良了，您让继任者怎么进步啊？

既然空气质量优良率的统计在环保局手中必然呈现出“越来越

好”的趋势，那也就不难想象，PM2.5 超标天数的统计会是怎样必然地“逐年下降”了。

归根结底，如果空气质量真有好转，相信公众也乐于见到这些喜人的数字，问题的关键是，目前官方统计数字已经与民间集体感受出现了断裂：一方认为空气质量好到失去工作动力，一方已厌倦谎言，决定自费为祖国测空气；一方泼冷水称“民间检测没什么意义，完全是儿戏”，一方坚称民间检测仪的数据反映的绝对是当时当地真实的空气质量指数……

在此断裂语境之下，以为将 PM2.5 纳入评价体系，就能“消除或缓解公众自我感观与监测评价结果不完全一致的现象”实在难以让人乐观。

（2012/01/06《新快报》）

“火树银花”也应有可研报告

报载，天河路商圈用新式 LED 光源制造的“火树银花不夜天”景观带自大年二十七正式亮灯以来吸引不少市民流连忘返。该景观带西起广州大道，东至龙口东，北起天河北路，南至天河路，涵盖整个天河高端商圈，未来还将在周边路段铺开。

而据《新快报》报道，针对有市民提出的“火树银花”费用问题及伤害树木的疑问，天河区相关负责人回应称，“火树银花景观的建设费用及用电，大部分都是附近的商户自己负责”，但公众仍有疑问：“大部分”由商户负责，那“小部分”谁来埋单？天河区公共财政为景观的建设及用电总共投入了多少？未来“火树银花”景观还要继续铺开，有什么必要性？这与政府倡导的“节能减排”是否冲突？……一句话，和珠江边的“光亮工程”一样，“火树银花”景观同样要向公众提交一份“可行性研究报告”。

尤其值得注意的是，和“火树银花”不夜天的天河商圈相比，天河区还有多少街道、多少城中村的照明设施不够完善？2011 年 11 月城中有媒体报道，称天河区员村五横路口接驳临江大道的一带区域路灯只亮一边，另一侧的灯则从未亮过；而天河区石溪东路至美林湖畔路段，一侧仅有两盏昏暗的节能灯，另一侧全无照明设施……看来，与其为天河路商圈照明“锦上添花”，天河区政府恐怕更应该做的，是盘查辖区内照明不完善的地方，并“雪中送炭”。

在官方的口径中，“火树银花”景观总是与天河路商圈的竞争力联系起来，似乎景观必然提升了人气、带旺了商圈。事实上，天河路商圈既然有着华南第一商圈的美誉，说明其商业氛围已经比较成熟，有比较稳定的客流；而仅仅因为有了“火树银花”景观就能吸引大批客流前往消费，很可能只是政府的一厢情愿。

此外，对于LED灯饰可能影响树木生长的问题，之前已有评论指出，“‘火树银花’里有大树的呻吟声么?”实因2011年5月，时任市委常委、常务副市长的苏泽群曾说过，“我看到有些树上绑了一些灯什么的，绑得紧紧的，都到树皮里面去了，我仿佛听到了大树的呻吟”，他还特别提醒说：“千万注意不要搞灯光工程害死了我们的大树，害死了我们的绿化。”

而天河区的有关负责人却信心满满地表示，“火树银花”景观使用的LED灯具“完全不影响绿化树的生长及生态功能”——试问，这个判断有科学研究佐证吗？一旦日后发生绿化树因“火树银花”景观而死的情况，有人为此负责吗?

搜索相关报道发现，“火树银花”景观竟是官方表述中的一项“民生工程”，可是，“火树银花”景观事前既无征求公众意见，如今也未公布其财政投入、未来更不知其铺开范围有多广，怎么看，都更像是一项政绩工程而已。

(2012/02/07《新快报》)

打造“购物天堂”可否从容些

广州要打造“购物天堂”一事再次被提上日程。有报道称，到2015年，广州要成为国际品牌重要集聚地和跨国商贸公司总部汇集地，建设“购物天堂”和“网络之都”。

向香港看齐、要做“购物天堂”的大陆城市恐怕不止广州一个。广州也不是第一次提出要打造“购物天堂”了，查看过往报道，至少2010年广州就在积极申报争取成为首批服务业综合改革试点城市，而“精心建设‘购物天堂’”正是其中重要的一项。

可是，“购物天堂”具体要怎么打造呢？不由联想到最近天河区为升级天河路商圈的购物气氛，用LED光源营造了“火树银花不夜天”景观带。政府苦心提升辖区商业氛围以吸引客流，固然是好事，但这样赤膊上阵甚至动用财政去搞景观，不见得是个高明的思路。尤其是，财政投入搞夜景既有悖节能减排的要求，也很难验证其效果是否真的为天河商圈带来了更多客流。

广州要打造“购物天堂”，恐怕更应该向邻近的香港学习。很难追溯最初香港是如何赢得“购物天堂”美誉的，印象中这桂冠应该是游客和媒体赋予香港的，而非香港政府的施政目标。只不过在获得“购物天堂”的美誉后，香港政府更有意识地去维护这个形象罢了。

所以说，广州要做“购物天堂”，重心应不在于亲自上阵去营造什么景观，喊口号打横幅地搞概念营销。政府要做的，应是像香港那样，认真对待游客投诉，从法治的角度保障每一个游客的权益。想当初三亚免税店开张的时候，也提出要PK香港做“购物天堂”，结果这个春节有关三亚宰客的新闻不断，就算官方把“购物天堂”的口号叫得再响，也挡不住民间对三亚旅游的抵制。

“购物天堂”的头衔对广州有多重要，我不敢妄言。不过说起来，广州已经争得的、正在争取的各式头衔也够眼花缭乱的了。文明城市、食在广州、幸福广州、购物天堂……如果把广州想象成一个具体的人，那他的名片上可能要印制很多头衔。有媒体曾评价“广州是最说不清楚的城市”，确实，又要打造这个形象，又要争取那个名头，广州自己乱了阵脚的话，外人更不容易说清楚广州究竟是怎样一座城市了。

说到底，到2015年广州能否建成“购物天堂”并不是一件容易认定的事，官方认定是，而游客不买账的话，就很尴尬。倒不如放弃急功近利的心态，从容一些，交由市民和游客去评价吧。

（2012/02/10《羊城晚报》）

“西关小屋”何时物尽其用

广州亚运会结束已一年多，因亚运而生的广州街头“西关小屋”却仍在寻找自己的定位。报载，团市委近日邀请调研公司，调查市民对西关小屋使用的意见，希望根据街坊需求，将小屋分成不同类型，因地制宜推出周边群众喜爱的志愿服务。据说，有年轻受访者希望，西关小屋可以“提供相亲方面的服务”。

说起来，西关小屋作为一笔亚运资产，有关方面在设置之初，就应考虑到其亚运之后的有效利用问题，但事实上，从亚运前为其征名，到亚运后探讨其是否需要保留，再到如今动员市民为其“无间断开放”献策，看似步步尊重民意，却始终让人有一丝疑惑：当初在全市设立这些小屋是否有长远谋划？

往事不可谏，来者犹可追。目前摆在公众面前的选择是：怎样将西关小屋物尽其用？

从征求民意的方向来看，西关小屋不管怎样因地制宜，核心都是提供志愿服务。这自然是个不错的想法，尤其是之前曾有报道称西关小屋将向包括 NGO 在内的各类志愿公益团体开放，这在全国都有开创性意义。

不过，既然是因地制宜，西关小屋或可考虑在志愿服务之外，提供其他服务，比如报刊亭、警务亭等，这或许是某些区片的街坊更迫切需要的。从媒体报道来看，西关小屋应是由团市委具体运作，而团市委恐无权将其变成报刊亭、警务亭，这就需要不同部门协调，也要考虑未来的营收和维护如何分配。总之，全市 190 多座西关小屋，哪些该给志愿者做服务点，哪些可考虑改作报刊亭或其他设施，应该通盘考虑，真正因地制宜。

其实，社会各界为西关小屋该如何使用的问题反复“碰撞”，这本身就有点不太正常。据说小屋的设计初衷是至少可为市民服务 5 年，如今其寿命已过了近 1/3，绝大部分时间仍是在街头闲置。当初的投入不说“打了水漂”，至少也是未得到充分利用吧。它提醒主政者，若为一时之需而行事，到头来很容易捧了个“烫手山芋”。

（2012 年 2 月 22 日《羊城晚报》）

绘制光污染地图，猜猜谁会上榜

广州一群街坊发起了一项名为“广州夜十二小时”的拒绝光污染行动，称城市光污染严重是看不到星星的重要原因，我们要星光不要过亮的灯光。有媒体准备加入其中，希望和街坊共同整理出一份“光污染地图”，提供给环保部门按图索骥加以治理。

拒绝光污染行动、绘制“光污染地图”，这些有创意的想法听起来很有趣，也很有意义，但我担心，它们会很不“讨喜”。想想看吧，“光污染地图”上可能出现哪些地方呢？光亮工程、珠江两岸的LED广告牌、广州塔、西塔、天河路商圈“火树银花不夜天”景观带……恐怕政府部门着力打造的大多数地标、夜景，都要被一网打尽了。这样的“烫手山芋”地图送给环保部门，他们纵想整治光污染，怕也是有心无力吧。

其实说到底，还是广州人在城市审美，尤其是夜间景观审美上有分歧。有街坊喜欢看星星，有街坊喜欢看流光溢彩的灯景，而从广州夜景打造的成果来看，领导们应该属于喜欢看灯景的。这倒也符合城市主政者的治理逻辑，想想看，星星挂在天上，没法打造，想看星星就要治理污染，而这不是一两年能见效的事情，出不了政绩；用灯光造型整景则不同，那些灯景每到夜晚就明晃晃地在那闪着，想不承认是政绩都难。

据报道，广州三大“地标”——广州塔、西塔及中信广场响应“地球一小时”活动，仅一个小时就节电约2 000度，从这个数字大约可窥见广州夜景的昂贵代价，更不要说因此可能造成的光污染。但这样昂贵的经济代价加环境代价，往往是沉迷于灯光夜景中的人所不曾察觉到的。

曾有广州街坊发起“征集光头拦下光亮工程”的行动，结果头剃光了，也没能拦下光亮工程，不知这一次街坊们发起的“拒绝光污染”行动命运如何，我自然是期望它能成功的，期望有越来越多的市民以能在广州这样的大城市看到星星为骄傲，热情地向外地游客推荐“游珠江看星星”路线，而非“游珠江看LED景观”。要知道，LED 灯景虽好看，但花的可是从街坊们钱包里掏出来的钱啊！

（2012/04/06《南方都市报》）

有些“幸福路”和私家单车无缘

继海珠湖被曝禁止私家单车进入之外，白云湖和南沙湿地公园又被发现同样禁行私家单车，市民只能租用园区内的单车。

这规定真是让人愕然。须知，海珠湖、白云湖、南沙湿地公园中都配有“联合国都说好”的绿道，广州也早在 2010 年 10 月就宣称全市 1 060 公里绿道在十区二市贯通成网、串联 234 个主要景点——试问，这种骑着骑着就要被迫换单车的绿道，算得上真正意义上的贯通成网吗？假如省市领导骑单车沿绿道一路考察至上述 3 个景点，是否也要重新租辆单车才能入内？

想象一下吧，市民骑着私家单车沿绿道一路游玩，到了白云湖门口，保安拦下：“对不起，私家单车禁行！”好吧，那就寄存私家单车，结果保安又说：“如果发生失窃，我们不负责任！”待市民骑着租来的单车游湖结束，又必须返回原处还车，运气好的话，自家单车还在，运气不好的话，单车丢了也就丢了——找辆单车容易吗？你以为自己是外国友人呢？

那么，私家单车禁行，到底有何依据？白云湖管理处有关负责人引用了《广州市公园管理条例》第二十七条规定：“除老、幼、病、残者专用的非机动车外，其他车辆未经公园管理机构许可不得进入公园。”记者调查也证实市区的传统公园如越秀公园、东山湖公园等基本禁止在园区使用单车。

但问题的关键是，禁止单车入园的公园本身也都不提供单车出租服务，允许单车入园的如大夫山公园等则是租车、私家单车皆可进入，唯有白云湖、海珠湖、南沙湿地公园是一面禁止私家单车进入，一面提供单车出租服务。

对于配有绿道设施的开放性公园是否应该禁行私家单车，广州市林业和园林局相关负责人表示要仔细查阅相关文件，进行讨论之后才能给出指导意见云云。为什么不直接征求市民的意见呢？海珠湖、白云湖、南沙湿地公园不都是花纳税人的钱搞起来的吗？凭什么建成之后就要被某些人圈起来、管起来赚钱呢？尤其是其中的绿道设施，中共中央政治局委员、广东省委书记汪洋曾寄语绿道要“成为充满欢声笑语的幸福路”，如今“幸福路”竟然私家单车骑不得，市民如何幸福得起来？

（2012/04/12《羊城晚报》）

“爱心树”被连根拔起，谁欠市民一个道歉

广州的树这几天日子很不好过。先是台风吹倒一批“无根树”，再是道路施工拔掉一批“爱心树”，总之天灾人祸，躲也躲不过。据街坊报料，因天河东路道路施工，2012 年 2 月“花城添绿”活动中 224 位市民种下的 60 棵桃花心木“爱心树”一夜之间被连根拔起。

不敢想象这 200 多位热心市民听到自己手植的“爱心树”5 个月后就被连根拔起会是怎样的心情，特别是那些对着“爱心树”许下了这样或那样美好愿景的市民，这个消息无疑太过寒心了。尽管施工单位承诺施工完毕后会将“爱心树”回迁，但想想 BRT 沿线那些被迁走的树吧，当时也承诺回迁的，结果两年多过去了还不是一样回不了家？

在此不能不提一下“爱心树”的种植背景。2012 年 2 月，《新快报》联手广州市林业和园林局、各区园林部门共同发起了一项行道树免费认种活动——“花城添绿”，天河东路这 60 棵桃花心木就是在活动的第一期种下的。“花城添绿”活动曾得到市委书记万庆良的称赞，他还表示，希望能有更多市民参与进来，将其变为广州每年的常规植树活动。

可没想到，2 月种的树，7 月就被拔，这不但深深伤害了热心市民的植树热情，还造成了巨大的浪费——移植、栽种、再移走，哪一环节不需要钱？况且，如此折腾，也极易导致树苗死亡。

那么，究竟谁该对此负责呢？一说到问责，估计相关政府部门

都是鞋底抹油一样，一个赛一个跑得快。但还是要问：天河东路围蔽施工两年，这个消息城建部门应该早就心里有数，那为何不在种树的时候加以提醒？而园林部门，广州哪条路可以种树，哪条路要施工暂不能种树，你们心里没谱吗？还有规划部门，你们是如何统筹规划道路施工和绿化的？总之一句话，园林、城建、规划等相关政府部门，你们平常办公都不通个气吗?!

犹记得2011年8月，广州市林业和园林局宣称将斥资490万元对城区绿化和行道树的信息进行海量采集和收录，并开发图文一体的三维地图信息，届时市民上网甚至用手机就可以查到广州中心城区内每一棵行道树的身份信息。项目预计在2012年完成。

现在一年的时间过去了，广州上千万的绿化树中有多少棵有自己的档案了？园林部门果然对每一棵树木的情况了如指掌吗？想必天河东路这60棵根都未扎稳的“爱心树”该属于那些没有档案，甚至“暂住证”也没办好的“黑户”吧？现在它们走了，很可能永远都不回来了，若不是街坊报料、媒体报道，园林部门知情吗？

“爱心树”被拔再次让人窥见广州城市管理中的粗疏和混乱，而相关的园林、城建、规划等部门亟须厘清责任，向手植“爱心树”的热心市民说一声抱歉。

（2012/07/27《新快报》）

太古汇漠视安全隐患，监管部门却在“踢皮球”

前几日台风“韦森特”过境，位于天河闹市中心的太古汇27楼外墙被吹落一块玻璃，所幸没有造成人员伤亡，而这已是近期太古汇第二次发生类似事件。遗憾的是，距事发已过去多日，太古汇方面依然没有给出玻璃坠楼的确切原因，对于今后将采取何种措施避免类似事件发生，太古汇方面则干脆拒绝回答。

建筑外墙玻璃坠落在广州时有发生，这次没砸到人实属幸运，因为据专家估算，27楼坠落的大块玻璃的冲击力约有11吨，相当于一辆空载泥头车！呜呼！真是后脊梁惊出一身冷汗。还好这次没砸到人，否则后果不堪设想。

但涉及公共安全的事务岂可抱有侥幸心理，太古汇完全有义务查明此次事故的原因并向社会公开，同时向社会承诺今后如何避免类似事件发生。要知道，同样采用玻璃幕墙的80层高的中信广场，使用至今超过15年也没有发生过外墙玻璃坠落伤人事故。两相对比，太古汇难道不应该认真反思一下吗？太古汇一方面自诩“非常重视公共安全”，一方面对事故原因及预防漫不经心，营业不到一年，已先后发生过高层外墙起火、地下层漏水和玻璃坠落事件，可谓事故不断。不得不说，在塑造企业形象和承担社会责任方面，太古汇要改进的不是一点两点。

那么，一旦企业对涉及公共安全的事务漫不经心，相关政府部门能否起到监管作用，为公众守卫安全的底线？可惜从记者采访的情况来看，监管部门之间又毫不意外地踢起了皮球：广州市建委认为应由房管局对外墙玻璃进行监管；而广州市房管局则认为，市政路旁边的商场和大厦的外墙属于建委监管，而小区的外墙才是房管局监管。建委踢给房管局，房管局又踢回给建委，公众有权知道：太古汇的玻璃外墙到底该由谁监管？对于太古汇目前推诿、逃避的态度，该由哪个部门出面督促其进行整改？

有报道称，中信广场15年没发生过外墙玻璃坠落伤人事故，完全得益于公司平时的保养，尤其是台风天气来临时所采取的防风防雨措施，由此可见玻璃幕墙日常维护和保养的重要。那么，对于类似太古汇这样未表现出有足够意愿和能力进行外墙维护和保养的企业，政府部门又是否有相应的措施予以约束？

随着城市高层建筑越来越多地采用玻璃幕墙，对玻璃幕墙的维护保养及监管愈发显得重要，这次太古汇玻璃坠楼没砸到人，政府部门之间已经踢开了皮球，暴露出监管方面的诸多漏洞，可想而知，要是真不幸砸到了谁，受害人欲追究各方责任、进行索赔必然是难上加难。

（2012/07/30《新快报》）

玻璃幕墙落地，建委两年前那份“报告”呢

由太古汇掉玻璃所引发的市民担忧及追问仍在持续发酵中。我进一步查询新闻报道发现，广州过去几年几乎每年都有玻璃从高空坠落的新闻，而相应地，对于玻璃幕墙应如何监管的追问则从2007年起就有人大代表提出过。但让人沮丧的是，直到现在，玻璃幕墙的安全监管责任依然没有厘清，市建委、房管局等政府部门依然在乐此不疲地“踢皮球”。

事实上，玻璃幕墙应如何维护和监管，国家和省都出台过相关规定，只是你懂的，法规的制定和执行在现实中经常不是一回事。广东省规定的“幕墙工程五年一检查，每十年进行一次安全性鉴定”在现实中并没有真正落实，甚至找不到相关职能部门对此进行监管。其实按规定，应由“建设行政主管部门负责对本行政区域内的既有建筑幕墙安全维护实施监督管理”，但广州市建委显然并不这样认为。2010年8月间，市建委更表示，正在打报告向市领导反映，要明确玻璃幕墙的监管责任。

不知市建委的报告最终批复结果如何，但从眼下太古汇玻璃坠落无监管部门出面的现实来看，玻璃幕墙的监管责任恐怕并没有真正厘清：市建委认为应由房管局对外墙玻璃进行监管；而市房管局则认为，市政路旁边的商场和大厦的外墙属于建委监管，而小区的外墙才是房管局监管——呵呵，算起来，玻璃幕墙监管这个“皮球”已经被踢了两年，演出至今未谢幕，市建委、市房管局真是不嫌累啊。

涉及公共安全的玻璃幕墙监管一事显然已不能再推脱下去，据称，至2005年底时，广州玻璃幕墙使用面积已超过1 000万平方米，现在面积增至多大已难以估量，而面对这些空中的“定时炸弹”，谁都可能成为受害者，市建委、市房管局等部门必须切实承担起相应的监管责任。

记得2007年广东省人大代表林小红就曾对玻璃幕墙安全问题专门提过议案，建议建立玻璃幕墙及外墙石材饰面建筑的“户口”档

案管理制度；2010 年，律师朱永平也建议市政府就玻璃幕墙监管问题出台一个条例，再由市人大立法，明确监管责任，最大化地规避玻璃幕墙的隐患。遗憾的是，这些议案、建议显然没能引起政府部门的重视，厘清责任，哪怕是一个很细小问题的责任，依然是我们这里最艰难的事情。

(2012/07/31《新快报》)

谁是玻璃幕墙的下一个受害者

真是怕什么来什么。前些天我刚撰文批评广州太古汇 27 楼玻璃坠落后遭遇政府监管部门“踢皮球”、玻璃幕墙安全现状堪忧，上海 6 日就发生了一女子被从天而降的玻璃割破鼻子，可能导致毁容的惨剧。

消息传出，公众对玻璃幕墙安全性的担忧自然进一步加剧，倒是广州市建委、市房管局等对玻璃幕墙负有监管责任的政府部门表现可谓淡定。从 7 月 24 日太古汇发生玻璃坠落一事的半个月时间，不但玻璃坠落原因没查清、没向社会公布，连太古汇玻璃幕墙该由哪个部门监管也没搞清，至于向市民承诺做好玻璃幕墙的保养及监管什么的，则更是奢望。

或许有必要再提醒一下监管部门，玻璃幕墙的隐患到底有多严重，以下罗列的只是自 2007 年以来广州市玻璃坠落导致人员受伤的不完全报道：

2007 年 9 月 2 日，天河区龙苑大厦一玻璃坠落，致一男子左手臂肌腱被割断；2009 年 4 月 9 日，中山大道一玻璃坠落，致一名仅 7 个月大的男婴额头 3 处明显撕裂伤，缝 13 针；2010 年 3 月 1 日，中山五路五月花商业广场一玻璃爆裂，划伤一阿婆；2010 年 7 月 29 日，天河科技园一写字楼一玻璃坠落，致一女子全身 15 处受伤；2010 年 8 月 31 日，珠江新城一扇铝合金窗坠落，致一女子脑出血、颈椎骨折等多处内伤……

应该说，从广州玻璃幕墙的密布程度、从近年屡屡发生玻璃坠落事故的现实来看，追问谁是玻璃幕墙坠落的下一个受害者并非危言耸听，但让人不解的是，面对这些血淋淋的事实，监管部门却一直没有给予足够的重视。

其一表现在政府部门的监管责任至今没有厘清。国家建设部2006年年底颁布了《既有建筑幕墙安全维护管理办法》，广东省建设厅2007年也出台了《既有建筑幕墙安全维护管理实施细则》（以下简称《细则》），二者均规定，建设行政主管部门负责对本行政区域内的既有建筑幕墙安全维护实施监督管理，但这具体应落实到广州市哪个部门，却一直无人认领。市建委2010年8月间曾就此问题打报告向市领导反映要明确责任，惜乎不见下文。这不，太古汇掉玻璃，建委就推给房管局，房管局又推给建委。

其二是玻璃幕墙建档工作从未展开。《细则》规定，建设行政主管部门应组织进行既有建筑幕墙基本情况普查，建立档案；省人大代表林小红2007年时也提议建立玻璃幕墙的“户口”档案管理制度，惜乎普查、建档工作始终未见行动。若政府部门连全市玻璃幕墙的使用及保养情况的一手资料都没有掌握，谈何管理？

其三是玻璃幕墙的检测鉴定市场十分混乱。《细则》规定，幕墙工程竣工验收一年后，应对幕墙进行一次全面的检查，此后每五年应检查一次；建筑幕墙工程自竣工验收交付使用后，原则上每十年进行一次安全性鉴定。但有专家表示，从事幕墙检测鉴定的有设计单位，有施工单位，有科研机构，也有皮包公司，有些鉴定单位根本没有任何资质。

可以说，正是政府监管部门管理上的混乱和不作为，纵容了玻璃幕墙成为悬在城市上空的“定时炸弹”，眼下，必须督促监管部门厘清责任，开展工作，尽最大努力避免广州出现下一个被玻璃砸中的受害者。

（2012/08/08《新快报》）

动物园搞“园中园”收费有违公益定位

广州动物园被曝存在“园中园”收费，开辟动物行为展示馆，借科普展示之名，行动物表演之实，向游客收取20元门票钱。针对此类行为，国家住房和城乡建设部早有明确禁令，而广州动物园办公室主任却表示，“这是馆不是园，所以能收费”，并称动物行为展示馆是用于动物行为展示，不属于动物表演的范畴，所以不受禁令约束。

不能不“佩服”广州动物园方面咬文嚼字的本事。规章说不允许“园中园”收费，园方就说“这是馆不是园，可以收费”；住建部叫停了动物表演，园方就说这是“动物行为展示”，不是表演。可问题是，原先园内驯兽馆的老板现在来经营动物行为展示馆，其间能有多大的差别？说到底，不过是“换汤不换药”的小把戏。

其实，广州动物园打擦边球，绕开“园中园”收费禁令的，不止动物行为展示馆这一处。园内动物广场、锦鳞苑等项目都要另收20元门票，估计园方对此的解释同样是，他们是“广场”或“苑”，不是“园”，可以收费——玩文字游戏嘛，谁不会？据了解，动物广场、锦鳞苑两项收费是经过物价局批复的，那么动物行为展示馆呢？也经过物价局的批复申请了吗？物价局为何会批准这些“园中园”收费申请？

国家住建部明确规定，“禁止将动物园、公园动物展区、动物场馆场地或园内动物以租赁、承包、买断等形式转交给营利性组织或个人经营，存在上述问题的动物园、公园要限期整改，尽早恢复动物园的公益性质”；广州动物园的官方网站也明确写着，“动物园是广州市市政园林公用事业的一部分，必须体现公益性”，那么，动物园的公益性质、属于公用事业，到底意味着什么？广州动物园到底是一个什么性质的单位？财政对其有拨款吗？公众对其又有多少话事权？既然具备公益性质，那为何动物园不但不免门票费，还花样百出地搞“园中园”收费？

广州动物园的官方网站显示，动物园除出售20元门票外，还代售优惠套票，其中“动物园+锦鳞苑欢乐谷+动物行为展示+动物广场”的套票价格为50元。动物园的这部分经营收入是否需要向社会公开？而除门票外，动物园还收取场地出租费用，比如这次将动物行为展示馆以首年每月近3万元的价格出租出去，还有自2010年6月将动物广场承包给私人后，动物园所得不止30万元，“但具体多少不便透露”。

必须指出，具有公益性质、享受政策优惠的广州动物园大搞经营创收，但其经营收入又不向社会公开，这确实如市民所质疑的，有利用公共资源肥私人腰包的嫌疑，对此，广州动物园应该主动站出来释疑。

（2012/09/14《新快报》）

广州应借马拉松赛向灰霾宣战

距离首届广州马拉松赛只剩一个月了，但连日不散的灰霾让人忧心赛事会否受影响，对此，组委会称，目前已针对各种天气情况作了预案，到时发生灰霾天气的可能性不大，并不会影响比赛，“广州输不起，请市民放心”。

不知道组委会信誓旦旦保证“马拉松赛不大可能遭遇灰霾天气”的依据是什么。前几天权威专家才表示，从现在至2013年4月，PM2.5超标导致的灰霾天气或将成为广州的常态。是组委会神通广大，预测到一个月后的比赛有大风助力吗？万一没风，是不是要组委会和环保、气象的同志们一起鼓腮帮子吹起一阵大风呢？呵呵。

不管怎样，既然官方敢作出如此表态，市民或许可以稍稍放心，因为根据普通百姓的经验，国内城市虽然在提升长期空气质量上无甚建树，但在干预短期天气方面往往成效显著，尤其是为了迎接盛会或重大赛事，常能“制造”出人意表的好天气。只是难为了那些为备战马拉松赛而每日锻炼的市民了，在灰霾天训练，影响参赛成绩倒是小事，要是因此损害了身体健康，就实在不值了。

据说广州马拉松赛的初衷之一是为展示城市形象。这从赛事的路线设计也可看出来：途经黄埔大道、广州大桥、二沙岛、会展中心、花城大道等，基本代表了广州最“潮”的景观。但问题的关键是，这些景观一旦遭遇灰霾，可能就“沦陷”了。这不，近日就有媒体报道，来自山东的几位游客慕名登上“小蛮腰”欣赏广州风光，结果只是看到一片灰色的城区，“白费了几百元的门票”。

相信这样的尴尬一定不是官方乐见的。尤其是今后广州每年都将举办一次马拉松赛，在中心城区的建筑景观没有太大变化的情况下，城市的空气质量才是吸引人们参赛的关键因素，否则人家千里迢迢赶来当广州灰霾天气的吸尘器吗?!

那么，广州是否有这样的胆略，像通过每年游珠江宣示治理水污染的决心那样，通过马拉松赛来宣示治理灰霾的决心呢？钟南山院士那句“50岁以上的广州人肺都是黑色的”，几年来一直如警钟般在人们耳边回荡，广州早就应该吹响与灰霾宣战的号角了，要知道，“广州输不起”的不是一场马拉松比赛，而是这座城市的空气，是市民的健康；而政府“请广州市民放心”的，也不应该仅仅是比赛那一天的好天气。

(2012/10/17《羊城晚报》)

岑村教练场“收费陷阱”亟待整改

岑村教练场停车收费问题近日再次引起媒体关注。网友“今纶”爆料称，自己乘坐教练车前往岑村教练场参加“9选3”考试，竟被要求缴纳每小时20元的费用，收费“比珠江新城收费还高”、“简直是抢钱”。而广州市物价局和广州市交警支队均称，这一费用并非停车费，而是场地练习费，收费标准经过了物价局批准。

作为广州市交警指定的驾照考试场地，岑村教练场从2007年就开始收取的20元/小时的场地练习费常让那些只停车不练习的车辆“躺着中枪”，收取的所谓“练习费”事实上成了高额“停车费”。虽然2010年3月广州市物价局价格处处长张奇德曾明确表示，岑村教练场对入场不练习的车辆也收取练习费“是不合理的”，但这一

"收费陷阱"至今仍未有明显改观，对此，市物价局及岑村教练场的主管部门——市交警支队难辞其咎。

在此不能不提岑村教练场的特殊身份，它一方面承担着驾驶员培训场所的功能，另一方面，它还是交警部门指定的驾驶员考试场地，更为关键的是，所有来考试的车辆必须经过练习场才能到达考试场地，这样的设置让很多来考试但不练习的车辆都要被收取20元/小时的练习费。

而交警部门对此辩称，教考场在收费站前特别竖立了两个指示牌，标明了"汽车保管站"与"岑村教考场训练场地"的位置，明确告知自愿进入岑村教考场训练场地的教练车辆是收取场地练习费的，并标明了收费标准。送学员参加考试的教练车辆在十分钟之内离开岑村教考场训练场地的，不予收费。

这看上去确实已经尽到了提醒告知义务，但由于标示不醒目、规定稍嫌复杂等原因，那些来考试的学员在短时间内无法充分了解规定，极易掉入"收费陷阱"。而避免这样的"收费陷阱"并非难事，交警部门完全可以通过更改收费岗亭位置等办法，将20元/小时的收费区域明确划定在练习场那一部分，不涉及考试场地的停车收费问题。

更进一步讲，交警部门实该为自身公信力考虑，剥离与岑村教练场练习场地的收费关系，让练习场的归练习场，考试的归考试，避免现在这样捆绑式的收费服务，要知道，政府部门插手经营性业务，一同被捆绑的不止是收费那么简单，更是自身的信誉。

其实，岑村教练场"收费陷阱"存在5年多，除了交警部门的责任，市物价局同样难辞其咎。试问市物价局：为何在明知岑村教练场存在"收费陷阱"、屡遭市民投诉却无有效整改的情况下，依然年复一年地批准教练场的收费请求？

另据报道，网友"今纶"将遵循合法途径，向市物价局、交警支队两单位申请信息公开，要求公开岑村教练场多年来"场地练习费"的收费去向。我们乐于见到这种公民行动，也期待相关部门的信息公开结果。

（2012/10/22《新快报》）

PM2.5 均匀分布，监测点为何不均匀分布

据报道，广东省公布的珠三角九市 17 个监测点首日 PM 2.5 数据日均值无一超过新国标，空气质量多为优良。但数据虽然达标了，公众对监测站选点多在公园、郊区这一事实本身是否合理却提出了质疑。

对此质疑，省环保厅专家钟流举解释说，“PM2.5 在大气中的分布比较均匀，而且在气流的作用下存在输送的特性，所以农村和郊区的 PM2.5 数值未必就会低，有时候甚至会比城区高”；香港科技大学大气研究所中心主任刘启汉对此也持类似观点。

专家的解释和公众日常生活感受很不一致，因为一般人都感觉农村和郊区空气质量明显要比市区好很多，担心 PM2.5 因监测选址不同而造成数据差别较大，但感受归感受，科学归科学，专家的说法很可能有悖于感受，却合乎科学。不过，公众对此仍有权保持怀疑态度，也期待更多的专家学者站出来向公众解疑释惑。

话说回来，既然 PM2.5 分布均匀，那么 PM2.5 的监测点为何分布不均？广州 10 个国控监测点，7 个设在学校校园，2 个分别设在麓湖和萝岗区九龙镇，只有一个设在吉祥路——监测点明显没在郊区和市区、污染轻微和污染严重的地区之间分布均匀！

据介绍，检验监测站分布是否合理的关键就是要看监测地点附近是否有很多人居住，因为监测的目的主要是看公众受 PM2.5 的影响有多大，那么在 PM2.5 均匀分布的前提下，在人口稠密的市区设点监控岂不是更有意义，也更能让公众感受到诚意？又何苦舍近求远，跑到郊区去监测呢？据称广东下一步也有在道路附近增设监测点的打算，那么还请尽快推动此事，向香港学习，在人口稠密的市区以及商业街边设立 PM2.5 监测站。

此外，记者走访发现广州磨碟沙和吉祥路两个监测站都未达到国家规范要求，空气采样点超过地面 25 米，而磨碟沙正是此次公布数据的 17 个监测点之一，由此推断，首日公布并达标的 PM2.5 数据中有部分是不真实、不准确的，如果不加改进，磨碟沙监测点今后

发布的监测数据也是值得怀疑的。对此，环保部门亟须尽快回应并作出改进。

总之，对政府部门来说，公开 PM2.5 数据只是迈出了第一步，如何完善 PM2.5 的监测，使数据取信于民，尚有很大的改进空间。

（2012/03/10《羊城晚报》）

停车场整治远未触及“要害”

广州市终于拉开了为期 3 天的“占道停车场清理整顿专项行动”的大幕，不过严格来说，行动仅仅持续了 2 天半而已，到 4 月 12 日晚上公务员下班时就会鸣金收兵了。

2010 年 4 月 11 日媒体报道，从 10 日下午开始的清理整顿行动，截至当天下午 6 时，就从受检查的 55 家停车场中查处了 25 家违规停车场，几乎占去了一半，共清理出违规泊位 842 个。停车场乱象有多严重从中可见一斑。

不过，对于这些违规停车场将受到怎样的处罚，报道语焉不详。广州市委副书记、政法委书记张桂芳前几天曾明确表态，“凡是发现有违规收费的，收费公司一律要‘吐出来’，屡禁不止的，就把这些公司直接撤销”。可以想见，如果违规停车场的违规成本低廉至毫发无损，专项行动之后其死灰复燃也就是注定的了。

谁都清楚，对占道停车这样积弊已久的现象，短短 3 天的“运动式”清理整顿必然收效十分有限，民众担忧违规停车场重出江湖是非常正常的思考逻辑。

毕竟，对占道停车的整个整治行动，都没跳出民众一直以来对公权运作逻辑的认知：扰民已久的停车场乱象先由媒体曝光，随后引发公众热议；媒体刊发相关评论质疑政府部门不作为，但权力部门行动依然迟缓；直至有评论直接发出“市长不会对停车场乱象坐视不理”的民生诉求，才终于等来市领导对停车乱象的“怒斥”；媒体再次跟进调查，却发现个别停车场乱收费现象依然存在；次日市里就召开紧急会议，部署专项清理整顿行动。

从权力运作对民众诉求反应迟缓，对领导批示行动迅速的运作逻辑来看，这3天的专项整治，更像是对领导的一个交代，对媒体的一个交代而已。媒体报道中已有了相关部门汇报材料的影子："市、区共出动检查人员923人次，检查停车场999家，查处违法停车场109家，清理违规泊位3 326个。"

可这样的查处对占道停车场乱象的根本改观有多大作用呢？民众显然对此难以乐观。事实上，张桂芳在怒斥内街内巷乱画线收费停车时已经点到了问题的"要害"："我怀疑一些街道部门本身就有参与！"的确，强龙不压地头蛇，如果没有街道部门在利益均沾的前提下为违规停车"保驾护航"，再彪悍的停车场恐怕也难在内街内巷站稳脚跟。

"打蛇要打七寸"，眼下相关部门整治占道停车场乱象不妨就从调查街道部门是否参与了占道停车乱收费的利益分成开始，利益链条摸清楚了，才有可能从根源上杜绝占道停车场违规收费的乱象。

（2010/04/12《新快报》）

"房中房"整治不能一阵风

报载，春节前发生在丰伟大厦一间"房中房"的小火灾，让舆论再次聚焦广州禁而不绝的"房中房"问题。记者调查发现，体育西、淘金路、天河北等地的"房中房"存在需求剧增、较为抢手的现象。

虽然广州自2009年5月起曾开展为期两年的大规模整治"房中房"行动，也清理了不少"房中房"，但整治刚落幕，媒体就不断披露"房中房"死灰复燃。这次火灾，不知会否引起相关部门重视，再掀起一次整治行动？

不过，运动式整治并不能有效禁绝"房中房"，这已被实践所证明。盖因这种整治手法讲求"齐步走"：何时摸查，何时拆除，何时验收，一步步分得很细，但往往只是"阶段式"。

如我就搜到一份2009年某区整治"房中房"的计划表：5月，

全面摸查；6月，全面发动；7月1日至8月15日，自行整改；8月15日至9月15日，行政处罚，责令整改；9月15日至10月15日，重点取缔，强制拆除；10月15日至11月15日，查漏补缺，初步验收；11月15日至11月30日，区内自检，巩固成果；12月1日至12月30日，迎市验收，总结提高……

这份计划表清晰地暴露出运动式整治的尴尬，比如以迎接上级检查为最终目标，未必着眼于建立长效监管机制等。而不少“房中房”的业主正是抓住这一要害，采取“拖字诀”，等风头一过，又继续出租。

所以，到2011年5月，为期两年的“房中房整治通告”到期之日，某些部门竟浑然不觉，因为对他们而言，轰轰烈烈的整治行动早在领导检查完后就算结束了。直至当年8月，有媒体报道称通告到期、而“房中房”现象仍旧无解，相关部门才急急忙忙表示感谢媒体提醒，称“拟开会研究下一步整治工作”（详见2011年8月16日媒体报道）。可惜表态之后，似乎又无下文。

“房中房”问题复杂，防不胜防。要有效清理，相关部门须摒弃运动式整治思维，而从完善惩治法规、建立长效机制以及提供充足的廉租房等方面着手。丰伟大厦的火灾提醒，“房中房”整治不能再拖延了。

（2012/02/29《羊城晚报》）

书坊街“拆建”折腾谁埋单

广州越秀区书坊街（俗称“金鱼街”）刚建好的部分仿古建筑又遭拆除，记者在现场看不到任何建设或拆除的公告，也未见监督执法人员，向多个政府部门咨询拆除原因，却都遭遇一问三不知。

光天化日之下这轰隆隆的拆除已历时半个月，竟没一个政府部门知情和担责？真是见鬼了！难道在现场拆除的人都是火星派来的？报道中列举了8个政府部门对此的回应，他们要么回答“不清楚”，要么建议问其他部门，“踢皮球”的功夫着实了得。

其中最雷人的是街道办事处的回复：“部分是违章建筑。建议问执法中队。”明明是两个月前才建好的仿古建筑，为何就被定性违章建筑？况且，当初在书坊街搞拆建的不就是政府有关部门吗？难道政府部门先搞违建、再拆除，自己打自己耳光？

说起书坊街近两年的拆建史，怎一个折腾了得：先是为迎亚运，书坊街自2010年四五月间就放出清拆的风声，称该地块将可能搭建粤剧戏台或绿地，打造广府文化旅游区域；2010年7月，拆除正式开始，称要在亚运前将书坊街改建为展示广府美食文化的小吃一条街；2010年10月，拆除结束，开始长达一年多的围蔽施工，一度被怀疑“烂尾”；直至2012年1月，虽仍有部分仿古建筑商铺未修好，但书坊街的牌匾总算挂了上去；谁知好景不长，至3月，刚建好的书坊街又拆得七七八八了，称要“建设社区文化广场”……

看上去，书坊街的拆建一直在围绕“文化”说事，但这种为迎亚运就火急火燎地拆、刚建好又打烂重来的折腾行径，怎么看都是一件“没什么文化”的事。更重要的是，它还让人觉得“败家”。有报道称，亚运前书坊街的升级改造共投资700万元，那么眼下的拆除和兴建，又要花多少钱？谁来买单？

书坊街的仿古建筑，当初兴建、眼下拆除，相关的决定究竟是哪个部门作出的，基于怎样的理由，有必要给公众一个交代。毕竟这不是尘封多年的往事，而是刚刚发生在我们眼皮底下的事，追责应该不难。饱受围蔽之苦的街坊正在等待有关部门的回应。

（2012/03/23《羊城晚报》）

火车站旅客接送成收费项目，权力需回应自肥嫌疑

据《南方日报》报道，广州火车站自2008年以临时管制措施和安保需要为由，停售站台票。为方便接送旅客，火车站推出“小红帽”便民服务，由志愿者免费帮乘客将行李送上站台。但如今“小

红帽”摇身一变开始提供有偿服务，向有需要的乘客收取大件行李每件20元、小件10元的费用，将乘客通过特殊通道直接带入站台。

从免费的志愿服务，到乱收费的有偿服务，之前“小红帽”所代表的志愿服务形象可谓“碎了一地”，而记者调查所揭示的“小红帽”收费乱象背后的诸多内幕，更让人瞠目结舌。

首要的疑问就在于，为何广州东站仍有售站台票，广州火车站却从2008年停售至今？停售理由如今是否依然充分？要知道，正是站台票停售导致接送站的不便，才间接促成了“小红帽”红火的生意。加上“小红帽”由粤铁经营发展公司广州分公司经营管理，该公司隶属广州铁路（集团）羊城铁路实业发展总公司，是铁道部门全资子公司。

也就是说，广铁集团一方面停售站台票，一方面成立公司经营“小红帽”服务，这其间存在怎样的利益关联，不难猜测。而除了广铁集团，批复同意“小红帽”收费的广州市物价局同样难辞其咎。

其一，“小红帽”的收费依据是《广州市物价局穗价函〔2010〕122号》，批文中规定对一件行李收取4元或6元的搬运费，但是“小红帽”的代客搬运服务对大小行李分别收取20元和10元的费用，如此明显的涉嫌违法行为，广州市物价局为何视而不见？

更为严重的是，乘客向“小红帽”付费，却没有发票可拿，只有手写票据。即使坚持要开发票，收到的也是“粤铁经营发展公司”的内部发票，不能报销。而当记者拨打广铁集团铁路投诉热线投诉时，工作人员不但拒绝记录相关情况，还声称“火车站的收费都是没有发票的”。广铁集团工作人员公然声称“火车站收费没发票”！这是何等的荒唐和嚣张！

联系到广州火车站有近百个“小红帽”、每个“小红帽”每天接送旅客达上千人、每人收取10～20元不等的费用这一事实，一天下来，管理“小红帽”的营业收入不是个小数目。这么巨额的一笔钱，不开发票，最后将流入谁的口袋？

其二，记者调查发现，向物价局申请收费的，是广铁集团羊城铁路实业发展总公司，而负责收费的，是广州市粤铁经营发展公司广州分公司，但后者的经营范围中并不包括行李搬运业务。更为离奇的是，在广州市工商局的企业登记查询中，并没有羊城铁路实业发展总公司的任何登记信息，在广东省工商局企业信息查询中，也没有这家公司的任何登记。

申请收费的单位查不到工商登记，负责收费的又是没有经营权限的子公司，这是怎样的混乱？这样的混乱局面又已经持续了多久？市物价局相关负责人表态将对此展开调查，并称收费单位必须是申请公司，不能够由下面的子公司代收；如果申请单位羊城铁路实业发展总公司注销或者不存在了，这项批文也就不成立了，那么火车站的收费就没有任何依据。

事情梳理至此，可发现广州火车站“小红帽”收费乱象的一个重要原因就在于市物价局批复的《广州市物价局穗价函〔2010〕122号》这份文件，现在，市物价局有必要向社会公布这份文件，并陈述当初批复同意收费的理由。公众有权知道，为何申请收费的羊城铁路实业发展总公司查不到工商登记，当初物价局是怎样核实企业情况的？这份122号批文的有效期具体到什么时候？

（2012/09/08《新快报》）

高峰的士运营半年多，交委应公布评估报告

广州2012年2月底投放的1 000辆高峰的士至9月底运营已有半年多，近日有媒体对其运营情况作了调查。调查显示，部分高峰的士司机认为5 800元的承包费过高，每天工作12小时以上但收入微薄；而市交委却表示，企业对司机收取的承包费用较为合理，是根据企业经营成本、高峰的士营运时段预计收益及出租车司机的预计收入情况协商确定的。

这并不是舆论第一次关注高峰的士承包费了。2012年3月，面对孟浩等人呼吁“重新确定高峰的士承包费”，市交委曾表态，“将来不排除根据高峰的士的实际运行情况，对承包费标准进行优化调整”。

遗憾的是，从目前交委对承包费“较为合理”的表态来看，短时期内，高峰的士承包费不会有下调的可能了。的确，在的士运营牌照没有完全放开的情况下，市交委只看到了不少司机踊跃报名开高峰的士的情景，进而认定的士司机认可5 800元的承包费标准，如

此逻辑，市交委怎会有调整承包费的意愿？

但市交委既然承诺在先，高峰的士运营半年多时间，监测评估成果理应向公众公布，用翔实的数据集中回应公众的疑问：高峰的士缓解了高峰期市民打的难问题吗？当初以的士实载率应达70%为投放标准，那么高峰的士投放后，实载率达到70%了吗？况且，以的士实载率需达70%这一唯一标准论证的士投放数量，是否科学？高峰的士每天运营12小时、缴交5 800元承包费，普通的士全天候运营却只缴交7 850元，是否合理？何种情况下承包费才可能下调？社会各界已提出的诸多意见又如何体现在交委的决策当中？

诸多疑问当中，市交委犹需用数据证明高峰的士在缓解打的难问题上的作用，以证明当初推行此项决策的合理性，否则，若市民普遍如媒体调查中所说，感觉“打的依旧难”，那增加高峰的士除了让一些人借机收取承包费之外，还有何意义可言？

目前对高峰的士运营这半年多来的情况，媒体调查与交委评估已然呈现两种截然不同的判断，如媒体调查显示，高峰的士司机每月收入大概3 500元，很累，但“休息不起”，市交委却认为高峰的士单位时间营收水平高，节省了交班及加气时间，司机月均收入在4 500元以上——这其间官民感受的断裂，还望市交委公布翔实数据，全面评估高峰的士运营情况，以取信于民。

（2012/09/27《南方都市报》）

后 记

从2009年8月19日在《南方日报》发表第一篇500余字的小评论《提交了，答复了，结束了?》，到今天，我涉足评论写作不过3年多时间、发表了260余篇评论，以这样的资历出一本评论作品集，说实话，是很不自量力的；更何况，我的评论写作多数是针对广州的公共事务，无非是以一个公民的身份表达对一座城市里大事小情的看法，无甚高深见解，多数只是平实的叙述与分析。所以，出版此书，我心中的惶恐远多于欣喜。

但最终，我还是将作品结集出版了，一来，是想借此机会，对一路以来给予我支持和鼓励的师友表示感谢；二来，是想将此书作为广州过去3年公共生活的一个见证，因为书中的评论对象基本涵盖了过去3年广州公共生活中的大事件，且其中还有很多事情至今没有得到圆满解决，值得继续追问；还有，就是以此书为我自己的学生生涯作一个小结。

在这里，我首先要感谢的，是刊发我第一篇小评论的《南方日报》，那是我踏上评论之路的第一个脚印，我至今还记得看到自己第一篇评论发表时的狂喜心情。

其次要感谢《南方都市报》广州早茶版和社论版，在评论写作的初级阶段，我在那里刊发了多篇小言论，这对鼓励我坚定地走评论这条路有非常重要的意义，而这些作品也成为我硕士毕业求职时的敲门砖。

再者，要感谢《羊城晚报》和《新快报》评论部的编辑老师们，他们对广州本地事务的关注、对广州本土文化的热爱，都深深地感染了我，每一次与他们交流探讨，都让我获益匪浅。而且，两家媒体的评论版为我的评论写作提供了非常重要的平台。

我还想感谢我攻读硕士学位期间的导师蔡铭泽教授和攻读博士学位期间的导师涂光晋教授，两位老师对我发表评论都给予了莫大的鼓励，也提出了很多批评意见，让我对自己的不足能时刻保持清醒的认识。

另外，感谢曾任《新快报》评论部主任的苏少鑫老师。感谢他在我求职时给了我一次面试机会，并决定录用我。记得那天下午面试，他让我就广州即将开通的 BRT 写一篇评论，第二天（2010 年 2 月 10 日），我发现自己的文章《仅以快慢评价 BRT 并非科学态度》竟以“社论”的形式出现在《新快报》评论版上，署名“本报评论员”，那一刻，惊喜、骄傲、惶恐……种种情绪涌上心头，我不知道该如何表达。感谢在《新快报》评论部工作的 3 个月时间里，苏少鑫老师对我的指导和提携。

感谢我的父亲母亲，谢谢他们的养育之恩，谢谢他们对我一路求学至今的支持和理解。

最后，感谢广州这座城市。在北京求学这 3 年，每逢寒暑假，我都会迫不及待地回到广州生活一段时间，对广州的归属和认同感，是我在生活过的其他城市里所不曾体会到的。我喜欢通过行走广州、用脚步丈量城市的方式，来拉近我和广州这座城市之间的距离，编织只属于我自己的广州记忆。我对这座城市所有的赞美与批评，只出于一个目的，就是希望它变得更美好。祝福广州。

关于生活，关于评论写作，前方的路还很长，我能做的，唯有埋首前行。

陈　敏

2012 年 12 月于中国人民大学品园

图书在版编目（CIP）数据

广州时事评弹/陈敏著. —广州：暨南大学出版社，2013.2
ISBN 978-7-5668-0473-0

Ⅰ.①广… Ⅱ.①陈… Ⅲ.①时事评论—广州市—文集
Ⅳ.①D609.9-53

中国版本图书馆 CIP 数据核字(2013)第 015235 号

出版发行：暨南大学出版社

地　址：中国广州暨南大学
电　话：总编室（8620）85221601
　　　　营销部（8620）85225284　85228291　85228292（邮购）
传　真：（8620）85221583（办公室）　85223774（营销部）
邮　编：510630
网　址：http://www.jnupress.com　http://press.jnu.edu.cn

排　版：广州市天河星辰文化发展部照排中心
印　刷：佛山市浩文彩色印刷有限公司

开　本：787mm×960mm　1/16
印　张：19.5
字　数：300 千
版　次：2013 年 2 月第 1 版
印　次：2013 年 2 月第 1 次

定　价：38.00 元